# UN INSTANT DANS LA VIE D'AUTRUI

MÉMOIRES

## DU MÊME AUTEUR

*Chez le même Éditeur*

L'AUTRE CHANT DE LA DANSE

*Chez Julliard*

MATHILDE

MAURICE BÉJART

# UN INSTANT DANS LA VIE D'AUTRUI

## MÉMOIRES

FLAMMARION

*Printed in France*
ISBN 2-08-064201-4

*A François Weyergans*
*sans qui ce livre n'existerait pas.*

Parce que c'était lui,
Parce que c'était moi.
Montaigne, *Essais*

Et que soit perdue la journée où l'on n'ait pas dansé une seule fois!

Et que soit fausse pour nous chaque vérité auprès de laquelle il n'y ait pas eu au moins un éclat de rire.

Nietzsche, *Zarathoustra.*

Je suis chorégraphe parce que je ne sais rien faire d'autre.

En quittant une enfance qui ne m'y avait pourtant pas préparé, je me suis retrouvé danseur. L'enfant, lui, voulait être metteur en scène. Le metteur en scène et le danseur ont fabriqué un chorégraphe. Et comme les gens sont toujours au bout du compte ce qu'ils furent au départ de leur vie (je ne crois pas à l'imprévu des vocations), il paraît qu'il y a aujourd'hui quelqu'un qui est chorégraphe sous le nom de Maurice Béjart.

Si je ne crois guère à l'imprévu, je crois quand même aux métamorphoses, aux assouplissements d'une vie. C'est par là que chacun peut être bouleversant et, en tout cas, lui-même. Et si la vie n'était qu'histoires d'amour entre le thème et ses variations?

Par ailleurs, l'artiste (l'interprète autant que le créateur) est très proche des prostituées. Proche? Pourquoi « proche »? L'artiste *est* un prostitué! S'il ressent du plaisir, s'il jouit, tant mieux, mais ce n'est pas indispensable. Ce n'est pas un dû. Il n'est pas là pour ça. Il faut faire jouir le client : le public — « mon cher public », disait Anna Magnani en ouvrant vers lui les bras dans un film réalisé par Antonio Vivaldi et Jean Renoir : *Le Carrosse d'Or*.

Mon ballet préféré sera toujours le prochain. J'ai assisté à une fête donnée pour ma centième création à Bruxelles, mais je ne réussissais que des sourires de surface car j'avais au même moment plein de problèmes pour choisir la musique définitive du centunième ballet. Certains ballets ont exigé des années de gestation, d'autres sont arrivés très vite. Parfois je m'inspirais de toute une tradition, musicale ou religieuse : je me laissais porter. Parfois, le point de départ était une simple vision, une procession d'enterrement rencontrée sur une route désolée au cœur de l'Espagne, ou les rires de trois amis dans un couloir de train, ou une fille qui sortait de l'eau à midi au mois d'août. Parfois je voulais offrir un rôle à quelqu'un, être excité par un interprète.

Comme tout le monde. On a des désirs, des enthousiasmes, des déconvenues. Des histoires qui durent. Des histoires qui ne durent pas. On cherche quelque chose à faire et on veut le faire le mieux possible. Comme un artisan. Parce que le talent... Le talent, le génie, c'est petit, c'est assez limité. Le génie! Aujourd'hui, la mode est à ça. Tout est génial, tout devrait l'être. Mais les gens du Moyen Age, et aussi les sculpteurs égyptiens, les miniaturistes persans, les peintres sur soie de la Chine et du Japon, je suis sûr qu'ils pensaient à tout autre chose, et Dante aussi, et Michel-Ange. Michel-Ange n'avait pas de génie : il avait du boulot! Il prenait du retard et le pape était furieux.

Quand j'étais petit, on m'appelait Bim. Et aujourd'hui quand des salles combles applaudissent, tapent du pied et réclament mon confrère : « Béjart! Béjart! », je viens saluer et leur oppose intérieurement « Bim! Bim! ». Ils veulent Béjart, je leur offre Bim.

Cela dit, les applaudissements sont la vitamine C des gens de spectacle : ça réconforte, ça rend solide. Et les sifflets en sont le calcium : il en faut aussi. J'ai eu les deux!

Il arrive qu'un ballet soit mal dansé. Massacré, même. Je n'ai pas su stimuler mes danseurs, il y a eu des erreurs d'éclairage, la musique est partie trop tôt, etc. Bref, on a dansé une caricature de mes intentions. Et le public applaudit quand même. J'en suis très malheureux. Mais je me rappelle mes connivences avec les putes, je me dis : bon, ce client-là ne voulait rien de plus, il a quand même joui. Les gens ont tellement besoin de danse !

Le vieux clown de *Limelight* est en train de mourir et le public, qui n'en sait rien, l'applaudit.

Le public est un enfant qui joue avec nous. Il nous déshabille, il nous déchire, il nous casse comme une poupée.

C'est très cruel. C'est comme ça.

Il nous dorlote aussi.

# 1

Je ne suis pas un virtuose du souvenir. Je ne tiens pas particulièrement à me souvenir de mon enfance. En tout cas pas froidement, pas en le faisant exprès. Pas en convoquant mon enfance comme on le fait avec un élève qui a désobéi.

Il ne faut pas être l'ancien combattant de sa propre vie : il vaut mieux en être le romancier. Et alors, il y a deux façons de raconter sa vie. Regardez les romans de Balzac : il commence par « Louis Lambert naquit en 1797 à Montoire, petite ville du Vendômois »; ailleurs, dans *Séraphita*, roman que j'adore et qui m'a inspiré un de mes « ballets secrets », Balzac démarre par une longue rêverie sur les rivages et les baies : « A voir sur une carte les côtes de la Norwège (il écrit encore Norvège avec un w, c'est féerique, et il continue — je cite de mémoire) quelle imagination ne serait émerveillée de leurs fantasques découpures? »

Fantasques découpures. Voilà. J'espère que ma vie est faite de découpures, et — oui — fantasques.

Mon enfance est là. Bien sûr. Elle est toujours là. Elle ne m'a jamais laissé tomber. Je compte sur elle dans les coups durs. Je lui tends la main. Souvent dans mes ballets, des personnages tendent le bras et la main vers quelque chose. C'est peut-être, je m'en rends compte maintenant, c'est peut-être vers leur enfance, c'est-à-dire vers la mienne.

J'aime beaucoup ma date de naissance : le premier janvier.

Je suis né à Marseille le 1er janvier 1927, entre la gare Saint-Charles et la Méditerranée. C'était la Marseille des vieux tramways ouverts : tous les gamins s'amusaient à monter et descendre sans payer (je fus l'un d'entre eux). Les rues menaient une vie très théâtrale jadis, et les rues de Marseille vivaient beaucoup par le son. Les marchands de fromage passaient sous les fenêtres avec de grands paniers d'osier où ils serraient dans des serviettes leurs fromages de chèvre frais : le lait coulait encore à travers le tissu et ils modulaient leurs propositions de vente : « Les Brousses du Rove... Les Brou-ousses du Rôôve... »

Les marchands d'escargots, eux, avaient mis au point tout un petit couplet :

*A l'aïgue o saù lè limaçoun*
*En a des gros et des pitchoun*
*(A l'eau et au sel les escargots*
*Y en a des gros et des petits)*

La Corniche ne s'appelait pas « Corniche du président Kennedy » et Marcel Proust n'aurait pas détesté le parc Borély.

La gare Saint-Charles, plus tard, me fut très utile : pour m'enfuir et rejoindre Paris. La Méditerranée aussi : pour avoir envie d'y revenir. Mais aux yeux d'un petit garçon dans la Marseille d'avant guerre, la mer c'était surtout, après le bassin de la Joliette, les plages en dehors de la ville, ce n'était pas encore le besoin vital d'une eau immense qui bouge et attire.

En 1927, mon père avait trente et un ans. Il était né au Sénégal, à Saint-Louis-du-Sénégal, fils d'un officier colonial et d'une Bretonne, cette grand-mère vive et costaude qu'on appelait « Nène » dans la famille. La mère de l'officier colonial, mon arrière-grand-mère, était une Sénégalaise. Je suis encore plus fier de cette ascendance africaine que d'être né un premier janvier. Si j'avais eu des enfants, ils auraient pu être des Noirs, puisque la force du sang noir est telle qu'il peut resurgir quelques générations plus tard.

Le premier janvier, ça m'amusait quand j'étais gosse, quand il fallait remplir des formulaires à l'école ou quand nous comparions nos dates de naissance pendant la récréation, et puis aussi parce que cette date m'avait permis d'entrer un an à l'avance et d'être le plus jeune, ce que je traduisais par « le plus doué »! Mais je suis sûr que le sang africain a été déterminant quand j'ai commencé à danser : j'ai envie de croire qu'il a été la vraie cause de mon acharnement au début — parce que sans ça, sans cette nostalgie de la danse que j'attribue à ce petit bout d'Afrique à l'intérieur de moi, ça n'aurait pas été passionnant, les premiers cours de danse... L'Afrique m'a empêché de déserter.

Au début, la danse m'a fait du bien physiquement. Mais était-ce de la danse ou une médication? J'entends encore l'amie d'une de mes tantes : « Peuchère, il va être rachitique, ce petit! »

La famille habitait rue Ferrari à Marseille, dans une grande maison avec une cour. Au bout de la rue, il y avait la place Jean-Jaurès où les autres allaient jouer aux billes et moi pas. J'aurais préféré que nous habitions rue Paradis parce que je croyais que cette rue conduisait au paradis. Les enfants prennent tous les noms très au sérieux : c'est dommage que la publicité soit venue compliquer et pourrir le mystère des noms propres. Il y a à Marseille la gare du Prado : quand j'entendais parler du musée du Prado je croyais que ce musée était la gare principale de Madrid (d'ailleurs, c'est un peu vrai : il y a une gare à côté du musée du Prado, l'Atocha, que les Madrilènes préfèrent appeler gare du Prado : je ne me trompais guère!).

Mon père occupait, à l'étage, une pièce tapissée de livres du sol au plafond : ma bibliothèque publique. Je suis allé à l'école au Sacré-Cœur jusqu'à mon bac. Le directeur du Sacré-Cœur, l'abbé Bourgarel, était un ami de mon père : il venait parfois à la maison et le lendemain à la récré, je le racontais négligemment aux copains.

De ma mère, j'ai gardé l'image d'une femme très jeune et très belle. Elle était à mes yeux la femme la mieux habillée du monde. Elle utilisait des parfums disparus dont j'ai oublié le nom mais pas l'odeur. Encore aujourd'hui, je voudrais croire qu'elle souriait toujours, mais il est vrai que je l'ai peu connue, et j'étais si jeune...

Avant qu'elle n'épouse mon père, ma mère travaillait dans une pharmacie. Est-ce une hérédité capricieuse qui me fait visiter depuis, plutôt que les musées, toutes les pharmacies du monde que je ne quitte jamais sans un sac en plastique rempli d'ampoules buvables, de complexes vitaminiques, de flacons choisis au hasard des présentoirs?

Peut-être pour rivaliser avec les toilettes de ma mère (toilettes que ma mémoire à coup sûr enjolive, mais je jouerai toujours ma mémoire heureuse contre les historiens chagrins), je me déguisais beaucoup. C'était la raison d'être de mes temps de loisirs. Je vivais beaucoup dans mon coin avec mes costumes. Je faisais le chiffonnier dans toutes les pièces de la maison, je ramenais dans ma chambre les draps déchirés, les rideaux laissés pour compte, les chaussures sans semelles. J'habillais aussi des poupées. J'ai très longtemps joué à la poupée : j'en hébergeais Dieu sait combien.

Parfois mon père et mon oncle jouaient de la mandoline après le repas : je montais dans ma chambre et j'entrouvrais la porte pour que les poupées entendent.

***

Je m'appelais encore Maurice Berger, puisque j'étais le fils de Gaston Berger. Mon père avait créé la Société d'études philosophiques à Marseille, et il dirigeait une revue : *Les Études philosophiques*. Né au Sénégal, il avait surtout vécu à Perpignan et à Marseille. Il avait dû abandonner ses études pour subvenir aux besoins des siens, puis il fut, à dix-sept ans et demi, engagé volontaire en 1914. Il s'est battu pendant trois ans, et obtint plusieurs décorations. Il reprit ses études, passa son bac à vingt-cinq ans, des licences, le diplôme d'études supérieures de philosophie, un certificat d'études supérieures de physiologie à la faculté des sciences de Marseille, et en même temps il s'occupait d'une petite usine d'engrais chimiques.

D'importants philosophes de l'époque venaient à la maison : René Le Senne, Maurice Blondel.

Un autre ami de la maison était le romancier Marcel Brion.

Je ne lirai que plus tard les romans où Brion dose si bien l'exactitude et l'invraisemblable, et sa biographie si perspicace de Léonard de Vinci, un de mes héros. Mon père et lui s'entretenaient à table d'un certain Léonard avec un tel respect que je me demandais qui était ce collègue Léonard et pourquoi Marcel Brion ne l'amenait pas avec lui à la maison.

Tout le monde mangeait ensemble, les enfants, les parents, les invités. Je dis « les enfants » parce que ma sœur était née entre-temps. Elle avait trois ans de moins que moi, Claudette. Mon père trouvait très important de nous mêler à toutes les conversations : je ne me souviens pas d'une séparation entre un univers enfantin et un univers adulte. J'allais à l'école et lui s'enfermait dans un bureau où il écrivait et lisait, mais nous nous retrouvions tout le temps. Maurice Blondel me faisait sauter sur ses genoux, et j'avais l'impression de suivre assez bien ce qui se disait.

Dans le bureau de mon père, j'étais intrigué par un visage en plâtre : un moulage du masque mortuaire de Pascal. Il était accroché au mur et j'assimilais la pâleur des morts à la blancheur du plâtre. Parfois j'allais le décrocher et je le tenais d'une main en me prenant pour Hamlet quand il monologue avec la tête de mort. J'aimais toucher ce moulage, surtout le nez.

Mon père possédait aussi une très belle photographie en noir et blanc d'un tableau de Rembrandt représentant une vieille dame assise dans son fauteuil, le visage sortant d'une immense collerette, les yeux fixes, comme un hibou posé sur une banquise. Elle tenait à la main un grand mouchoir chiffonné, ou une espèce de loque qui contrastait bizarrement avec son allure générale nettement plus majestueuse. Beaucoup plus tard j'ai vu le vrai tableau dans un musée de Londres, j'appris alors que la dame s'appelait Margaretha Trip, mais ça ne me fit aucune impression. Bien sûr, je savourais l'extraordinaire travail du peintre qui exacerbe toutes les nuances de brun imaginables, mais je regrettais la vieille sorcière en noir et blanc tapie dans l'ombre du bureau de mon père.

J'attendais aussi avec impatience que s'organise une visite chez ma grand-mère maternelle. Elle habitait boulevard de la

Madeleine, toujours à Marseille, et dès que j'entendais : « Les enfants, demain on va déjeûner boulevard de la Madeleine », j'étais très excité.

Voici pourquoi : chez ma grand-mère, dans l'entrée, régnaient deux statues. Elle les avait disposées face à face. Ces statues n'accueillaient pas le visiteur, n'ornaient rien (du moins à mes yeux) mais tout simplement habitaient là. Je voulais rester dans le couloir et parler avec les statues, les surveiller, les interroger : tirer au clair ce qu'elles avaient à me dire. Comme si je me souciais alors d'aller manger ma part du gâteau de semoule!

La première statue était une lionne blessée en bronze. On sait ce que les yeux d'un enfant peuvent déceler dans un objet fabriqué entre les deux guerres pour occuper le milieu d'un manteau de cheminée. Ou plutôt on ne sait pas. Le pouvoir exercé sur moi par cette lionne était total. Elle était évidemment blessée à mort mais elle luttait de toutes ses forces : à chaque retour chez ma grand-mère, j'appréhendais de découvrir la lionne morte, mais non : elle luttait toujours. Elle faisait des bonds, elle remuait la crinière et la queue, je l'entendais rugir et j'agrandissais les yeux.

J'étais conquis par ses muscles tendus; il y a toujours de la violence dans la sculpture, peu importe que ce soit de la bonne ou de la mauvaise sculpture. Et aussi une magie : il suffit d'un minimum de bonne volonté pour croire qu'une statue vit vraiment.

La deuxième statue était une Walkyrie sur un rocher. Le rocher me paraissait énorme, en bronze lui aussi. Mais la déesse était en bronze et en ivoire. Les bras étaient en ivoire, et la poitrine et les cuisses. Les Walkyries, qui sont trois, m'avait-on expliqué, messagères du dieu Odin, ont droit de vie et de mort : elles vont sur les champs de bataille, désignent les vainqueurs et font mourir les vaincus puis les accompagnent après leur mort dans le Walhalla. Au lieu d'imaginer un Walhalla genre enfer affreux, je voyais plutôt le rideau se lever sur un décor inconnu à l'Opéra de Marseille. Ce n'était pas plus rassurant, mais plus convaincant!

La Walkyrie chantait et la lionne rugissait. La Walkyrie criait, hurlait, tête renversée, bouche grande ouverte, les yeux au ciel.

Le corridor de ma grand-mère devenait le Rhin lui-même, c'est-à-dire pour moi un Rhône agrandi, et j'étais au pied du rocher. Dans mon dos, la lionne, blessée par quels explorateurs de bande dessinée, risquait, devenue folle furieuse, de me sauter dessus.

Je n'étais pas mort de peur, mais vivant. Vivant de peur!

Quarante ans plus tard, il m'est arrivé ceci : je me promenais le soir tard dans les rues de Florence. Non, même pas. Je ne me promenais pas : je rentrais à l'hôtel. J'avais vu dans la soirée une de mes chorégraphies dansée avec la plus grande justesse par Jorge Donn, justesse et aussi cette émotivité qui n'appartient qu'à lui et qui me remue et me trouble. J'y repensais dans la rue lorsqu'à un angle, dans une vitrine d'antiquaire pourtant éteinte, qui vois-je? La Walkyrie! La Walkyrie du boulevard de la Madeleine! La même! La même! Elle! J'en suis sûr!

Je ne retrouvais pas un moment de mon enfance, mais beaucoup mieux : la Walkyrie, une amie de mon enfance. Enfin, « amie », c'est un peu excessif.

Je me jure de retourner là dès le lendemain matin. Je ne demanderai même pas le prix. N'importe quel prix. Et je la garderai toujours avec moi.

Le lendemain, je prends la *prima colazione* en vitesse, les petits pains italiens à l'huile.

Et puis, il y a eu un coup de téléphone trop long avec Bruxelles. Hier soir, dans la joie des retrouvailles, j'avais mal repéré la rue. Je perds du temps. Je m'angoisse. Je suis en retard au rendez-vous. Je retrouve enfin le marchand.

Il l'avait déjà vendue! Elle était vendue depuis plusieurs jours. Le type est passé la prendre ce matin vingt minutes avant moi. Mais qui l'a achetée? Il ne sait pas. Un étranger...

Où la retrouverai-je maintenant? A New York dans un des magasins sophistiqués de Park Avenue? Ou chez une dame suisse qui donnera une party pour la compagnie après une première à Lausanne? Ou au marché aux puces de la place du Jeu de Balle à Bruxelles (je n'y vais jamais)?

Si j'avais parlé ouvertement de mon amour pour elle à l'époque, ma grand-mère me l'aurait-elle donnée? Il est vrai qu'avec ses cris, elle aurait dérangé Pascal.

Tiens, si j'avais pu l'acheter à Florence, je l'aurais mise chez moi sur la table de la cuisine, j'aurais pris mes petits déjeuners avec elle. La table est déjà occupée par un Donald Duck en plastique et un buste de Molière en faux biscuit. Je suis certain qu'ils se seraient très bien entendus : ni Molière ni Donald Duck n'ont le nez sévère de Pascal. J'aurais placé Donald Duck et Molière dans la Rolls-Royce miniature (c'est une boîte à musique), Donald devant et Molière derrière. La Rolls aurait fait le tour du rocher et en leur honneur j'aurais mis un disque de musique tyrolienne.

Mon père fabriquait mes jouets lui-même. Il sciait des morceaux de bois, clouait, peignait. Il m'a fait des camions rouges et bleus qui roulaient, et des animaux sauvages qui m'effrayaient, et des marionnettes. Il portait un pantalon de golf, une drôle de petite casquette, un très beau sourire de statue grecque. J'adorais mon père.

Quand ma mère est morte, j'ai tout le temps voulu dormir avec lui. Puis il s'est remarié.

Ma mère est morte quand j'avais sept ans. Mais je m'en fous de l'âge que j'avais! Ma mère meurt tout le temps. Je n'ai pas encore accepté sa mort et je la revois souvent sur scène, quand elle revient dans mes ballets. Dans l'endroit où j'habite maintenant à Bruxelles, j'ai mis au mur l'agrandissement d'une photo d'elle, une photo retouchée à l'aquarelle. Le cadre est pendu au mur juste avant la cuisine, mais comme je laisse la porte de la cuisine ouverte, la porte masque la photo que je ne regarde donc pas : je n'en ai pas besoin, parce que je déteste vraiment penser au passé. Je préfère le vivre. Je préfère rencontrer ma mère et mon enfance dans les œuvres que je fais.

***

La seconde femme de mon père s'appelle Paulette. Elle fut et ne fut pas ma seconde mère : elle n'était pas mère du tout, la maternité l'embarrassait. Elle a eu deux enfants avec mon père, mais quand elle disait : « De mes trois fils, mon préféré c'est Maurice », c'était surtout parce qu'elle était amoureuse de mon père et que moi, qui étais déjà plus grand et qu'elle n'avait pas eu à langer ou à talquer, je participais bien davantage que ses propres enfants à l'aura dont elle entourait son mari.

Quand je résolus de faire de la danse, elle plaida ma cause auprès de mon père qui était tout de même assez réticent pour mille raisons de sagesse, de prudence et d'un certain effroi devant le « monde du spectacle ». Paulette crut tout de suite en moi. Elle fut au fond ma première *fan* !

Quand mon père me laissa quitter la maison, il me dit que j'aurais à me débrouiller tout seul, à trouver de l'argent par mon travail et à apprendre à ne compter que sur mes propres forces. Paulette m'envoya souvent, aux pires moments, des mandats en cachette.

Elle ne cessa jamais de s'intéresser à mon travail. Après la mort de mon père, elle eut davantage de temps à elle et elle fit le tour du monde avec nous, suivant la plupart de nos tournées, assistant à tous les spectacles, toujours présente dans les moments où la fatigue m'abattait : elle égayait les tables tristes, quand je me murais dans le silence et la mauvaise humeur à cause d'un spectacle mal dansé.

Quand je parle d'elle, je dis toujours « ma mère ». Sa mère à elle, Mémée, avait le charme et la fraîcheur d'un santon. Toujours souriante et dupe de rien, elle accompagnait sa fille à Bruxelles, devenait la copine des plus jeunes danseuses dont elle partageait les fous rires. Interrogée sur moi pour une émission de télévision, elle ne voulut pas commenter tel ou tel ballet, elle déclara : « Maurice adore la soupe au pistou. Et surtout ma soupe au pistou ! » Et sans se démonter, elle expliqua devant la caméra sa recette de soupe au pistou.

Ma mère habite maintenant Marseille. Elle y est rentrée il y a quelques années. Nous nous voyons un peu moins parce que la distance est plus grande, mais je continue de la tenir au courant de tout ce que je fais et si j'oublie de le lui dire, elle réclame des nouvelles. Mémée est morte à Marseille un soir où la compagnie dansait précisément là-bas. Des danseurs vinrent me confier qu'ils avaient eu l'impression de perdre leur propre grand-mère.

***

Dès que j'ai su lire, j'ai lu. Tout ce qui me tombait sous la main. Surtout du théâtre. C'était plus rapide. Il n'y avait que les noms des personnages et leurs phrases. Pas de descriptions : je les imaginais tous comme je voulais, Quand les pièces étaient écrites en vers, je trouvais ça très bien parce que je pouvais aller à la ligne plus souvent.

Il y avait *La Petite Illustration* qui était le supplément théâtral de *L'Illustration.* Je trouvais qu'on aurait dû intervertir les titres... Je regardais beaucoup les reproductions des décors et des costumes. Je crois bien que j'ai lu tout le mauvais théâtre de l'époque : Sardou, Porto-Riche, Bernstein. Je lisais aussi Shakespeare dans les petits formats de la collection Lemerre, c'étaient des livres qui ressemblaient à des boîtes : je les ouvrais et je trouvais des trésors dedans, et des fantômes, et des duels, et Venise dans *Le Marchand de Venise...*

J'atteignis l'âge où il s'agit de répondre à la fameuse question : « Que feras-tu quand tu seras grand? »

Ma réponse était déjà au point : je serais metteur en scène. C'était plus excitant qu'acteur : acteur, on ne joue qu'un rôle, le sien. Metteur en scène, on devient tout le monde, et aussi personne...

Et pourquoi attendre d'être devenu « grand » pour faire ce qu'on a envie de faire? Je devins metteur en scène sur-le-champ.

J'engageai Claudette, ma sœur, et les deux cousins : Joëlle et Alain. Avec Joëlle, ce n'était que le début d'une très longue collaboration puisque, après son mariage avec Jean-Régis Roustan, le photographe de *L'Express*, elle fit et fait encore beaucoup de costumes et de décors pour moi. C'est ma plus ancienne complice! Nous ne nous imaginions pas, à l'époque, qu'il y aurait un jour le Ballet du XX^e^ siècle! Je dis ça, mais c'est peut-être tout le contraire!

Ces premières mises en scène marseillaises, plus que mes premières chorégraphies officielles, sont mon vrai point de départ.

Quand je dis « mises en scène », il ne faut pas charrier : il y avait des entrées, des sorties, des places à respecter. J'écrivais les répliques, j'en recopiais pas mal dans différents numéros de *La Petite Illustration*, je faisais des collages, du montage, j'étais très excité et je ressentis très vite un très grand besoin d'aller voir le travail de mes « confrères ». Je réussissais à me faufiler dans tous les théâtres. Je trouvais beaucoup plus intéressant de pénétrer dans un théâtre par la loge du concierge ou l'entrée des artistes. J'allais aussi à l'Opéra de Marseille : j'ai vu *Faust*, *Les Contes d'Hoffmann* : j'étais content d'entendre chanter et de comprendre les paroles. Je mangeais tout des yeux. Le théâtre, c'était la vraie vie.

A la même époque, je me mis à harceler mon père pour qu'il me fasse donner des cours de chant. Je voulais devenir chanteur d'opéra.

Un professeur de chant arriva donc à la maison, suivi de M. Antoine, le pianiste. Ils ressemblaient à deux médecins de campagne. Je m'obstinais à chanter du nez, ils me répondaient glotte et poumons. Au début, M. Antoine entassait des partitions sur le piano mais très vite il ne revint qu'avec une seule dont il n'aurait guère à tourner les pages. Mes leçons de chant tournaient de plus en plus à la consultation d'oto-rhino et ça finissait dans des dialogues à la « Est-ce que ça vous chatouille ou est-ce que ça vous gratouille ? ».

Je revins prudemment à la mise en scène et convoquai ma troupe : Joëlle, Claudette, Alain. Joëlle serait l'Étoile, Claudette la Lune et Alain la Foudre. Le livret était très simple : la Foudre attaquait l'Étoile, mais la Lune apparaissait et faisait déguerpir la Foudre.

Il fallait trouver les musiques. Heureusement, ma grand-mère qui s'occupait de brocante et tenait un magasin d'antiquités, rapportait parfois des lots de 78 tours. Je gardais le magasin quand elle avait des clients à voir à l'extérieur (elle m'en voulait parce que je n'arrivais à rien vendre, tout prêt plutôt à offrir de menus objets pour « fidéliser » la clientèle) et en échange de ces prestations, elle me laissait emporter des disques.

Un samedi après-midi où je vins prendre mon tour de garde, je découvris un nouveau pensionnaire en vitrine : un fabuleux piano mécanique à rouleaux perforés. Je déchiffrai sur un des rouleaux un nom plus inquiétant que celui de Bibi Fricotin : *Tannhäuser!* J'introduisis le rouleau et j'eus la révélation de l'Ouverture de cet opéra de Wagner. Je le jouai plusieurs fois d'affilée. N'étant pas dépourvu d'un certain sens du spectacle, comme n'importe quel enfant (mais ça m'est resté!), je m'installai au piano et je fis semblant d'interpréter toute l'ouverture. Je rejetais la tête en arrière et je levais les bras en mesure. D'éventuels clients s'arrêtaient devant la vitrine où un enfant prodige, un deuxième petit Mozart, additionnait le nécessaire et le superflu pour retenir l'attention. Ces attroupements me sauvèrent : sans eux, ma grand-mère m'aurait copieusement semoncé (je n'avais pas le droit de toucher à quoi que ce soit, surtout en vitrine). Mais commerçante avant d'être grand-mère, elle pensa que cette attraction imprévue pouvait servir à la vente. D'ailleurs le piano était robuste et je ne le malmenais guère. Heureusement elle mit un temps fou à lui trouver un acquéreur, et pendant six mois au moins je rivalisai chaque fin d'après-midi avec Franz Liszt. Je devins virtuose. Qu'on me demande des autographes ou qu'un impresario fasse irruption dans la boutique avec un contrat ne m'aurait pas surpris. Le contraire plutôt m'étonnait. Et je jouais imperturbablement, au risque d'attraper la crève parce que la porte du magasin restait ouverte. C'était impératif, même en plein hiver. Laisser ouverte la porte d'un magasin est un des principes de base du commerce méridional. On pouvait mourir de froid à l'intérieur du magasin, à attendre l'oiseau rare qui ne venait pas : la porte resterait ouverte. « Un client, déclarait ma grand-mère, n'a pas à ouvrir une porte. Il n'entrera que si c'est déjà ouvert. »

Elle fermait les yeux sur les emprunts que je faisais à sa « discothèque ». J'emportais toujours quelques 78 tours en plus de ceux qu'elle me confiait elle-même.

Rentré à la maison, j'ouvrais la boîte du phono, j'adaptais la manivelle, je dépliais le gros bras chromé, j'ouvrais l'espèce de plumier miniature où étaient conservées les aiguilles, je repérais la moins usée que j'introduisais dans la tête « téléphone » du bras et je mettais en marche, plus sérieux que n'importe quel pape.

*Sur un marché persan* me plaisait beaucoup. Il y avait aussi l'*Ouverture tragique de* Brahms. Et déjà la *Marche hongroise de* Berlioz : cette marche, c'était ma folie.

Une fois les musiques choisies (je procède encore de la même façon aujourd'hui), il fallait obtenir l'autorisation d'emporter le phono dans notre studio de répétition : on répétait pendant les week-ends à la mer, dans une maison qui appartenait à je ne sais plus qui dans la famille. Il y avait une grande pièce sans toit, une sorte de terrasse avec quatre murs : un studio à ciel ouvert.

Je voulus aussi introduire dans un autre de ces « spectacles » une de mes chansons favorites, *Fumée d'amour*, et son inoubliable refrain :

*Ah! je vous aime*
*D'amour extrême!*

C'était une chanson réaliste genre « tranche de vie » dont les gens raffolaient alors. Le chanteur avait rencontré une femme fatale qui lui soufflait de la fumée de cigarette au visage. A leur deuxième rencontre, cette fumée était de la fumée d'opium... Je me souviens de ce couplet :

*Fumée d'amour*
*Fumée de rêve*
*Ton parfum lourd*
*Monte et s'élève.*

Pour une raison sûrement très bonne de construction dramatique, la chanson ne s'intégrait pas au spectacle en cours. Mais nous adoptâmes le refrain, nous en fîmes un mot de passe. Quand n'importe qui, pendant un silence à table ou avant d'aller se coucher, lançait : « *D'amour...* », il fallait obligatoirement qu'un autre enchaîne : « *... extrême!* »

L'autre mot de passe, plus sophistiqué, était *Reposugi.*

L'origine de *Reposugi* (les enfants sont les inventeurs et les meilleurs spécialistes de l'étymologie) est : « Un repos a surgi », quand nous nagions et qu'il y avait un rocher dans la mer où s'installer pour souffler un peu. « Nous », c'était la bande des quatre, ma première compagnie. Contrairement à *D'amour extrême*, le nouveau mot de passe ne devait pas se claironner : on le murmurait, c'était un signe de reconnaissance maçonnique. *Reposugi*, à l'oreille de l'autre, malgré l'humour des quatre syllabes à la queue leu leu, c'était pour l'éternité.

*Reposugi* était aussi ma réplique à moi aux mots mystérieux de mon père. Celui-ci étudiait les spiritualités de l'Extrême-Orient. « Étudiait » est un mot trop faible. Je crois qu'il les vivait. Il en parlait à table, et des mots comme *prajna-paramita* ou *Vedanta* ou même *guru* (mais qui à cette époque-là se souciait des gurus?) m'impressionnaient énormément.

Nous perfectionnâmes nos mots de passe en les mêlant. Le fin du fin fut le dialogue complet : quelqu'un avançait *D'amour extrême* et de l'autre bout de la pièce il fallait tout de suite continuer avec *Reposugi!* Nous mîmes tout le monde au courant, nous allions même jusqu'à initier les visiteurs de passage et nous tâchions de les prendre en défaut quand on servait le café. *D'amour extrême! D'amour extrême!*, et l'autre, qui avait oublié *Reposugi* en bredouillait une caricature qui nous faisait rire et l'exclure provisoirement de nos listes constamment remises à jour.

J'avais aussi un théâtre de marionnettes. J'utilisais les marionnettes, pendant la semaine, quand je me retrouvais seul, loin du studio et mes interprètes en chair et en os étant requis par les devoirs et les leçons. Je confonds un peu aujourd'hui mon répertoire de marionnettes et mon répertoire de chorégraphe de l'époque! Je crois que j'avais adapté le Combat de l'Étoile et de la Foudre pour le théâtre de marionnettes. C'étaient des marionnettes à fils : un fil pour la tête et un fil pour chaque bras. Mon père les avait construites et peintes. Il y avait le Roi, la Reine, la Fée, Lucifer et des comparses de moindre acabit.

Je disposais de quatre décors peints à la gouache sur du papier collé ensuite sur contreplaqué : une plage, une forêt, un casino délirant et digne d'accueillir Marlène Dietrich, et enfin une prison assez Piranèse. Chaque décor avait des coulisses. Je les regardais souvent, vides, et j'imaginais des entrées et des sorties de personnages, je nouais et dénouais ma vie et la leur.

Vraie vie ou pas, je ne me posais pas ce genre de questions. Au théâtre, je me sentais bien. C'était un univers qu'on pouvait inventer soi-même. J'avais tout le temps d'apprendre qu'on ne l'inventait qu'avec ce que la vie veut bien nous donner. Les enfants, qui n'expliquent rien, sentent tout. Dans un théâtre, je me sentais rassuré.

Après, bien sûr, comme tous les adolescents qu'on envoie au lycée, je me suis mis à écrire des poèmes. Des tas. (J'en écris encore de temps en temps, d'ailleurs.) Mais la musique me manquait, les costumes, les gens qui bougent. Les corps.

Mon père était très sportif. Il m'a beaucoup poussé dans ce sens. Vu de loin, on croirait qu'un philosophe... Mais c'était un philosophe qui avait aussi gagné un championnat de course à pied. Ma santé n'était pas brillante. J'étais maigre. J'étais adolescent. C'était la guerre. Ma colonne vertébrale n'était pas droite comme un i. Un médecin conseilla d'abord de la gymnastique, mais c'est ennuyeux la gymnastique, et puis de la danse classique, et ce fut l'engrenage. Ce n'est pas à cause de mes idées, mais à cause de mon corps que je suis devenu danseur.

D'abord, il fallait passer le bac, et puis m'inscrire à la faculté d'Aix-en-Provence. Mon père y tenait : « Il vaut mieux avoir un diplôme en poche. » Parallèlement, je prenais des cours de danse et je m'apprêtais à faire partie du corps de ballet de l'Opéra de Marseille.

Je me considérais déjà comme « de la maison ». Presque chaque dimanche, ma grand-mère m'y avait conduit. J'y étais aussi allé souvent en cavalier seul. La dernière fois, j'avais vu *Louise*, je m'étais pris pour Julien, le poète que Louise vient rejoindre à Montmartre : « *Depuis le jour où je me suis donnée...* », et puis Julien est seul parce que Louise est rentrée dans sa famille. Louise rêve de Paris où son père l'empêche de retourner, et le rideau tombe pendant que le père maudit Paris.

Parfois, en début d'après-midi, quand j'étais sur le point de m'éclipser pour assister à une matinée à l'Opéra, Joëlle voulait que je l'emmène. Bon, ça m'embêtait un peu : on trompe moins facilement le contrôle quand on est deux, et puis il allait falloir parler avec elle pendant les entractes, et moi j'aimais bien rêvasser pendant les entractes. Mais je ne pouvais pas laisser tomber ma cousine et l'étoile de ma compagnie.

Ensuite Joëlle a raconté *Mignon* et *Les Pêcheurs de perles* à toute sa classe, et ça a fait un joli raffut au Cours Bastide, une école religieuse dans la rue de Lodi : elle fut mise à la porte quand les nonnes apprirent que son cousin la conduisait à l'Opéra!

Je ne sais plus si ses parents m'en tinrent rigueur. Elle pas : elle fut ravie de quitter cette école qu'elle détestait. Nous étions voisins : la famille de Joëlle habitait à quelques rues de chez nous, et quand j'allais là-bas le soir, en rentrant je passais par une rue louche où le maquillage et l'accoutrement des putes m'éberluaient : elles étaient de merveilleuses figurantes d'Opéra.

Je ne comprenais pas très bien de quoi il s'agissait et je traversais en vitesse les coulisses de ce théâtre en plein air. J'étais impressionné, quand même, par la façon dont elles occupaient l'espace : peu nombreuses, elles donnaient l'illusion d'avoir pris possession de la rue entière.

Laquelle s'avancerait vers moi et chanterait comme Louise : *Depuis le jour où je me suis donnée*? Aucune, bien sûr. Que leur faisait ce gringalet aux jambes arquées qui, de surcroît, à force de ne pas regarder devant lui, bousculait leurs clients : « Excusez-moi, M'sieu! — Te casse pas la tête, petit! »

Beaucoup plus affriolante que cette rue aux lanternes rouges était ma prochaine inscription à un cours de danse privé quelque part dans le quartier du Vieux Port. Une dame italienne, paraît-il. Combien de pirouettes réussirai-je le premier jour?

***

Mes premières leçons de danse... Pas très différentes de toutes les autres. L'essentiel est déjà là : la barre, le miroir, la discipline, les muscles qui veulent bien ou qui ne veulent pas et qu'il faut contraindre ou apprivoiser.

Le studio est au sixième étage d'une grande maison délabrée près du Vieux Port à Marseille. C'est une maison du XVII^e siècle, dans l'ancien quartier des Galères.

Je monte quatre à quatre chaque volée d'escalier. Chaque fois, à l'avant-dernier étage, je m'arrête pile. Mon cœur bat à tout rompre, mais ce n'est pas parce que je suis essoufflé. Une sensation nouvelle m'arrête, un mélange de frousse et d'euphorie. Je suis affolé et ivre de joie : encore quelques marches et je pousserai la petite porte rouge foncé. Est-il encore temps de lâcher pied, de me reprendre? Ce sera pareil plus tard, dans les coulisses, quand ce sera à mon tour de me lancer dans les lumières et d'entrer en scène. Au beau milieu de cette cage d'escalier étriquée, je me trouve nez à nez avec un drôle de loustic : le trac. Il ne m'a jamais faussé compagnie depuis.

Les murs du studio sont recouverts d'un papier peint orangé avec des fleurs style bégonia. Quand le piano est fermé, on entend les cris des marchandes de coquillages qui montent de la rue, et le piano est presque tout le temps fermé puisque la pianiste ne vient que le jeudi. Un miroir minuscule, encadré de noir et d'or, reflète le piano morne comme un scarabée qui a rentré ses pattes.

Mais il y a la barre : elle court sur trois côtés de la pièce. Et sans elle, il n'y aurait rien. Je l'accoste ici pour la première fois. Plus tard, j'oserai signer un ballet dont la barre seule aura fait toute la chorégraphie, mais je dirai dès maintenant à ma décharge que le ballet s'intitule *L'Art de la barre*. La barre est à la danse ce que la colonne vertébrale est au corps : la danse tient debout grâce à la barre, et chaque fois que la danse flirte avec les mollusques, il faut vite revenir à la barre.

Bon. J'ai écarté le trac, j'ai traversé la galerie aux lourdes poutres de chêne. La leçon va commencer. Il n'y a pas de vestiaire. Il n'y a pas de douches, pas d'eau courante. On s'habille dans le couloir.

Mon professeur est là. C'est elle : c'est Madame. Elle est aussi âgée que la vieille dame peinte par Rembrandt. Elles ont toutes les deux le même visage, mais Madame tient dans sa main une canne. Avec cette canne, elle fait tout : une troisième jambe quand elle marche, un métronome quand elle enseigne, un doigt pointé quand elle corrige et carrément un knout quand nous ne pigeons pas.

Sa voix me terrifie : c'est la voix de la Walkyrie! Une voix énorme avec un accent marseillais qui ne me fait pas rire du tout, tempéré par des intonations italiennes (elle me confia plus tard qu'elle avait dansé à Turin).

Elle se terre, toute petite avec des cheveux blancs, dans un fauteuil d'osier d'où on dirait qu'elle va rendre la justice. L'hiver elle s'enveloppe dans des châles de dentelle comme on met du papier de soie autour des fruits fragiles.

En été, elle apportera un éventail. Imaginez ce que peuvent donner les grandes chaleurs à Marseille dans un local sous les toits : c'est redoutable, et Madame manipulant sa canne et l'éventail, on aurait cru qu'elle hissait une voile au mât.

Quant à moi, pas de chaussons, pas de maillots : c'est la guerre. Introuvables. Pendant presque un an je travaille avec des espadrilles et un vieux short.

J'apprends. J'apprends. Madame :

— Tu as les pieds comme deux courgettes farcies!

Un jour, elle s'approche de moi. Elle cesse de battre la mesure avec sa canne sur le plancher, elle va droit dans sa poche et en extirpe une loupe. Elle penche sur moi la loupe et ses yeux derrière la loupe. Je me sens cloué sur place. Elle promène la loupe à dix centimètres de mes épaules, descend le long des bras, des jambes : les genoux, les pieds. Le verdict tombe :

— De mon temps, foutu comme ça, eh bien on n'aurait même pas osé commencer la danse.

Elle m'a déjà tourné le dos et s'éloigne. Je ne bouge toujours pas, jusqu'à ce qu'elle se retourne et que toute sa tendresse déguisée n'arrive à rien trouver de mieux que de me lancer :

— Travaille!

Et puis, en écho :

— Feignasse!

Ce « Travaille, feignasse ! » en deux temps, ça m'est resté !

Alors, rentré à la maison, je m'enferme dans ma chambre après le repas du soir et je coince mes pieds sous le lit pour les assouplir. Je m'invente toute une gymnastique, je me suspends au chambranle de la porte pour m'allonger et essayer de grandir. Je m'épuise en tractions pour élargir ma poitrine trop maigre et je me plante devant le lavabo pour m'injurier dans la glace.

Pour tout conjurer, et aussi pour me punir et dans une très vague intention de « m'améliorer », je dors par terre, à même le sol.

Il y aura une autre leçon demain.

De temps en temps, Madame m'invite chez elle après la leçon. Elle vit dans une grande pièce-capharnaüm au troisième étage d'une maison voisine. Sa vie entière est entassée là sous forme de gravures encadrées, de statuettes qui lèvent les bras, de fleurs en plumes que la poussière arrose. Il y a aussi des tables, des commodes, des fauteuils et des vases qui se sont résignés depuis longtemps à rester vides.

Madame ouvre des tiroirs, cherche des photos, les trouve. Elle les pose devant moi, m'interdit d'y toucher, se relève pour revenir avec une loupe plus grosse que l'autre. Elle se rassied, s'empare avec précaution du paquet de photos et les vérifie une à une avant de me les montrer :

— Là, tu vois, c'est moi dans *Faust*, à Turin.

Une autre :

— Et là, quel beau costume ! *Samson et Dalila.*

Elle me montre un joli petit garçon :

— C'est moi en travesti dans *Guillaume Tell.*

Elle s'attarde moins longtemps sur une photo d'elle dans la rue : elle est jeune, il y a des arbres et beaucoup de feuilles aux arbres et des automobiles qui ressemblent à des bateaux.

Je suis assis à côté d'elle et je m'efforce de me tenir très droit. Madame me regarde et sourit. J'ai des courbatures. Je soutiens le regard de Madame. Je l'aime.

— Allez, maintenant il faut que tu rentres !

Dehors il fait noir. Je zigzague entre les poubelles et les rats. Je me dépêche. Je me suspendrai encore au linteau de la porte pour grandir, pour grandir. Un soir un rat m'a mordu. On me fit des piqûres et tout. J'en ai gardé une peur affreuse des rats, que j'ai étendue aux souris de toutes couleurs et toutes dimensions.

Je n'ai pas beaucoup grandi mais quelques années plus tard, j'ai cessé d'être un gosse à mes yeux. Feignasse? J'ai travaillé tous les jours. Et je suis passé comme tout le monde par une première pollution nocturne qui m'a terrifié : dans la nuit, ma main tournait autour d'une matière inconnue, chaude et poisseuse. Je me persuadais que c'était bel et bien du sang. Je n'osais ni rallumer ni rien : je gardais les yeux ouverts dans le noir et je finis par me rendormir.

Ensuite je débutai sur scène! A l'Opéra de Marseille. J'étais distribué dans la Bacchanale de *Samson et Dalila*.

Je me maquille tout seul en faisant fi des conseils. Je m'applique du fond de teint bronzant sur le torse, j'en mets trop et pas assez : je finis par ressembler à une illustration de livre de médecine : exemple-type pour dermatologues d'un cas relativement rare d'eczéma généralisé!

Quant au visage, à force de me charbonner les yeux, je m'étais fait la gueule patibulaire d'un comparse de Laurel et Hardy. Et encore : ils n'auraient pas osé en faire tant!

Une habilleuse avait déposé mon « costume » sur la chaise : une peau de panthère. Ce n'était sûrement pas de la panthère, d'ailleurs. A demi nu, cette peau de panthère drapée sur l'épaule, je risque une première apparition en coulisses : on étouffe des rires devant ce Tarzan de poche.

Le vin est tiré. J'attends sagement le début de la Bacchanale. Je ne suis pas seul : le trac m'a rejoint. Un machiniste me pousse : « Hardi petit! T'inquiète pas : ce qui compte sur le plateau, c'est le regard ».

Sur scène, on est bien. Il fait chaud. Les lumières me montrent et m'aveuglent. Il y a un grand trou noir qui est tantôt amical, tantôt hostile mais toujours attirant. Dangereusement. Amoureusement.

Je sais que dans ce trou noir, il y a Madame. Elle est dans la salle. Demain elle me dira : « Travaille ! » et elle ajoutera « Feignasse! ».

Quand je quitterai Marseille, elle m'embrassera très fort et me donnera un dernier conseil : « Travaille! » Oui : *travaille* tout court, plus de *feignasse!* Elle ajoutera : « Tu n'y peux rien si tu es mal foutu, mais tu as un saut formidable et tu sais, un homme qui danse, il faut qu'il saute. »

Mais entre-temps, je suis toujours à Marseille. Je continue d'assouplir mes pieds en les malaxant, en les coinçant sous la monture du lit. Je continue de travailler sous les coups de canne et les sourires. Madame m'invite encore chez elle, me remontre les mêmes photos mais dans un autre ordre. Nous contemplons son vieux phono à pavillon qui est encore plus silencieux que le piano droit du studio. Je continue de m'insulter dans mon miroir et de rêver à des mises en scène où je convoque vingt, trente, quarante figurants que je ne peux pas encore revêtir de peaux de panthère puisque je n'ai pas encore vécu ça, mais que je peux faire bouffer tout crus par une lionne blessée qui ne meurt pas. Au tableau suivant, la lionne est conduite dans le Walhalla par la Walkyrie. Changement de décor à vue : le Walhalla est ma chambre où je recueille dans mon lit les deux arrivantes, et pour leur faire de la place, je dormirai par terre.

***

Là-dessus s'amène la guerre. Mondiale. J'ai douze ans, treize ans, quatorze ans. Je ne suis d'abord qu'un petit garçon déçu de ne pas assister à des batailles rangées entre soldats de plomb. Dans le Vieux Port, il n'y a pas de galères qui chavirent, pas de Surcouf, aucune Armada! Mais le danger est partout, terne, visqueux : j'en découvre le vilain reflet sur le visage des grandes personnes.

A la fin de la guerre viendront les cours de danse et les visites chez Madame. Avant, il faut vivre une vie d'adulte par procuration.

Mon père est passé à la Résistance. J'appris par la suite qu'on lui avait confié l'organisation des services d'information dans la région Sud-Est. L'appartement de Marseille n'est plus très sûr. Je dors mal. Personne ne dort. En pleine nuit, des gens viennent et s'en vont vite après avoir chuchoté : ils ne savent pas que je suis réveillé, avec des yeux grands ouverts que je referme parce qu'on écoute mieux les yeux fermés. Mais je me rendors avant d'avoir compris quoi que ce soit.

Parfois, quand la lumière du jour pousse ses premiers pions à travers les persiennes, j'ai entendu mon père qui chantait. Rien à voir avec quelqu'un qui chantonne dans cette espèce de bonne humeur idiote du matin. Mon père chantait sérieusement, gravement, avec recueillement. Sa voix devenait une arme et il la fourbissait, il couchait la guerre en joue. Ces matins-là, j'habitais chez Mozart.

Mais il y a aussi la corde dans la cuisine. C'est pour s'enfuir quand il y aura du danger. La corde est solidement attachée à la poignée de la fenêtre et à un gros piton. L'autre bout, facile à saisir, traîne par terre près de l'évier. La cuisine donne sur une grande cour, et comme l'appartement est au premier étage, ce ne sera pas compliqué de déguerpir : j'ai vérifié.

J'espérais bien que ça n'arriverait pas. D'abord, même si tout ce suspense m'excitait, j'avais peur d'avoir trop peur. Et je n'avais aucune envie de dire adieu à la maison ni au petit jardin derrière. Ce jardin fut mon Versailles. C'était une espèce de terrain à bâtir laissé à l'abandon, dont un bon tiers n'était qu'une poubelle à l'échelle du quartier : il n'y avait pas jusqu'à ces détritus qui ne soient à mes yeux un souk, une collection privée, un musée. Des vêtements déchirés étaient les drapeaux abandonnés par d'anciens conquérants. Des bouteilles vides avaient contenu des messages secrets. Les assiettes cassées étaient sans doute gallo-romaines.

Au fond du « jardin », il y avait le dépôt d'une menuiserie et l'atelier d'un maréchal-ferrant.

Les planches entreposées me faisaient rêver à des cintres d'opéra, à des coulisses, à l'entrepont d'un vaisseau, à un théâtre de marionnettes géantes dont je me déclarais aussitôt le Gulliver.

Quant à l'antre où trônait l'enclume, pièce maîtresse d'une liturgie à coup sûr infernale, je m'étais fait tout expliquer : « maréchal-ferrant », ces deux mots m'enchantaient et j'aimais les confondre avec les autres maréchaux dans une litanie perpétuelle : maréchal des logis, grand maréchal du palais, maréchal d'Empire, ne sachant plus si ces mots s'appliquaient à moi ou au type là-bas dans le fond.

Surtout, la maréchalerie fabriquait de l'odeur. Autant le dire une fois pour toutes, qu'est-ce qu'il y a de plus important, de plus fascinant, de plus « etc. etc. » que les odeurs? Ce ne seront ni Proust, ni n'importe quel amoureux qui viendront me contredire. Je ferais plus de folies pour une odeur que pour un plat de lentilles (et pourtant j'adore les lentilles!).

L'odeur de la corne brûlée dans l'atelier du maréchal-ferrant! Je restais immobile dans un coin de la cour et je m'enivrais. C'était à la fois très doux et trop fort.

L'odeur vedette était néanmoins celle du poisson pourri! Mon père s'occupait, je l'ai dit, d'une petite usine d'engrais. Ces engrais étaient à base de déchets organiques : peaux et grains de raisins, reliquats de vieux pressages de vins locaux, et poissons qui ne sèchaient pas mais pourrissaient lentement en tas dans la cour. Je dis *tas* aujourd'hui, mais à Marseille on se servait d'un mot plus précis : les *moulons*; c'étaient carrément des montagnes que nous gravissions et dévalions chaque soir malgré une interdiction permanente : je me souviens de savonnages énergiques — au propre (c'est le cas de le dire!) et au figuré — quand je remontais à la maison et que tout le monde se bouchait le nez.

On ne s'étonnera pas que j'adore l'odeur des canaux de Venise en été. Les touristes s'en plaignent, font les dégoûtés. Les veaux! Ils refusent de s'abandonner à une des sensations les plus violentes qui soient. L'odeur des canaux de Venise, cette humidité sournoise, ce côté lagune en rut, cette odeur mariée avec les vents, odeur qui bouge tout le temps, odeur vivante, c'est le suc de Venise, c'est Venise qui vous entraîne dans son lit, et succédant aux discours éclatants de la place Saint-Marc, c'est sa confidence la plus personnelle, c'est là que la ville demande : « M'aimez-vous? M'aimez-vous vraiment? »

Venise... Plus tard... J'ai dansé à Venise. J'ai pleuré à Venise. J'ai ri à Venise. J'ai aimé à Venise. J'ai travaillé à Venise. Je suis né à Venise!

J'ai tout fait à Venise sauf y rencontrer les iris bleus qui occupaient l'espace laissé libre dans la cour.

A Venise, les iris sont devenus des mosaïques au plafond d'une basilique. Et suis-je bien sûr d'avoir reconnu des iris? Même pas.

Je me méfie des contrefaçons. Il n'y aura jamais qu'une sorte d'iris : ceux du jardin de Marseille, iris cernés par les scies, les arêtes de poisson et les balayures. Mes iris. Iris qui poussent, qui poussent et se moquent de tout. Leur odeur à eux aussi est une odeur forte, plus forte que moi : j'aime être terrassé par elle. Je voudrais dormir avec les iris, être l'un des leurs et avoir leur couleur.

C'est le soir, maintenant. Je me souviens que c'est le soir. Il faut que j'aille manger mais il ne fait pas encore noir. Je suis dehors. Je viens de m'accroupir devant les iris. Le soleil qui s'est entiché d'eux, s'en sépare à contre-cœur.

Le maréchal-ferrant n'est plus venu depuis des jours et des jours. Le mistral a éparpillé une dizaine de planches dans les ordures et personne ne les a redressées.

Et à force de fixer les iris, je les vois qui grandissent : ils ont vite atteint la taille des platanes du boulevard, et je me rends compte que je suis en train d'attendre ma mère. C'est normal puisque je ne crois pas ce qu'on m'a dit.

Le parfum de ma mère est le même que celui des iris. Ma mère voudrait, elle aussi, que j'aille manger. Elle viendra m'embrasser après.

Ma mère est une femme qui sait qu'elle va mourir et elle serre à l'étouffer un petit garçon de sept ans, son fils. Elle lui dit : « Tu es grand, maintenant. »

Tiens, je suis grand?

Mais oui, j'ai treize ans et demi, ma mère est déjà morte et on est dans l'une des plus grandes guerres de l'Histoire, peut-être la plus grande, et il faut que je remonte à la maison pour manger.

— Qu'est-ce que tu faisais à rester comme ça dehors?

A quoi bon trahir les iris, et ma mère qui avait oublié, cette fois-là, de m'apporter comme d'habitude une poupée recouverte de paillettes ou une rose en papier crêpe? Je préfère répondre : « Je ne sais pas. Excusez-moi. »

Le parfum des iris continue à vivre sur le dos de ma main. Je porte souvent ma serviette à la bouche pour que ma main touche mon nez, et je respire profondément.

« Les Alliés ont débarqué en Italie! » On ne chuchote plus dans la maison : ils parlent tous à voix haute, ils rient, mais il faut quand même partir.

On va dans les Basses-Alpes. Ce n'est pas loin de Manosque, mais on évitera Aix-en-Provence. Je pars avec mon père. Quatre-vingt-cinq kilomètres. Il y a des champ de thym à perte de vue, de la lavande aussi, des amandiers.

Dans la ferme, nous nous organisons. Nous trouvons des pommes de terre, de vieux vélos dont la chaîne se décroche tout le temps, des lits que mon père rapproche. Des amis apporteront du pain, des œufs du village voisin, Pierrevert. Je les entends parler du col de Montfuron, du ravin de Corbières, du col de la Mort d'Imbert. Ces noms m'effraient un peu, et qui est ce M. Imbert, et comment est-il mort? Étranglé dans son col? Faudra-t-il fuir là-bas?

Je préfère la petite montagne aperçue pendant une promenade, une montagne qui protège Manosque et qui s'appelle le mont d'Or.

Et puis il y a le soleil qu'aucune maison, aucune ruelle n'empêche de briller.

Et bientôt aucun mur puisque nous dormons à la belle étoile. D'autres amis sont venus et ont de nouveau chuchoté. Conclusion : la ferme est repérée, mon père me donnera son sac de couchage et s'enroulera, lui, dans une couverture grise. Le bord de la couverture est déchiré. Il est jaune. Je le tiens dans ma main en m'endormant. Le soleil nous réveille : sac au dos! Il faut encore marcher.

C'est comme dans l'*Histoire du soldat* de Stravinski, où le récitant insiste : « A marché! A beaucoup marché! »

Parfois nous rencontrons un ruisseau anonyme, affluent de la Durance : nous nous lavons.

Heureusement mon père n'a pas choisi la direction du col de la Mort d'Imbert : il faudrait passer trop près de Manosque.

Des chapelles délabrées, Saint-Elzéar ou Sainte-Marguerite, permettent de souffler sous l'œil intéressé des lézards. Dans les fermes isolées, qui sont rares, les œufs se font encore plus rares.

Mon père me sourit et je suis ravi qu'il y ait eu une guerre pour nous mettre tous les deux là.

Je ramasse des pierres bizarres : ce sont des fossiles. La mer venait jusqu'ici, dans le temps. Et mon père m'explique aussi la différence entre un mélèze et un pin, et les différents lichens sur les troncs d'arbre.

La nuit, le ciel ressemble à un planétarium! Mon père me présente aux étoiles : « Orion, et puis Cassiopée... » Je m'endors.

Le lendemain, je ferai semblant de dormir pour épier mon père qui dort. Mais lui aussi fait semblant de dormir parce qu'il croit que je dors vraiment. Je lui dis que je ne dors pas et que lui non plus. Nous rions. Je suis content d'avoir réussi à faire si bien semblant et de commencer la journée en riant.

Après la guerre, je suis souvent revenu à Pierrevert. Ce bout de Provence fait partie de moi. Ces paysages, cette végétation m'ont appris la rigueur et la tendresse.

Mais suis-je revenu si souvent à Pierrevert? Je n'en sais rien. J'ai retrouvé un peu de haute Provence dans certains paysages grecs. J'ai travaillé plusieurs fois à Avignon, c'est-à-dire à une petite centaine de kilomètres de Pierrevert, avec la tentation de prendre une voiture et d'aller y passer une journée de relâche. Pierrevert méritait autre chose qu'une relâche, et je n'y suis pas allé. J'y ai pensé — ce qui revient peut-être au même.

Les jeux de cache-cache avec l'occupant, aux derniers mois de la guerre, m'avaient rapproché de mon père dans une communion qui se tenait, indécise, entre l'amour filial et l'amour tout court, favorisée par les arbres, la terre et le soleil.

Depuis, j'ai souvent cherché à imiter le sourire de mon père. J'étais fier et jaloux de son sourire, un sourire irrésistible, à la fois spontané et très élaboré. Mais inimitable.

Bêtement (mais ne serait-ce pas une loi?), il aura fallu que mon père meure pour retrouver cette communion sans mélange avec lui. Je le relis et je recopie ses phrases :

« Le temps n'a qu'une seule dimension : l'avenir. Le passé n'est pas une dimension du temps, mais sa mort. »

***

Je ne pensais qu'à devenir adulte, c'est-à-dire libre. Et fort. A mes mises en scène d'enfant, il ne manquait qu'une chose : non pas les costumes, ni les lumières ou le rideau rouge (après tout, le théâtre existe sans cela), mais il manquait le public. Le vrai. L'inconnu. Celui qu'il faut séduire et conquérir. Celui qui vous flatte et qui vous dit la vérité, le public-miroir auquel je voulais poser la question. La seule question : « Qui suis-je? » Plus tard, les religions me répondront. Mais le public lui-même est une sorte de religion, à moins qu'il ne soit que ce dérisoire petit miroir sur lequel se penche la reine-mère dans *Blanche-Neige*. « Dis-moi, suis-je la plus jolie femme du royaume? »

L'Opéra de Marseille, j'y allais parce qu'il fallait bien y aller d'abord pour m'en dégoûter ensuite. Si c'était *ça* la danse, il valait mieux que je me fasse engager par ma grand-mère dans son magasin d'antiquités. Ces antiquités-là, au moins, étaient vraies!

Quitter Marseille était urgentissime. Mais Paris était loin, je ne savais pas trop ce qui s'y passait, et si je voulais quitter Marseille, je n'avais pas envie de quitter la Méditerranée. Vers treize ans, j'avais rêvé devant la couverture d'un livre de Victor Hugo, dont le titre se détachait en lettres d'or : *Les Travailleurs de la mer* ; j'avais associé la mer et le travail, donc je suis parti pour Monte-Carlo!

Là, catastrophe : je m'étais trompé d'une génération. Diaghilev et les Ballets russes s'étaient évanouis. Les concierges des hôtels en parlaient, et les garçons de café, mais je n'étais pas venu là pour interviewer des garçons de café.

Et pire que ça : la troupe, à Monte-Carlo, était complète. Pas besoin de garçons. Je prends quand même quelques cours, je parle avec les autres danseurs et j'apprends qu'on engage à Vichy. Il y aura une saison de trois mois sous la direction de Leo Staats, pour un public de curistes. On cherche des garçons, j'y vais et je suis retenu.

Les répétitions commencent le lendemain. J'arrive à temps! Je n'avais même pas eu le temps d'apprendre quel ballet j'allais danser. Je me trouve une chambre, je dors à peine et j'arrive le premier au studio. Ah! C'est *Schéhérazade!* Enfin un vrai ballet! J'en avais vu des photos.

Le directeur arrive, me regarde travailler et arrête tout :

— Pas possible! Il n'est pas possible! Avec un corps pareil, comment oser le mettre torse nu sur scène sans que la salle éclate de rire?

Je devais être l'un des beaux esclaves en pantalon bouffant, qui... et que... Mais le directeur continue :

— Bien sûr, il ne saute pas mal, mais non, non! Pas possible!

Me voilà éclairé. Et devant tout le monde. Je reste seul au studio après que les autres soient partis, et je saute, je saute, je perfectionne mes sauts.

Le même directeur me croise plus tard et m'interpelle :

— Mon petit, je monte maintenant *Le Festin de l'araignée*. Il y aura un rôle pour toi.

*Le Festin de l'araignée*, quèsako? Le pianiste m'apprend que c'est un divertissement sur la vie des insectes : une araignée au milieu de la scène tisse sa toile et guette le papillon, l'éphémère, quelques bousiers mais pas de ratons-laveurs...

Et moi là-dedans? Eh bien il y a une énorme pomme en carton : il ne faudra pas moins de trois machinistes pour la faire basculer en scène quand elle est censée se détacher de l'arbre. On compte alors jusque trois et un ver sort de la pomme.

Le ver, c'est moi. On m'a garrotté, muselé, entortillé dans un costume de satin blanc en forme de tuyau, la tête enfermée dans une cagoule en velours noir avec deux antennes. Je n'ai plus qu'à me vautrer et ramper. Il faut traverser la scène entière, en diagonale, sans cesser d'être « élégant »! Pendant ce temps, les autres, eux, sautent autour de moi!

Ce n'est pas la joie, mais je danse. Je resterai, dans le corps de ballet, le petit maigre côté jardin... Je suis danseur, c'est la Libération (pas la mienne : la vraie!) et j'envoie des cartes postales à Marseille. Je remplis une fiche d'hôtel, j'écris toujours « Berger », il faudra que je change, que je baptise l'adolescent devenu artiste. Mais déjà, de pouvoir écrire à la ligne suivante, après les deux points qui succèdent au mot « profession », cet autre mot : « danseur », c'est comme de franchir une frontière : le voyage est donc réel, il a commencé. Qu'allait-il se passer? J'emportais avec moi mon enfance comme on emporte des sandwiches dans le train. Mon enfance et ses paysages, les champs d'oliviers de la haute Provence et la neige du Mont-Blanc dont je me protégeais avec un béret bleu roi, les ruelles de Marseille où je me promenais avec un col marin et des culottes courtes, et puis le jardin dont je n'ai pas fini de me souvenir, le jardin où se promenait ma mère, le jardin où je créais mes premiers spectacles, bon, passons, ça m'agace d'en parler maintenant. Je répète que c'est le futur seul qui m'intéresse. Je l'ai dit cent fois aux journalistes : j'ai horreur du passé, cela ne m'intéresse pas du tout, je vis en compagnie de mes projets. Ce n'est pas pour rien que j'ai fait un long ballet sur Orphée : j'ai appris qu'il y avait intérêt à ne pas trop se retourner.

Cela dit, j'ai 1°) le droit de me contredire, 2°) l'impression que ce refus complet, non seulement de m'attendrir sur mon passé (ça c'est la moindre des choses), mais même d'accepter qu'il ait eu lieu, c'est louche et ça cache quelque chose. Eh bien, tant mieux! A tant faire que de jouer à cache-cache, je ne voudrais pas que le train de ma jeunesse m'en cache un autre : celui de notre époque.

Si mon enfance insiste et frappe à la porte, évidemment j'ouvre. Plutôt qu'à la porte, c'est sur un tambour qu'elle frappe. Je suis un tambour, je résonne. Et quoi qu'il en soit, je suis heureux d'avoir été un enfant. Je n'avais pas le choix. C'est vrai.

Être un enfant heureux, c'est assez compliqué. Mais être heureux d'avoir été enfant, voilà qui est simple et que j'adopte. J'adopte mon enfance !

D'ailleurs, je ne me sens jamais aussi heureux, aujourd'hui, que lorsque j'ai l'impression de faire des choses enfantines. De décider brusquement, après un spectacle, d'aller réveiller le type de service chez Hertz, de louer une Mercedes et de quitter Bruxelles en pleine nuit en fonçant vers la Bavière et l'Autriche. J'étais vraiment heureux ! Qu'est-ce que j'avais emporté? Un appareil à cassettes, deux vieux pulls et de l'encens japonais.

Ma vraie enfance, je la vis maintenant. Je dirai simplement : plus tout ça se mélange, mieux c'est. Mon passé, s'il est passé, oublions-le. Si au contraire il peut encore me servir aujourd'hui, eh bien, c'est aujourd'hui que ça se passe. Si j'ai voulu faire de plus en plus attention au corps, le dégager des anecdotes vestimentaires, c'est dû à mille choses, ça s'inscrit dans une évolution de la tradition (déjà Loïe Fuller et Isadora Duncan haïssaient le tutu !), c'est peut-être aussi à cause de phrases que j'ai entendues à table chez mes parents, quand mon père recevait d'autres philosophes — phrases dont je ne comprenais pas le sens littéral, mais allez savoir ce qu'un enfant comprend et ne comprend pas ! Des phrases que j'ai retrouvées au hasard de mes lectures d'étudiant : « Tout organisme est une mélodie qui se chante elle-même », ou bien : « L'organisme est une idée devenue corps »...

Et puis, parce que nous sommes des êtres charnels, il y a la vie de notre propre corps, ce corps dont la civilisation ne s'occupe plus : on croit avoir tout fait parce qu'on le dore au soleil, à poil sur une plage polluée, ce corps qui ne demande qu'à danser !

Les endroits où j'habite ressemblent davantage à des chambres d'enfants qu'à autre chose. Il y a eu les piaules de ma jeunesse, en Angleterre, à Stockholm : du bric-à-brac, des photos au mur, des objets fétiches (j'ai toujours eu besoin d'objets qui portent bonheur : de minuscules bouddhas hindous ou japonais, un petit oiseau népalais, un buste de femme modern'style de trois centimètres de haut, des chapelets grecs, que je fourre dans mes valises avant de partir en tournée pour les disperser ensuite aux quatre coins des chambres d'hôtel et sur la table de nuit (et je ne les choisis pas, je ne les achète pas, ils viennent à moi, on me les donne, parfois je ne sais même plus qui).

Installé ensuite à Paris (« installé » est un grand mot!), rue Bergère, j'avais beaucoup de photos, mais elles n'étaient plus affichées au mur. Rangés dans des cartons, il y avait des paquets de photos qu'il s'agissait de distribuer, des photos de moi, assez naïves, torse nu, le regard dans l'objectif : je ne sais pas si je voulais séduire ou conquérir... Ces photos ressemblaient aux portraits qu'on tire à chaque élève dans les écoles.

A Bruxelles, où je suis arrivé plus ou moins fauché avec ma petite compagnie de l'époque (c'était en 1959, nous nous appelions le « Ballet-Théâtre de Paris »), nous nous sommes d'abord casés dans un minuscule hôtel derrière la rue où se trouve le Manneken-Pis et ensuite j'ai déniché un appartement genre « maison de poupée » qui n'avait que l'intérêt de me permettre de rentrer chez moi le soir. J'y suis resté douze ans! L'adresse a beaucoup plu à un poète, René Char : rue du Pont de la Carpe.

Je n'avais pas le téléphone. J'ai toujours eu horreur du téléphone : j'aime regarder les gens, savoir s'ils sont assis ou debout. Il y a un très joli mot de Degas à propos de téléphone, c'était à l'époque où apparaissaient les premiers téléphones. Degas allait dîner chez un ami qui venait d'en faire installer un. Pour épater Degas, l'ami s'entend avec un compère qui téléphonera pendant le repas. Donc, après le potage, la sonnerie du téléphone retentit. Et Degas : « Ah ! c'est ça, le téléphone : on vous sonne, etvous y allez... »

Je me souviens d'un journaliste qui ne voulait pas croire que je n'avais pas le téléphone. Il le cherchait partout, soulevait des coussins, se penchait derrière les disques, jouait négligemment avec le couvercle d'un magnéto pour sans doute le faire tomber et découvrir un téléphone! C'était : « Monsieur Béjart, est-ce que votre ballet *Orphée* veut prouver que la solitude... », et moi : « Je ne veux rien prouver du tout », et lui : « Mais vous n'avez vraiment pas le téléphone? ».

Après l'interview, je le raccompagne jusqu'à la porte, et là, il s'arrête pile et prend un air de Grand Inquisiteur. Qu'avait-il vu? Un téléphone! Il exulte :

— Vous voyez, vous en avez un!

Je lui explique qu'il s'agit d'un parlophone, c'est pour parler avec les gens qui sonnent et qui sont encore dans la rue, et d'ailleurs je ne m'en sers pas : quand on sonne, j'ouvre, un point c'est tout.

— Comment vous faites, pour ouvrir?

Je lui montre un bouton sur lequel il suffit d'appuyer. Il repère aussitôt un autre bouton :

— Mais ce bouton-là, hein, ça vous branche sur un téléphone?

Ça devenait coton à expliquer, parce que l'autre bouton me mettait en communication avec l'épicerie qui occupait le rez-de-chaussée de l'immeuble : on passait sa commande et les gens du magasin la montaient à domicile. Je lui dis d'appuyer sur le bouton, et qu'il verrait. Il s'attendait à tomber sur une standardiste. La tête qu'il fit en entendant : « Oui, l'épicerie Delhaize... »

Il ne l'a pas mis dans son reportage, alors je le glisse ici!

La pièce de devant, dans l'appartement du Pont de la Carpe (c'est drôle, je ne dis jamais « appartement », je dis toujours « la maison »), c'était ma salle de jeu. Je la tenais toujours bien rangée. Il y avait deux porcelaines chinoises très anciennes, deux pathétiques figures de sages chinois recroquevillés et endormis dans l'ivoire. Ces objets, avant d'arriver là, appartenaient à mon père. Mais mon père était mort.

J'avais glissé, entre le cadre et le miroir de la petite loge que j'occupais au théâtre de la Monnaie de Bruxelles, une photo où l'on voyait mon père venant me féliciter dans une autre loge. Nous sourions tous les deux. Il se tient debout derrière moi, il porte une écharpe de soie blanche. Je sors de scène, j'ai les cheveux en bataille. Je suis assis et nos regards, nos rires, notre bonheur se rencontrent dans le miroir de cette loge parisienne, où j'avais dansé quoi?

Au moment où j'écris que je ne me souviens pas de quel ballet il s'agissait, je m'en souviens et je comprends pourquoi je ne voulais pas m'en souvenir. C'était dans ma loge du théâtre des Champs-Élysées, après une représentation d'*Orphée*. Mon père avait beaucoup aimé et, je peux le dire, admiré mon travail sur *Orphée*.

Et plus tard, nos sourires sur la photo n'en savaient rien, j'ai dû danser *Orphée* le lendemain même de sa mort.

J'étais à Bruxelles : nous venions de créer le « Ballet du XX^e^ siècle » en octobre 1961. La première tournée du ballet était à Vienne en novembre : *Orphée* formait l'un des deux programmes prévus. La compagnie quitte Bruxelles en avion et comme il y a un jour sans travail à cause de ce voyage, j'en profite pour faire de mon côté un saut à Paris : je voulais voir à l'Opéra *Carmen* mis en scène par Raymond Rouleau. J'arrivai à Paris vers cinq heures et je devais reprendre un avion pour Vienne le lendemain matin. Je ne prévins pas ma famille : comme je n'en avais que pour quelques heures, je n'avais pas le temps de voir mon père : il n'aurait pas aimé que je passe seulement cinq minutes avec lui. Il m'aurait fallu rester dîner, répondre aux questions de tout le monde, m'endormir à leur heure et non à la mienne, etc.

Mon père est mort ce jour-là. On a aussitôt cherché à me joindre à Bruxelles : ils apprirent que j'étais en réalité à Paris et même à l'Opéra. Mon frère téléphona à l'Opéra. Pendant le deuxième acte, un régisseur s'approcha de moi à tâtons et me souffla : « Il faut que vous téléphoniez chez vous, ici à Paris. Votre père a eu un petit accident. » Je sus tout de suite qu'il était mort. Je ne téléphonai pas et j'allai à sa dernière maison, celle du boulevard Saint-Germain. Le lendemain soir, je dansais *Orphée* à l'Opéra de Vienne.

La mort n'existe pas. Il y a ceux qui meurent. Ma mort, ça m'est égal, c'est une chose à laquelle je ne pense pas; ça viendra, voilà. Pour se protéger de la mort, on peut la faire intervenir dans des ballets. Mais je n'ai jamais beaucoup aimé ça. Je n'aime pas finir avec la mort. J'aime que ça renaisse. Quand j'ai fait *Roméo et Juliette*, après les morts obligatoires du récit, je fais revenir tout le monde sur scène, on entend « Faites l'amour, pas la guerre! »; à la fin du *Nijinski*, on entend une phrase du journal intime de Nijinski : « Rien n'est horrible, tout n'est que joie », et sur scène on voit une rose tendue à bout de bras.

La mort, c'est comme la solitude : je le répète, ça n'existe pas. On n'est jamais seul. Est-on jamais mort? Mon père est-il mort quand je recopie une phrase de lui où il parle de l'entrée dans l'âge adulte par le biais de *la série toujours pénible des moyens efficaces*, que je punaise la feuille avec cette phrase dans le couloir de mon école de danse et que je vois les jeunes la lire et la recopier à leur tour dans leurs petits carnets?

Au « Tout n'est que joie » de Nijinski, j'ajouterais : « Tout n'est que vie. » Quitte à croire à la réincarnation. Je préfère dix millions de fois croire à la réincarnation qu'aux discours de M. Machin, politicien.

Tout dépend par quel bout de la lorgnette on regarde les choses. Un jour qu'un copain me demandait de l'argent pour payer un avortement en Suisse, comme ce n'était pas la première fois qu'on me demandait de l'argent pour cette raison, je lui ai donné un chèque en riant : « J'ai dû, dans une autre vie, mettre pas mal de filles enceintes! Je paye maintenant! » Bon, ça c'est de l'humour minable ou de la pudeur pour effacer le chèque. Mais si je pense à mes dialogues avec Wagner, qui avait comme moi, mais en 1860, pris le train de Paris pour Bruxelles où il allait travailler au Théâtre de la Monnaie (mais lui n'est pas resté longtemps, c'est parce que le théâtre n'était pas encore dirigé par Maurice Huisman!), évidemment on dira que je débloque, que je n'ai jamais parlé avec Richard Wagner, alors que moi je sais que oui, il est venu « à la maison » plusieurs fois, et pas seulement lui, mais aussi Hoffmann et Léonard de Vinci, notamment.

Si la planète tient encore un peu ensemble dans cent cinquante ans, j'espère que quelqu'un m'y appellera. Je suis moins exigeant que mes amis musiciens, parce que Pierre Henry ou Karlheinz Stockhausen parlent de milliers d'années, pour leur musique il est vrai, pas pour eux-mêmes (mais là, je suis sûr qu'en les poussant un peu... Pierre me disait : « Il y a tout dans ma musique, même

Dieu. » et Karlheinz : « Ils en auront pour deux mille ans à comprendre tout ce que ma musique signifie. »)

Je préfère que mes ballets n'aillent pas si loin. Qu'ils disparaissent en même temps que mon corps. Qu'on n'en remonte pas après l'an 2000 des parodies poussiéreuses ou congelées! Moi, par contre, à titre *personnel*, j'insiste, ça m'intéresserait de discuter le coup un soir ou deux avec un metteur en scène de ce moment-là.

J'ai commencé par dire que le fils aîné des Berger était né en 1927 et me voilà en train de jouer aux rencontres du troisième ou quatrième type!

***

Si je récapitule... Mais à quoi bon? Je n'ai jamais su tenir des comptes ni mettre quoi que ce soit sur fiches. Sans doute chacun a-t-il une réserve où il parque ses souvenirs, et de temps à autre on va y faire un safari-photo. Alors, oui, je peux me revoir à Vichy, où je n'avais pas grand-chose à faire en dehors des leçons. J'ai dû avoir une chambre à l'*Hôtel Universel* ou au *Mimosa* ou au dernier étage de l'*Hôtel de Naples*. Je me suis promené dans les parcs qui bordent l'Allier. J'ai dû traîner entre la gare et le champ de courses. C'est là aussi que j'ai rencontré un ancien comédien, il était journaliste et arrivait à Vichy pour suivre une cure : Jean Laurent. Jean Laurent organisait des spectacles de danse, des galas un peu partout, en province et à Paris. Les danseurs, désœuvrés par force, aimaient le retrouver et l'écouter raconter mille choses drôles. Mais derrière celui qui nous amusait (on m'avait dit : « Viens, nous allons retrouver un copain, il connaît des histoires tellement ahurissantes... »), je reconnus quelqu'un qui connaissait très bien la danse et allait me montrer quelle route prendre.

Les rencontres viennent toujours à point nommé. Bien sûr, j'étais décidé à faire autre chose que ce qu'on me proposait à Vichy, mais je ne voyais ni quoi ni comment. Jean Laurent me démontre qu'il faut partir au plus tôt pour Paris.

A Paris je trouverai des professeurs. Il faut, m'explique Laurent (mais il prêchait un converti), s'assimiler la tradition, et apprendre avec des professeurs qui ont eux-mêmes connu de près la grande tradition russe, la vraie danse académique (et ce n'est pas sa faute si la pauvre a été ensuite annexée par l'académisme!), La danse ne s'apprend pas dans les livres : c'est un enseignement calqué sur l'enseignement. Des corps confient à d'autres corps les secrets... Encore s'agit-il moins de secrets sans contours que d'une science, celle des muscles. Un peintre disait (Ingres, je crois) à propos des muscles : « Je les connais par leurs noms et ils sont mes amis. »

Paris, je trouverai aussi des théâtres. Il y en a beaucoup. Tous ces théâtres ne sont évidemment pas ouverts à tous vents. Des jalousies diverses règnent, des instincts de propriétaire démesurément gonflés, des chasses gardées. On verra bien.

Entre-temps, Jean Laurent mettait sur pied un petit gala à Rouen, et me proposa d'y créer quelque chose. Ce serait court : quelques minutes seulement. Les minutes ne font rien à l'affaire. Ce sera ma première chorégraphie. Il faut trouver une musique, une idée, un titre. Je danserai moi-même, seul. La musique? Chopin! Chopin-qui-pleure et Chopin-qui-rit! Les jeunes danseurs ont toujours eu beaucoup d'affection (je le constate encore aujourd'hui quand je regarde les disques qui se trouvent chez mes nouveaux danseurs) pour Chopin : force, tendresse, virtuosité, langueurs, rythme. Chopin ressemble aux couchers de soleil sur cartes postales. Il n'y va pas par quatre chemins pour vous obliger à dire que c'est beau!

Pour esquiver prudemment d'éventuels commentaires sur mon torse, je résolus de porter, depuis le cou jusqu'à la ceinture, un pourpoint. Et le « ballet » s'intitula *Petit Page*. Le petit page à Rouen prenait sa revanche sur le ver de la pomme de Vichy.

A Paris, où je ne possédais pas deux paires de chaussures mais des dizaines de chaussons trimballés dans une immense valise en cuir que mon père avait rapportée du Brésil, je passe le plus clair de mon temps dans un bâtiment cra-cra à l'image du prosaïsme parisien fin XIXe siècle : le studio Wacker. Ce bâtiment est une immense maison de passe pour danseurs : il n'y a que des studios de danse et un va-et-vient perpétuel dans les escaliers! Pour tous les goûts : claquettes, classique, yoga. A l'entresol, un comptoir et une dame dont les cheveux voudraient bien se souvenir de la blondeur de leurs vingt ans. La dame s'affaire et note scrupuleusement le temps d'occupation des studios : tout se loue à l'heure, à la demi-heure, chaque quart d'heure commencé est dû.

Quatre ou cinq respectables pianistes font le pied de grue. Elles finiront par s'effondrer sur un banc aussi fatigué que leurs partitions. Elles s'échangent des cigarettes, des ragots, des tubes de rouge à lèvres. Qu'elles arrivent de Montpellier ou de Brest, elles laissent tomber de temps en temps « Tchaïkovski » comme une bigote qui accentue son signe de croix d'un « Jésus Maria! ».

Leur accent russe certifié conforme, elles vont le chercher à l'église orthodoxe de la rue Daru.

Où ai-je retrouvé une ambiance similaire depuis? Ah oui! en regardant la séquence du bordel dans *Fellini-Roma*, et les clients qui circulent, c'est ce mélange de danseurs, leurs souliers à la main, pantalons ou robes enroulés dans le manteau qu'ils ont sous le bras, mêlés à des gens plus mûrs qui sont contraints d'avoir recours à un minimum de culture physique. La famille Fenouillard revue et corrigée par Goya!

Mais Goya a travaillé tout seul (et avec charité, et avec délicatesse) pour peindre mon professeur, M$^{me}$ Rousanne. Pour les autres, c'est une vieille dame russe. Je suis incapable d'employer ces mots-là, car je fus quasiment amoureux d'elle. Goya la peignait avec du rouge, du blanc et beaucoup de noir.

Elle avait des cheveux noirs et d'immenses yeux noirs. Elle se cachait dans une robe noire que l'usure rendait plus belle : sa robe brillait sous l'éclairage chiche du studio. Ses cheveux en bandeaux étaient tirés comme il n'est pas pensable, et huilés. Ses yeux surtout m'impressionnaient : des yeux de momie égyptienne, entourés, que dis-je, étreints par du rimmel qui courait tout autour comme un étrange néon publicitaire.

Elle et moi représentions une première version de Harold et Maude.

Elle m'accueillit par une phrase que je crus inventée en mon seul honneur, mais qu'elle répéta souvent par la suite, véritable slogan :

— Chez moi, les garçons, c'est chouchou!

Et elle tournait ses yeux vers les filles le long de l'autre mur, en ajoutant, trois tons plus bas :

— Fille qui danse, pour moi, pas intéressant!

Deux accessoires lui étaient indispensables : une tasse de café (elle le buvait noir et froid et, toutes les heures, quelqu'un montait remplir la tasse) et un rouleau de papier hygiénique dont elle allait sans cesse arracher un morceau pour s'essuyer les doigts.

Avec son accent, chaque fois qu'elle m'interpellait, au lieu de comprendre « Maurice! », j'entendais « Boris! ».

Elle a les ongles encore plus rouges que les lèvres, et voilà à quoi servent ses ongles : elle indique une position et s'approche ensuite mine de rien. Et à l'endroit où le muscle n'est pas en place, elle pince. Vite et bien! Au prochain cours, une tache qui hésite entre le noir et le bleu servira d'aide-mémoire.

— Boris! Fais pas ti-ti avec pied! Tire! Ti pas grand danseur mais c'est mioux. Trop doué fira rien. Si ti travailleur, bravou : travailleur fait carrière!

Un soir elle m'invite au théâtre. Je la retrouve au contrôle. Elle a mis un grand chapeau noir avec des roses rouges. Dans le sac en crocodile qu'elle entrouvre pour sortir les deux invitations, j'ai le temps d'apercevoir un éventail en ivoire et au moins une demi-douzaine de petits mouchoirs blancs. Elle m'indique du doigt un danseur qui vient d'entrer en scène, se penche vers moi et susurre : « C'est pas élève à moi, mais quand même pas trop moche! »

Un autre jour, elle m'invite à dîner au restaurant en face du petit hôtel où elle s'est installée depuis toujours. Je la regarde pendant qu'elle analyse la carte. Son visage est beau et transparent. Elle m'émeut. La poudre bon marché et l'âge ne comptent plus.

Un autre jour encore viendra, où j'arrive au studio : la leçon est annulée. Madame est morte.

J'ai conservé une photo où l'on me voit, avec mes camarades, porter son cercueil.

# 2

J'eus encore d'autres professeurs, bien sûr. Un danseur ne peut s'en passer : il faut prendre un cours chaque jour (parfois deux cours le même jour) si on veut assimiler la technique pour l'oublier et la vivre le soir sur scène.

Il y avait à Paris, quand j'y débarquai, une colonie de professeurs russes dont on ne peut plus avoir idée aujourd'hui. C'est un univers disparu. Ils s'échappaient tous d'une nouvelle de Tchékov ou d'un chapitre de Gogol. Ils dosaient la gentillesse et la méchanceté d'une façon inimitable.

L'un d'entre eux me battait copieusement. A chaque erreur (et Dieu sait si j'en faisais), il me cinglait les jambes avec un jonc. Or je travaillais jambes nues, en short (d'habitude, les danseurs traitent leurs jambes avec les soins qu'on réserve au transport des chevaux de course, ils les emmitouflent) et je terminais parfois la semaine avec les cuisses rayées comme un pyjama! Ce qui n'empêchait pas mon père fouettard de me rattraper dans le couloir après la leçon :

— Tu as mangé?

Je répondais oui. Pas dupe, il me prenait la main :

— Menteur! Attends ici que je sois prêt, je t'invite à dîner.

Il revenait avec son gros manteau et m'obligeait à me resservir deux fois de bortsch dans un restaurant russe tout en vidant le petit verre de vodka qu'il avait fait servir pour moi.

Après les blinis, il souriait :

— Maintenant, peut-être toi tu sais pas mais tes jambes savent qu'est-ce que ça veut dire « cinquième position ». Oublie jamais cinquième position : ça c'est danse!

Et il avait raison!

Madame Egorova aussi avait de ces gentillesses coup de tête. Elle était mariée avec un vrai prince russe qu'elle appelait « Prince », ni plus ni moins. On mourrait de froid dans le studio. C'est simple : le toit était percé par endroits et il pleuvait ou neigeait à l'intérieur. Des plaques de vraie glace se formaient ensuite sur le sol. C'était rudement casse-gueule! Alors madame Egorova entrouvrait la porte et lançait sur le palier :

— Prince, apporte charbon!

Le prince, qui était extraordinairement beau, toujours dans des costumes gris très bien coupés, apparaissait avec un grand sac en papier kraft dont il extrayait du charbon avec les gestes mesurés d'une vendeuse de chez Fauchon qui vous emballe trois fruits exotiques.

Madame Egorova dénichait de temps en temps des élèves riches capables de payer des leçons particulières dont le prix était fixé à la tête de la mère de la cliente.

Ensuite elle réussissait à convaincre l'élève et surtout la mère que le cours particulier serait plus « profitable » si un garçon était là aussi :

— Fille beaucoup « portés », besoin garçon pour faire porteur.

Elle m'appelait et m'expliquait rondement sa façon de voir les choses :

— Elle paye, toi tu travailles!

Elle expédiait la fille en dix minutes, l'abandonnait à la barre et me faisait travailler mes sauts pendant les trois quarts d'heure suivants.

Je fus par contre le souffre-douleur d'un autre larron, Boris Kniassev. Il me poursuivait de sa voix aigrelette : « Toi mauvais! Mauvais! Toi jamais arriver à rien! » J'ai l'impression qu'il me le répétait sans cesse, qu'il me poursuivait au vestiaire pour me le dire encore.

Un nouvel élève arrivait, et à peine s'emberlificotait-il dans un pas que la colère de Kniassev me retombait dessus. Il interpellait le nouveau :

— Ti veux exemple de ce qu'il faut pas faire? Ti veux?

Tout le monde se taisait. Kniassev nous regardait un à un, et dans ce silence bien installé, il répétait doucement :

— Exemple de ce qui faut pas faire? Ti veux?

Re-silence et bouquet final :

— Exemple de ce qu'il faut pas faire : Béjart, viens!

Le plus drôle arriva quinze ou seize ans plus tard. J'étais à Athènes avec le Ballet du XX^e siècle. Nous donnions là-bas la première de je ne sais plus quoi, *Le Sacre du Printemps*. Il y a foule, on vend des places debout et les marches d'escalier. Après, c'est l'habituelle ruée dans les loges. Ces visites que les spectateurs nous font dans les loges après le spectacle m'ont toujours fait penser aux cirques : « N'oubliez pas de visiter la ménagerie! »

Bref, des journalistes m'entourent, des photographes, et soudain quelqu'un les bouscule, leur marche dessus et fonce sur moi, pour m'embrasser sur la bouche et se retourner, radieux, son bras vite passé autour de mon cou, vers la presse grecque :

— Messieurs, ça, Béjart, élève à moi!

C'était le même Kniassev, professeur à Athènes. Je me suis souvenu à ce moment-là qu'il nous racontait volontiers ses anciens triomphes à lui :

— Quand moi dansais et moi entrais en scène, porté par deux garçons, d'abord musique commence pas parce que public applaudit applaudit : théâtre crouler sous applaudissements! Puis moi descendre de là-haut où me tiennent les deux partenaires, moi toucher sol et public encore applaudir, applaudir. Alors moi avancer avec prudence, moi glisser une jambe à gauche, glisser autre jambe à droite, avec prudence, prudence. Qui deviner pourquoi?

Nous savions que celui qui devinerait aurait plus de chances qu'un autre de devenir un grand danseur. Mais personne ne devinait.

— Allons Messieurs, le cours doit commencer! Personne deviner?

Non, personne ne devinait. C'était le triomphe de Kniassev :

— Vous bêtas! Après longs applaudissements, moi encore devoir écarter fleurs avec mes pieds... Milliers fleurs! Toutes fleurs jetées par public!

Nous étions persuadés qu'il ne mentait pas. Nous rêvions de ces succès « à la russe » que nous ne verrions plus.

Entre tous ces cours, que se passait-il? Il se passa que j'arrangeai un peu ma chambre de bonne où j'étais longtemps resté sans eau, sans gaz et avec les W.-C. à l'étage inférieur. Je réussis, au bout de trois ans, à financer l'arriver d'une conduite d'eau jusqu'à mon étage et à bricoler une petite douche.

En hiver, je cassai le carreau de mon unique fenêtre. Un mélange de paresse et de manque d'argent m'empêcha de remplacer le carreau. Je mis du papier journal qui resta là jusqu'à retour à meilleure fortune, c'est-à-dire longtemps, et suffisamment longtemps pour que je prenne froid et pour que le froid me détériore les poumons.

J'avais trouvé aux Puces une très belle chasuble : en soie, brodée, avec des fils d'or, du violet, du pourpre. Je la clouai sur une porte. J'avais aussi ramené un immense crucifix, en bois sculpté, avec un Christ au visage très douloureux. J'aimais flirter avec un mysticisme dont je faisais grand cas, un mysticisme flou pour une âme myope.

Et puis, service militaire, puisque c'est obligatoire. Dans un bureau de la rue Saint-Dominique, je traduisais de l'anglais des documents fastidieux. En fin de matinée je m'échappais pour aller prendre un cours sur le temps de midi. Le service militaire n'a jamais été la plus noble conquête de l'homme, mais si peu de temps après une guerre mondiale ça me paraissait relever de la monomanie et du donquichottisme. Le « travail » que je faisais relevait davantage du ministère de l'Information que de celui de la Défense nationale. J'ai quand même vécu tout ça comme un empêchement de danser en rond — littéralement!

Il y eut aussi l'arrivée des premiers appareils électro-ménagers. Les mixers! J'étais fasciné par les mixers. Lors d'un aller-retour à Marseille, j'empruntai celui de Paulette, ma belle-mère, pour le ramener à Paris. Je mettais dans le mixer tout ce qui pouvait être broyé, fruits, légumes, sardines en conserve, tout. J'adorais quand il y avait beaucoup de couleurs différentes. J'appliquais à la lettre à l'art culinaire ce que Picasso disait de ses tableaux dans une interview de l'époque : « Je mets toutes les choses que j'aime dans ma peinture, c'est aux choses à s'arranger entre elles! » Qu'est-ce que j'aimais beaucoup encore à ce moment-là? Ah oui! La tapenade, cette pâte faite avec des olives noires. Mais la plupart du temps, je n'avais que deux solutions : les sandwiches mangés debout dans les cafés de la place Blanche, ou le crédit consenti par Hugo et Freda. *Chez Hugo et Freda*, c'est le restaurant mondialement connu par les danseurs, installé à l'entresol de l'immeuble qui abritait les studios où officiaient madame Nora à un étage et sa tante madame Rousanne à l'autre.

Rentré chez moi, le mixer me vengeait des huiles de foie de morue de mon enfance.

Je ne sortais pas beaucoup. Je n'ai d'ailleurs jamais aimé ça à aucun moment de ma vie. Je vois peu de gens, et en dehors de l'amitié et de l'amour, les gens vous apportent finalement très vite ce qu'ils ont à vous apporter; quand les artistes disent : « Je donnerais mon œuvre pour une conversation », la formule fait mouche, mais faites les comptes et vous verrez qu'ils ont consacré mille fois plus de temps à leur propre travail qu'au bavardage.

On parlait des pièces de Camus, de Sartre. Je préférais aller au cinéma. Plus tard j'ai lu *Huis clos* et j'en ai tiré l'argument d'un ballet : la situation de départ est très forte, ces trois personnes condamnées à rester éternellement ensemble. Là aussi, une formule faisait beaucoup d'effet : « L'enfer c'est les autres », mais à la fois l'enfer et les autres ne tiennent pas dans une formule.

Je suis quand même allé voir *Hamlet* créé dans la traduction de Gide par la compagnie de Jean-Louis Barrault et Madeleine Renaud. J'ai toujours traîné partout avec moi le théâtre complet de Shakespeare : c'est la moindre des choses. L'œuvre de Shakespeare me fascine parce que c'est une œuvre : l'auteur a réussi ce miracle de complètement disparaître (miracle très rare en Occident : à part Homère, qui d'autre?). Il ne reste que des personnages. Quand on lit *Madame Bovary* ou la *Phèdre* de Racine, les présentations sont faites par M. Flaubert et M. Racine, je rencontre autant Gustave Flaubert qu'Emma Bovary, et je ne déteste pas cette oscillation. Mais avec Shakespeare, je rencontre Hamlet, Roméo, Lady Macbeth. L'affrontement est entre eux et moi. Et ce fut toujours mon rêve d'arriver à ce même résultat dans mes spectacles. Je dis « rêve » parce que je ne veux pas être conscient de ces choses : on peut en discuter une fois que le travail est fini, et ce n'est plus très utile.

***

Le passé m'intéresse si je peux encore m'en nourrir aujourd'hui. Mais me souvenir pour le plaisir de ça, le souvenir pour le souvenir, c'est comme l'art pour l'art, ça ne débouche sur rien : ce n'est même pas du moisi, parce que le moisi a encore le mérite de vivre, de se propager, non, c'est rance, c'est sec, c'est comme l'arbre qui ne porte pas de fruits. Attention, je ne dis pas que le passé est stérile, mais c'est l'usage qu'on en fait, et surtout aujourd'hui, comme si notre époque, qui se veut plus angoissée et plus lucide que n'importe quel autre moment de l'histoire, voulait se calmer et s'étourdir à force de mémoire. Et encore, la mémoire, c'est une chose très belle, c'est quelqu'un qui nous accompagne tout le temps; la mémoire est peut-être notre vrai ange gardien, qui nous ouvre des voies : mais les Mémoires, tous ces gens qui se souviennent... Pourquoi? Je préfère avoir des projets qu'avoir des souvenirs. Ou bien alors j'aimerais répéter le magnifique vers de Baudelaire : « J'ai plus de souvenirs que si j'avais mille ans. »

J'adore être différent tout le temps, changer d'avis, ne pas penser les mêmes choses, me contredire, me passionner pour des œuvres ou des gens qui paraissent d'abord incompatibles. Je déteste les lignes droites, c'est ennuyeux comme une autoroute. Il ne faut pas confondre la ligne droite et la rigueur. La rigueur me fascine, c'est là où il y a finalement le plus de surprises et de liberté, et de joie aussi. Mais c'est difficile, pas difficile à comprendre mais à accepter. Il n'est pas plus difficile de comprendre un ballet soi-disant « abstrait » qu'un ballet soi-disant « concret » (« concret » veut dire « spectaculaire », je suppose) : ce qui me paraît difficile à comprendre, c'est ce que les gens entendent par ballet abstrait, ballet spectaculaire, etc. Il y a, bien sûr, des différences d'anecdote, de personnages, mais... Comment dire? Tout est devenu si confus aujourd'hui et pourquoi en parler? Je préfère partir pour mon studio de répétition, retrouver les danseurs que je connais et essayer de montrer ce que j'ai envie de montrer avec leur aide, leur complicité. Travailler avec mon seul instrument de travail : le corps des autres.

Dans le temps, je dansais moi-même, j'ai beaucoup créé sur mon propre corps. Moi, moi, toujours moi devant le miroir. Un jour j'en ai eu marre. Je me sentais enfermé. J'avais pressé le citron, je crois que mon corps m'avait donné tout ce qu'il pouvait. Et c'était beaucoup : je n'ai pas un corps de danseur classique « type », je ne suis pas l'interprète rêvé pour tout ça. Alors j'ai dû inventer un style, quelque chose qui convienne à mon corps. Ou plutôt, c'est mon corps qui l'a inventé pour moi. Dans mes premières chorégraphies, il y avait donc moi et quelques danseurs, et nous n'étions pas de bons danseurs, et tant mieux, mille fois tant mieux!

Quand on dit « l'art naît de contraintes », eh bien c'était ça! Nous n'étions pas de bons danseurs, c'est-à-dire nous n'étions pas capables de tenir des rôles de solistes à l'Opéra, et quand même je voulais dire des choses avec ces danseurs-là, et comme de toute façon je ne voulais pas dire les mêmes choses qui se disaient sur les grandes scènes officielles, je n'avais pas besoin du même genre de bons danseurs, j'ai donc dû inventer de nouveaux gestes, de nouveaux enchaînements de pas. Et comme j'avais des problèmes, des problèmes de corps, je me trouvais petit, les jambes courtes, mais j'avais des épaules, un dos, un regard, ça m'a donné de la force, beaucoup plus de force que si j'avais été doué. C'est merveilleux d'être doué. C'est aussi une malédiction, et elle est très difficile à assumer. La danse exige beaucoup du corps. Elle dévoile au corps une quantité incroyable de mouvements qu'il est capable de faire à condition qu'on s'en occupe sans arrêt : qu'on s'occupe à la fois du corps et de la danse. Bon, c'est une lapalissade, ça : on perd vite la main dans n'importe quel métier, un peintre qui ne peint pas tous les jours doit sûrement avoir des problèmes. Mais on peut quand même imaginer qu'un peintre, ou un écrivain, ou un garagiste, ou un boulanger, s'arrête de travailler deux ans et puis reprenne. Un danseur, non. A cause du corps. Le corps aura oublié.

Mon premier ballet, pour moi, c'est la *Symphonie pour un homme seul*. Bien sûr, ce n'était pas absolument le premier. J'en avais fait d'autres avant, j'avais même réglé des mini-chorégraphies (si j'ose utiliser le mot « chorégraphie »!) pour des films publicitaires. Mais ces ballets sont morts, disons qu'il s'agissait plutôt de gammes. Au contraire, pendant le travail de *Symphonie pour un homme seul*, je me sentais heureux.

Il y avait le trac, il y avait le doute, mais je sentais que j'avais raison. Pour moi en tout cas. De toute façon, pendant mon travail, je ne me pose pas de questions. Il vaut mieux se les poser avant, à la rigueur après (mais après, à quoi ça sert? Il est trop tard, l'œuvre est faite, elle existe, elle vivra ou elle mourra sans tenir compte de mon avis).

*Symphonie pour un homme seul*, c'était en 1955. Nous étions une petite compagnie, une douzaine. C'est drôle, parce que je m'occupe aujourd'hui d'une compagnie de plus de soixante-dix danseurs, avec des techniciens pour le son, les costumes, des répétiteurs, des assistants, etc. et j'ai l'impression que je reviendrai un jour à la formule d'une petite compagnie, où je pourrai faire des recherches personnelles, parler à voix basse après avoir parlé à voix haute, avoir des contacts importants avec tout le monde, un peu comme une équipe réduite qui part tourner un film. J'ai lu l'autre jour une interview d'Ingmar Bergman, et il disait qu'il avait acheté une caméra et qu'il s'en servait, tout seul dans son coin, pour des expériences, sans être contraint au chef-d'œuvre attendu, et c'est sans doute un besoin normal. Enfin, on verra... Je suis un grand lecteur d'interviews : il y a toujours un sentiment qui passe, des indications parfois anecdotiques et marginales mais toujours précieuses sur l'œuvre et l'auteur. En général, un être fragile et désemparé apparaît, même dans les déclarations tonitruantes. Les interviews, c'est presque un « genre littéraire » inventé par les gens de notre temps, qui en ont vraisemblablement besoin; des choses sont dites là qui ne seraient dites ni ailleurs ni dans d'autres circonstances. La publication des « Correspondances complètes » sera un jour remplacée par celle des « Interviews ».

*Symphonie pour un homme seul*, c'était une musique formidable. Très impressionnante, très violente. Elle l'est encore. Une musique que je n'écoutais pas avec mes oreilles mais avec mon corps tout entier, mes nerfs. C'est ce qui m'a toujours frappé dans la musique de Pierre Henry : elle ne s'occupe pas de votre petite oreille, elle vous prend à bras-le-corps sans ménagements comme ces grands chiens qui vous lèchent tout de suite la figure! Dans *Symphonie*, Pierre Henry (qui avait signé cette musique-là avec Pierre Schaeffer) découvrait, inventait un univers sonore très insolite et surtout très « ressemblant » : en accord avec le moment présent. Il n'y avait pas à s'émerveiller d'une coïncidence entre une musique ancienne et les préoccupations actuelles : nous étions tous des contemporains, dans cette aventure — tous vivants. Il y avait eu la guerre, il y avait eu la bombe atomique, il y avait eu la mélasse des années cinquante, et il fallait transmettre tout ça. Et aussi des sentiments plus permanents (il est vrai que la guerre et la mélasse, c'est permanent aussi), des sensations qui sont le lot de tout le monde : la solitude, l'amour, les autres. Les grands thèmes permettent toujours de styliser, et le style c'est l'énergie, et l'énergie c'est la vie. Sans utiliser de si grands mots, ce qui me guidait dans ce travail, c'est le souci de simplifier. De nettoyer. De montrer *de la danse* et pas des motifs de papier peint en mouvement. Montrer des corps. J'aime les corps, donc je les montre. La fille était en collant noir. Moi, torse nu, un pantalon noir. Il faut aussi que les spectateurs puissent s'identifier. C'est plus facile de s'identifier à un monsieur torse nu et en pantalon qu'à un autre tout chamarré. Ce n'est pas une règle que j'énonce, mais c'était important à cette époque : il fallait rapprocher le public et les danseurs. Il ne fallait plus que les danseurs soient des espèces d'êtres magiques évoluant sans aucun souci de la pesanteur sur des musiques qui adoucissaient vraiment trop les mœurs!

Et ça a marché. Je veux dire que les gens se reconnaissaient dans le miroir que nous leur tendions. Chacun y retrouvait ses petits! Sur scène, il y avait une corde qui pendait des cintres, et puis un homme qui tournait autour de cette corde, qui voulait s'en servir pour échapper à cet univers, et puis une femme, et puis l'homme et la femme, et puis les autres. J'avais essayé de faire exister toutes sortes d'émotions. Les émotions me passionnent beaucoup plus que les histoires. Quand on se contente de raconter une histoire, je demande : « Et après? » Il y aura eu une histoire de plus qui aura été racontée, mais ça n'est pas très nourrissant. Avec les émotions, au contraire, il y a mille prolongements. J'aime esquisser des histoires qui servent de tremplin aux émotions.

Et quand je dis que ça a marché, c'est que les gens, après avoir vu le ballet, au lieu de me raconter ce que nous avions dansé, ils me racontaient leur propre vie. Un jaloux avait vu une série de variations sur la jalousie, un type qui avait des problèmes avec son père avait vu une illustration des rapports d'autorité, etc., etc. et j'ai beaucoup appris en constatant combien les gens se projettent. Ils se projettent à mort. On ne fait que ça : on se projette.

A part ça, quand je dis que ça marchait, il n'y avait pas tellement de monde dans la salle! Mais *Symphonie* a été donné, depuis, un nombre incalculable de fois. On l'a donné partout. A la création, c'était Michèle Seigneuret et moi, ensuite il y a eu Tania Bari, Suzanne Farrell. Mon rôle a été repris par Patrick Belda, Micha Van Hoecke, Jorge Donn, Daniel Lommel. C'est un ballet qui est tellement construit sur les sensations, qui demande aux interprètes le meilleur d'eux-mêmes, le plus privé... Je suis toujours très ému de le voir danser par les autres, parce que c'est comme une confession : en le dansant, ils me disent qui ils sont à ce moment-là. Peut-être parce que le ballet était lui-même, au départ, une confession. C'est évident que j'y parle de moi : de toute façon, je me demande si on est capable de parler de quelque chose d'autre que de soi. Le problème est alors de s'élargir le plus possible, de ne pas proposer aux autres un moi rétréci, étriqué, mais de s'ouvrir à tout, d'offrir aux autres une surface habitable par eux, ou au moins fréquentable.

Plus tard, j'ai fait des ballets qui se voulaient des biographies, sur Baudelaire, sur Nijinski, par exemple. Là, l'autobiographie semblait congédiée. Mais je m'efforçais, moi, de devenir eux. Je ne pensais qu'à Baudelaire ou à Nijinski pendant des mois. Quand j'ai préparé le Nijinski, ça s'appelait *Nijinski ou le Clown de Dieu*, j'ai acheté les disques Assimil russe, je me suis mis à apprendre le russe, je fumais des cigarettes russes, j'avais mis des photos de lui partout chez moi, j'ai rencontré ceux qui l'avaient connu : Romola sa femme, Kyra sa fille, Vaslav son petit-fils. J'apprenais par cœur son journal. Bien sûr, à dire comme ça, c'est naïf. Mais j'avais besoin de m'imbiber, de devenir l'autre. Parfois je me réveillais en pleine nuit et je suis sûr que j'étais devenu fou, fou comme Nijinski. J'avais même un peu peur! Je lisais aussi tout ce que je trouvais de Tolstoï, j'allais à l'église orthodoxe. Et je me suis rendu compte de ceci : plus on veut devenir un autre, plus on se découvre soi-même.

Dans ces longs mois de préparation, je ne travaille pas encore à la chorégraphie proprement dite. Parfois je n'ai même pas encore choisi les musiques définitives. J'ai des idées là-dessus, bien sûr, et j'achète (assez intuitivement) des dizaines de disques en vue du ballet en question. J'écoute, j'écoute. C'est souvent une musique passée inaperçue qui deviendra la musique définitive. Mais surtout, il faut que je coïncide le plus possible avec le personnage. Je n'irai pas jusqu'au dérèglement de tous les sens réclamé par Rimbaud, mais il y a de ça.

Surtout, surtout, il faut nourrir l'inspiration par un travail de brute, comme si on voulait l'effacer. Comme si on voulait la tuer.

Parce qu'elle renaîtra. Ah! au lieu de perdre son temps avec Œdipe, on ferait mieux de s'occuper du Phénix!

Après la *Symphonie*, il y a eu *Orphée*. Je repense à *Orphée* à cause du *Nijinski*. Au fond, *Orphée* c'était déjà un ballet biographique. La biographie d'Orphée...

Oui, je préfère m'occuper de la biographie des autres plutôt que de la mienne. C'est ce que je disais : mon passé n'est pas grand-chose, le fil de ma vie. Je ne tiens pas à ce que ma vie tienne à un fil!

*Orphée*, c'était d'abord des poèmes de Rilke. On se remet à lire Rilke aujourd'hui : presque tout a été réédité, je crois que Rilke correspond à un des grands moments de notre sensibilité, il en est même à l'origine.

J'étais tombé malade, j'avais dû partir pour la montagne, et dans ce genre de convalescence à la neige, on emporte toujours des poèmes avec soi. J'avais pris les *Sonnets à Orphée* dans une édition bilingue. J'apprenais par cœur de longs passages.

Je connais un tas de poèmes par cœur. Quand il faudra assurer mes vieux jours, je pourrai donner des matinées poétiques. Je réciterai La Fontaine, Victor Hugo, Baudelaire : « Entends, ma chère, entends la douce Nuit qui marche! » Ou bien je ferai des disques comme Mary Marquet. Pendant les vacances de l'été dernier, j'étais à Capri, où j'ai retrouvé Stockhausen après des années (on a fait ensemble l'ascension du Monte Solaro). Capri est un des rares endroits dans le monde dit civilisé où j'ai pu me promener seul sans rencontrer personne un 15 août. Donc, pendant les vacances là-bas, j'avais loué une barque avec quelques copains et on avait passé l'après-midi en mer. Subitement, il y a un orage et une tempête. Le propriétaire de la barque nous fait nous aplatir dans le fond. Personne n'était très rassuré; j'ai commencé à déclamer : « O combien de marins, combien de capitaines... » et ça les a fait rire, ils ont oublié leur peur : comme quoi il n'est pas inutile d'apprendre les poèmes par cœur.

J'ai lu récemment cette phrase d'Oscar Wilde : « Chacun devrait tenir le journal intime de quelqu'un d'autre. » Eh bien, je me rends compte que je ne peux plus travailler sur une musique sans m'occuper de l'auteur de cette musique. Parfois, le compositeur devient le vrai sujet du ballet. C'est ce qui m'est arrivé avec Mahler. J'ai d'abord réglé le *Compagnon errant* sur quelques lieder, et là je m'occupais plus de moi que de lui. Mais plus tard, j'ai pris les trois derniers mouvements de sa *Troisième Symphonie*, et enfin le *Knaben Wunderhorn* : je fus presque contraint de m'oublier, de céder le pas à Mahler, de le mettre lui-même sur scène. Un personnage habillé comme lui, avec les mêmes lunettes et le même petit complet gris à carreaux, fut interprété par Donn.

Même démarche avec les *Wesendonck Lieder* de Richard Wagner. C'est une histoire d'amour très longue. Il y a d'abord eu l'amour de Wagner pour Mathilde Wesendonck. Elle est mariée et, comme ça se passe en Suisse au XIXe siècle, Wagner juge plus prudent de s'éloigner. En fait, je crois que cet amour lui avait donné le déclic, le point de départ pour son *Tristan*, et qu'il a pensé qu'il serait plus tranquille pour composer tout seul à Venise au lieu de s'empêtrer dans des disputes de ménage à trois au bord d'un lac suisse. Bref, Mathilde a écrit cinq poèmes pour Richard, et Richard les a mis en musique, pour voix de soprano et piano. Il a orchestré le cinquième. (C'est Mottl qui a orchestré le reste.) Les poèmes sont à la limite du kitsch, mais qu'importe, ils m'émeuvent. A mon tour, je suis devenu amoureux de Mathilde. J'ai essayé de devenir Mathilde, de sentir l'amour de Mathilde pour Wagner, et puis l'amour de Wagner pour Mathilde, c'était comme dans *Tristan et Isolde*, quand chacun des deux dit qu'il devient l'autre.

J'ai intitulé le ballet : *Mathilde ou l'amour fou.* Sur scène, il y avait Mathilde et son mari, Otto Wesendonck, et cinq danseurs en collants académiques.

Wagner, lui, était suffisamment présent dans la fosse d'orchestre. Le décor était onirique. Des sculptures géantes sortaient du sol, une atmosphère de serre. Un rêve. Et j'avais catapulté là-dedans un personnage moderne, pantalon, pull et manteau : le Voyageur. Il entrait sur scène comme un spectateur qui se serait trompé de porte, exactement comme dans les rêves où abondent ces malentendus.

Un soir, le danseur qui tenait ce rôle a eu un accident, j'ai dû le remplacer. Rentré chez moi après le spectacle, je me découvre plein de boutons sur tout le corps, J'appelle un médecin : c'était nerveux, réaction due à une trop grande émotion. Ce n'était pas une question de trac, le rôle n'est pas difficile, il est précis mais pas difficile, il faut marcher de là à là, mais le rôle exigeait que je revive cette histoire d'amour, et mon système nerveux s'était rebiffé à sa manière.

C'est dur de se déposséder de soi-même, mais chaque fois le jeu en vaut la chandelle. C'est le b-a-ba du métier d'interprète, mais ça va beaucoup plus loin. Devenir un autre et se retrouver soi, et où est l'autre et où est soi? Compliqué d'en parler. C'est comme les accidents de chemin de fer. J'adore l'histoire des accidents de chemin de fer. Au Jugement dernier, on interroge Dieu le Père : « Et les accidents de chemin fer, Seigneur, comment les expliquez-vous? » Dieu, très embarrassé, réfléchit, réfléchit. Finalement, il lance : « Les accidents de chemin de fer, ça ne s'explique pas, ça se sent! » (Je ne sais plus qui racontait cette anecdote, Cocteau je crois.)

Mais je parlais d'*Orphée*. *Orphée* est devenu un ballet mort, un animal empaillé, sans doute était-il trop lié aux interprètes qui l'ont créé. Je ne le regrette pas. Il y a des œuvres qui doivent tout à leurs interprètes au moment de la création, et si ce ne sont plus ceux-là qui dansent, avec leur tête et leur corps du moment, l'œuvre fiche le camp. Peut-être parce que les émotions sont trop liées à un moment précis de la vie de chacun? En tout cas, c'est comme ça et ça ne me dérange pas. Il y a des objets qu'on traîne avec soi toute sa vie malgré les déménagements, des objets très adroits qui se faufilent à travers tout, même si on n'y tient pas, et puis il y en a d'autres qui disparaissent, même si on y tenait beaucoup : on ne se souvient même pas de les avoir donnés ou perdus, mais tout à coup on constate qu'ils ne sont plus là. La même chose arrive avec les gens, dans le travail, dans l'amitié, dans l'amour. Je ne dis pas dans la passion. La passion, c'est d'un autre ordre. Il ne faudrait pas avoir des amours, il faudrait n'avoir que des passions.

# 3

Les pages du chapitre qui précède, je ne suis pas dupe : je vois bien à quoi j'ai voulu qu'elles servent. A m'empêcher de faire revenir à la surface une période de ma vie dont je répugne à parler : ce qui s'est passé entre la fin de mon service militaire et la création de *Symphonie pour un homme seul*. Le chorégraphe Béjart est né en 1955. En numérotant mes ballets comme font les musiciens, j'appelle *Symphonie* mon Opus 1

Le petit Maurice Berger, né en 1927, est mort quelque part pendant la guerre : peut-être quand les promenades clandestines avec son père dans les collines de Manosque ont pris fin.

Mais alors, qui était le type qui a relié l'un à l'autre? Celui que je fus entre dix-huit et vingt-huit ans? Je le considère comme un ami que j'ai perdu de vue, un de ceux dont on ne recopie pas l'adresse quand on change de carnet d'adresses. J'avoue volontiers avoir là un trou. Trou complet. Est-ce un trou de mémoire ou un de ces trous noirs dont parlent les astronomes?

Je peux aligner des faits et même des dates. Les dates n'ont pas le moindre intérêt : une biographie ne se construit pas avec le calendrier des postes.

Serge Lifar m'a réglé un pas de deux sur *Le Lac* de Lamartine, un autre sur une musique de Gershwin : je les danse avec Solange Schwarz. Je travaillerai encore avec elle plus tard, mais nous danserons mes propres chorégraphies.

J'ai fait aussi deux à trois trucs chez Roland Petit qui venait de mettre sur pied les « Ballets de Paris ». Je fus un des quatre princes de *La Belle au bois dormant* et un chat de gouttière (depuis le ver luisant de Vichy, j'étais monté en grade). Roland Petit avait invité Margot Fonteyn et Margot Fonteyn m'avait recommandé à son professeur, une autre Russe, formée à l'École impériale de Saint-Pétersbourg : Vera Volkova. Madame Volkova enseignait à Londres : j'y allai. Je ferai partie de la troupe de l'International Ballet, où je danserai le deuxième acte du *Lac des Cygnes* en entier (à Paris, on n'en dansait guère que le deuxième acte). J'étais en train de devenir un danseur classique. Je n'en remercierai jamais assez le ciel! Se priver d'une telle formation, c'est comme si un architecte n'avait jamais mis les pieds dans une abbaye romane ou une cathédrale gothique.

En Angleterre, j'ai participé à quelques tournées. J'ai vu des publics non avertis s'enthousiasmer pour la danse du premier coup — et ce qu'on leur donnait, pourtant, c'était *Giselle*. On n'allait pas dans les campagnes, mais presque. Ce furent, sans que je le sache, mes premières rencontres avec mon futur public, celui que je n'ai pas voulu conquérir mais par qui j'ai voulu être admis : le public qui aime, pas celui qui connaît (ou plutôt croit connaître). Qu'est-ce qu'un connaisseur, devant un amoureux?

Ensuite, il y eut mon film en Suède. Longtemps je n'ai plus osé parler de ce film : personne ne l'avait vu et mes amis finissaient par croire que j'avais tout inventé! Pourtant, ce film a été exploité en Allemagne et en Scandinavie à l'époque, et je suppose qu'après le négatif a été vendu dans une faillite, comme ça arrive souvent! Heureusement on en a retrouvé récemment une copie et j'ai des témoins : Donn et Micha van Hoecke, par exemple, l'ont vue à Stockholm. Le film avait été tourné sur une des premières pellicules couleurs Gevacolor, et toutes les couleurs ont disparu : la copie, m'ont-ils raconté, est presque monochrome, en sépia!

N'empêche que le tournage a bel et bien eu lieu. C'était dans la Suède d'avant Ingmar Bergman : je crois quand même que j'ai entendu parler de lui, il venait de tourner ses deux ou trois premiers films, passés inaperçus, des films simples et tristes et influencés par le néo-réalisme italien. J'en ai vu un pendant un second voyage en Suède, je me souviens que j'y avais été à cause du titre : *Bateau pour les Indes.* C'était l'histoire d'un conflit entre un fils et son père. Il y avait de très jolies scènes dans un théâtre de variétés. (Je n'en suis pas sûr, je me souviens surtout du titre.)

Voilà comment s'est passé mon film à moi : je dansais à Londres où je rencontrai des danseurs suédois. Je fus l'ami des uns, l'amoureux des autres (le pluriel n'est là que pour la symétrie) et, en fin de saison, je fus invité en Suède où je passai les vacances dans la joie de l'amour et de l'eau glacée. Quand la bise fut venue, je me trouvai fort dépourvu : je n'avais plus de travail et envie de rester là. Je dénichai un contrat pour apparaître dans des opérettes insignifiantes. Je réglai deux ou trois petites chorégraphies, des pas de deux pour des étoiles de l'Opéra de Stockholm, Elsa-Marianne von Rosen ou Björn Holmgren.

Je remontai pour Ellen Rasch un acte de *Casse-Noisettes* que j'avais dansé moi-même à Londres. Ellen Rasch viendra plus tard danser avec moi à Paris, mais surtout elle épousera un producteur de films. Son producteur de mari voudra lui faire tourner un court métrage de danse. Je venais à peine de rentrer à Paris quand Ellen me téléphona : pouvais-je revenir et lui régler une chorégraphie inédite pour ce film qui allait se tourner dans quelques jours?

J'écoutais beaucoup Piaf à ce moment-là et j'avais envie de faire quelque chose avec l'une ou l'autre de ses chansons.

Je choisis quelques chansons de Piaf et je partis gare du Nord prendre le train de nuit pour Stockholm. Brusquement réveillé à Hambourg, je regardai la gare à moitié détruite ou à moitié reconstruite, quelque chose comme la prison du guignol abandonné à Marseille. Les gens n'avaient pas l'air gai. Ils voyageaient avec des valises en carton. Je décidai d'appeler le ballet *L'Inconnu*, en hommage à Piaf : *Un jour un inconnu est entré.* J'allai me rendormir sur ma couchette, car les répétitions devaient commencer le jour même.

En une dizaine de jours, le ballet réglé en fonction des futures caméras, est monté. Nous nous sommes installés ensuite dans un petit studio de cinéma très bruyant. Je crois qu'il y avait une menuiserie à côté et des tramways, un véritable ballet de tramways! Qu'importe : nous tournions en play-back. La production qui visionnait le premier bout-à-bout décida que ce court métrage devait devenir un long métrage. Je faisais mes premiers pas dans la psychologie cinématographique. Je suppose qu'ils avaient dégotté pendant le week-end deux scénaristes en chômage (ce qui n'a pas dû être simple, parce qu'il y avait une grosse activité cinématographique en Suède, sans doute artificielle : un ou deux ans après, ils ont arrêté toute la production pendant au moins une année). Bref, je me retrouvai un lundi matin chargé des chorégraphies du futur long métrage *L'Oiseau de feu* qui racontera les amours difficiles d'une danseuse et d'un ténor. Il faudra régler quelque chose de nouveau sur *L'Oiseau de feu*, conserver ce qui est déjà fait sur Piaf et rajouter l'acte de *Casse-Noisettes* que j'avais remonté pour l'Opéra de Stockholm.

Tito Gobbi, qui chantait le baron Scarpia à Vienne ou à Milan, avait été engagé par télégramme. Je n'ai pas assisté au tournage avec Gobbi : je l'ai vu débarquer à Stockholm, il faisait des grimaces de gros bébé attendrissant, dont je retrouverai l'écho sur le visage de Pierre Henry quand nous aurons des problèmes d'acoustique avec *Orphée*.

Je réglai donc cet *Oiseau de feu* : ma première rencontre de travail avec la musique d'Igor Stravinski.

Ellen Rasch sera l'oiseau. Il y aura des plans de coupe sur son ténor d'amoureux transi, installé tant bien que mal dans son fauteuil d'opéra et lorgnant sa fiancée sur scène. Pour ne pas avoir à me tourner les pouces pendant le tournage proprement dit, je me réglai un petit rôle : j'étais l'un des chasseurs qui tournaient autour de l'oiseau.

Pour faire « grande production », nous irons même tourner des plans à Sorrente!

A la cantine du studio suédois, on me proposa un second rôle dans un film policier de série B. Les ambiances de tournage me fascinaient : j'acceptai et je fus pendant huit jours, dans un film dont j'ai oublié le titre, le scénario et les décors, une petite gouape, un gangster français réfugié en Suède, qui rasait les murs et trafiquait Dieu sait quoi. Ce film-là fut-il exploité? *L'Oiseau de feu*, lui, oui!

Vingt-cinq ans plus tard, je monterai un autre *Oiseau de feu*, en choisissant la suite d'orchestre que Stravinski tira de la musique originale de son ballet en 1945 (le ballet complet avait été créé avec une chorégraphie de Fokine à l'époque des Ballets russes et Stravinski ne gardait un bon souvenir ni de la chorégraphie ni de sa propre musique). Mon premier *Oiseau* était un travail de commande gentiment confié à un débutant et exécuté par le même. Je ne sais plus à quoi ça ressemblait : un bon devoir, je suppose. Dans ma version « adulte », j'ai laissé tomber l'anecdote, les princesses, le petit oiseau féminin, les minauderies.

Je venais de travailler avec un jeune danseur de l'Opéra de Paris : Michael Denard. J'avais réglé un pas de deux sur la rencontre de Salomé et Jean-Baptiste, en m'inspirant à la fois d'Oscar Wilde et Richard Strauss; pour le titre, je retins la première phrase commune au drame et à l'opéra : *Comme la princesse Salomé est belle ce soir*. Les interprètes en furent Josiane Consoli et Michael. Ma Josiane-Salomé passait de la blonde explosive à la femme castratrice avec un subjuguant abattage. Michael me révéla autre chose, et même le contraire, que le fragile Jean-Baptiste des dessins de Beardsley : sa tendresse contenue, sa fausse timidité de félin masquaient une insolence d'insurgé qui éclata dans *L'Oiseau de feu*.

J'avais acheté un livre : *4 Poètes de la révolution* (Blok, Essénine, Maïakovski, Pasternak). « Nos poitrines sont des cuivres éclatants! » criait Maïakovski, avant de se suicider à trente-six ans. Et si j'écoutais la musique, et elle seule, j'entendais la même hâte, la même tendresse vraie, les mêmes espoirs. J'écoutais Stravinski musicien russe et musicien révolutionnaire. Au fond, il suffit chaque fois de se pencher sur l'œuvre elle-même et si cette œuvre est forte, on rencontre très vite cette force : la force est contagieuse. Il ne faut pas s'occuper des à-côtés. On a trop souvent tendance à confondre l'œuvre et les circonstances de sa naissance. *L'Oiseau de feu* a été créé en 1910 à une époque où ce n'était déjà pas si mal d'essayer de dire adieu au ballet romantique. J'ignore ce que valait le travail de Fokine : sans doute meilleur que ce qu'en dira Stravinski quarante ans après. Mais quand un chorégraphe s'occupe d'une partition, il n'y a que la partition qui puisse le guider : cette vérité de La Palice ne l'est pas depuis longtemps. Et sur cette partition, il faut greffer des émotions modernes, contemporaines. Il faut en revenir au credo de Rimbaud : « Etre absolument moderne. »

*L'Oiseau de feu* fut créé à l'Opéra de Paris par Michael Denard. Quand Josiane Consoli me le présenta, il était simple danseur dans le corps de ballet. Après *Salomé*, il fut nommé premier danseur et après *L'Oiseau*, étoile. Je me souviens qu'il m'offrit plusieurs livres traduits de l'allemand : sa mère est allemande et le père (français) de Michael la rencontra dans un camp de prisonniers dont elle l'aida à s'évader.

Après le tournage suédois de *L'Oiseau de feu*, j'avais fait connaissance avec pas mal de gens. Elsa-Maria von Rosen me conseilla de rentrer dans une nouvelle compagnie fondée par Birgit Cullberg. J'admirais le travail de Cullberg et je restai. Cullberg venait de créer *Mademoiselle Julie* (d'après la pièce de Strindberg). Ce fut un des ballets importants de notre temps, dont on serait loin d'avoir fait le tour en le qualifiant d'expressionniste. Nous avons vite quitté Stockholm pour une longue tournée dans le Nord : Uppsala d'abord, ville universitaire, et puis au plus nord, Östersund je crois, et des patelins. J'ai été Jason dans une *Médée* très féroce. Là encore, comme dans la province anglaise, les gens venaient sans parti-pris et se passionnaient moins pour l'histoire qu'on leur racontait que pour un élément que je n'arrive pas encore à bien définir — cette chose qui me fait dire que la danse est l'art du XX^e^ siècle. La danse réveille : quel siècle a plus besoin d'être réveillé?

Je crois aussi (on a autant besoin de croire que de respirer) qu'il est important d'avoir des contacts avec les publics de nombreux pays. Si on reste sur place, si on ne sort pas de chez soi, on souffrira d'un manque — surtout si l'on souhaite utiliser ce langage universel qu'est la danse. Je comprendrais plus facilement qu'un poète s'enferme dans une chambre (bien qu'ils voyagent beaucoup, eux aussi!). Que serais-je devenu si je n'avais travaillé qu'à Paris, où pourtant me voilà en train de rentrer après les autocars suédois : service militaire oblige!

Pendant le service militaire, où j'ai plus été fonctionnaire que militaire (j'avais du temps le soir), je me suis mis à régler une *Annonciation*, par exemple, dont j'avais eu l'idée en regardant des tableaux de primitifs italiens. J'étais séduit par le côté Ange et Vierge. Le thème était bon; la chorégraphie, allez savoir! Dans ce ballet, il y avait une sombre affaire de coup de téléphone. Je voulais que Gabriel téléphone à Marie. Autour de moi, c'était l'opposition totale : « Tu ne te rends pas compte! Tu prends cette admirable fugue de Bach et tu vas foutre là-dessus un accessoire qui fera rigoler, ça ne va pas du tout! »

Je n'en démordais pas. Le téléphone était essentiel. Pour moi, il ne s'agissait pas d'un accessoire futile. Je ne me sers presque jamais du téléphone dans la vie quotidienne et c'est à mes yeux un objet beaucoup plus que surréaliste : mythologique. Si l'ange parlait à Marie, il se contentait de faire comme tout le monde, mais s'il lui parlait au téléphone, la situation devenait étrange et merveilleuse. Je fis de cet ange, que dis-je, de cet archange, un trapéziste et un funambule. J'aime le cirque, j'aime les fils tendus, j'aime le poème de Cocteau sur l'ange Heurtebise, j'aime l'équilibre menacé et maintenu. L'ange donc se tenait sur son fil et téléphonait à Marie. Le téléphone sonne en bas : Marie décroche et on entend le début d'une fugue de Bach. La Vierge danse avec le cornet noir qu'elle a gardé dans la main. Voilà ce que je voulais voir sur scène : il fallait donc trouver un téléphone.

Ce n'était pas simple parce que tous ces téléphones avaient des fils à la patte. Et personne ne m'aidait, bien sûr, puisqu'ils étaient tous contre mon idée. Le jour de la générale arrive : pas de téléphone. Propriété de l'État, ces machins-là! Cela dit, j'avais repéré un téléphone innocent dans mon immeuble, sur un palier, derrière une porte, qu'est-ce qu'il faisait là? Je lui fis le coup du loup et de l'agneau, et j'arrivai triomphant au théâtre avec un téléphone sous le bras, mal enveloppé dans du papier journal, et mon canif dans la poche.

Ensuite Jean Laurent m'appela au « bureau » où je recopiais un rapport sur les forces françaises stationnées en Allemagne. Il était très excité : il voulait monter un *Hommage à Chopin*, le Théâtre de l'Etoile était d'accord pour accueillir le spectacle, ce serait un patchwork de divers ballets courts, enfin on verrait, il fallait que je sois dans ce coup, etc.

C'est alors que je montai *Le Songe d'une nuit d'hiver* en campant les personnages de Shakespeare sur des partitions de Chopin, mariage qui n'était pas évident mais qui fonctionna. Cléopâtre laissait tomber Antoine pour Hamlet au son d'une valse.

Peu à peu, une troupe se forma. Et ce fut le « Ballet de l'Étoile », puisque c'est là que nous jouions le plus souvent. Drôle de nom pour une troupe sans étoiles, aurait dit Alice.

Je dansai souvent, pendant toute cette période, au théâtre du Palais de Chaillot. J'allais aussi y voir les spectacles des autres. Ce fut un des hauts lieux de mes « années d'apprentissage ». J'aimais cette salle grande et accueillante, j'aimais y arriver par les jardins du Trocadéro et attendre le moment d'aller me maquiller en buvant un café à l'une des terrasses de la place du même Trocadéro. Le Palais de Chaillot était aussi un lieu récent : il appartenait à notre siècle — moins beau que la Fenice de Venise, mais c'est là que se réunissaient les spectateurs dont j'étais et auxquels je voulais m'adresser.

***

Un matin, je me réveillai très malade. J'avais grelotté toute la nuit. Je ne possédais pas de thermomètre, mais pas besoin d'être sorcier pour deviner 39°5. Mal partout. La gorge, les poumons : je ne toussais pas, je me vidais.

C'était sans doute la faute au carreau cassé et pas encore remplacé.

La faute aussi aux retours à pied et sans écharpe la nuit. Je quittai la rue Bergère et je me réfugiai chez mes parents qui, entre-temps, avaient abandonné Marseille et habitaient à Paris, près du Trocadéro, rue Chardin.

Le médecin de mon père fit tomber la fièvre et prescrivit beaucoup de repos. Il faudrait voir un pneumologue, mes poumons étaient infectés. Je me payais une pneumonie. D'où repos, repos, repos. Qu'est-ce que j'allais faire avec tout ce repos?

J'allumai la radio : une voix. Une voix qui brillait comme deux yeux noirs. Une voix qui brûlait comme du bois, qui fascinait comme du cristal et qui tuait la mienne avec ce qu'elle apportait de poussière sèche et de rocaille à perte de vue : la voix de Maria Casarès.

Elle disait des poèmes. Non, elle ne disait pas des poèmes : elle déshabillait des poèmes, elle les violait, elle les dévorait. Et tout à coup c'est moi que la voix violait et dévorait.

Je fermais les yeux. Je ne bougeais pas. J'espérais que l'infirmière n'arriverait pas maintenant et que l'émission de radio durerait longtemps. Un autre poème, un autre encore. Quelques accords de guitare, indiscrets et saugrenus entre chaque poème, me faisaient sursauter.

Et pour finir une voix morne, molle et morte : « C'était Maria Casarès qui... »

J'avais vu au cinéma son visage triangulaire sous une toque de fourrure refléter au même moment la cruauté, le sarcasme et le désespoir — narguant et toisant pour lutter contre les larmes : Maria dans *Les Dames du Bois de Boulogne*.

La radio éteinte, j'écrivis pendant plusieurs jours une pièce de théâtre pour elle, pour cette voix de fer et de velours. Je me souviens de ma main qui dansait sur le papier, du stylo à réservoir avec une grosse plume en or qui écrivait bleu sur un bloc de papier ligné.

J'intitule ma pièce en un acte : *La Reine verte*. Maria sera un jour cette reine, je le veux et presque je le sais déjà.

Des années plus tard, je la rencontrerai. Elle acceptera d'interpréter la femme de mon *Don Juan*. Après la première, après m'être bien assuré qu'elle était heureuse et satisfaite d'avoir travaillé avec moi, je ressortirai d'un fond de placard le cahier où j'avais écrit *La Reine verte* et je lui en ferai une lecture à haute voix. Elle aimera, elle me poussera à écrire deux autres actes pour aboutir à un texte qui puisse donner un spectacle de toute une soirée et je réaliserai le rêve écrit dans la chambre d'amis chez mes parents : on affichera *La Reine verte* au théâtre Hébertot, avec Maria Casarès et Jean Babilée dans les rôles principaux.

Une des choses qui m'a le plus fait plaisir fut d'apprendre que des amis s'accordaient à trouver que Maria et moi aurions pu être frère et sœur.

Guéri plus vite que prévu, je repris des cours : il fallait rafraîchir la mémoire des muscles. Je ne sais même plus si c'est avant ou après ma pneumonie que j'ai créé une *Mégère apprivoisée* sur des sonates de Scarlatti.

Il y avait maintenant des ballets à monter pour un gala de la Loterie nationale qui aurait lieu au Palais de Chaillot. Pour ne pas effrayer les commanditaires, on prendrait du Tchaïkovski. Tout ça était très classique et n'avait pas de quoi indisposer les gens : les filles étaient en tutus noirs, sur pointes. Je leur mettais des petites tuniques flottantes quand la chorégraphie devenait plus lyrique.

Les répétitions n'étaient pas de tout repos : nous ne disposions d'aucun local fixe. On répétait une heure ici, une heure là-bas. En plein filage d'un morceau déjà réglé, il fallait libérer le plancher : nous nous rhabillions tous en vitesse et récupérions les sacs pour nous engouffrer dans le métro, traverser la moitié de Paris et redéballer ailleurs collants, chaussons, accessoires, partitions. Mais les ballets finissaient par exister. Et la troupe aussi, avec des recrues nouvelles au harsard des rencontres dans les cours de danse ou à l'issue de nos spectacles.

Il y avait Joan Cadzow par exemple, une danseuse archiclassique : la perfection même. Mais elle refusa avec obstination d'abandonner le tutu. Pour elle, le tutu était inséparable de la danse classique : elle redoutait, en quittant l'un, de perdre l'autre. Quand je n'ai plus pu voir ces tutus, sauf en peinture, Joan Cadzow nous a quittés pour son cher *Lac des cygnes.*

J'habitais toujours dans dix-sept mètres carrés au cinquième étage de la rue Bergère. J'y rentrais souvent à pied après les répétitions : un ticket de métro épargné représentait un café noir ou une demi-baguette. Ces années de tournées médiocres, de chorégraphies simplettes, de lits d'hôtel avec les draps déchirés aux pieds : à quoi cela me conduira-t-il? La presse méprisante; les articles toujours trop courts et que je ne découvrais qu'en feuilletant deux fois tout le journal : sept petites lignes sous un pavé publicitaire; les danseurs qui m'annonçaient au moment où on allait lever le rideau : « Le balcon est vide, il n'y a que trois rangs occupés à l'orchestre! » aujourd'hui, ça fait folklorique de raconter ça, le pittoresque minable de l'artiste qui n'arrive pas à arriver.

Il a fallu vivre au jour le jour ce soi-disant pittoresque. Peut-on se sentir guilleret quand on se réveille chaque matin sans savoir comment on va s'y prendre pour manger à midi? (Ne parlons même pas du repas du soir!) Je n'aime pas en parler rétrospectivement parce que c'est trop facile de s'attendrir là-dessus.

J'avais un avantage sur mes camarades danseurs logés à la même enseigne : je dansais mes œuvres, je racontais mes histoires, j'étais (comme on dit horriblement) « motivé ». Maigre avantage : ce qu'il fallait surtout, c'était vivre.

Je pourrais me lancer maintenant dans une énumération de ballets, accumuler les anecdotes. Et me retrouver où? Devant un miroir ou devant mon portrait? Et quel portrait? Y en a-t-il un qui vaudrait mieux que les autres? Le succès des cabines où on se fait photographier par des machines automatiques, outre le fait que ça se passe sans témoin, vient de ce que la machine vous donne quatre photos de vous-même : on a l'illusion d'être multiplié, et de pouvoir se préférer sur la photo nº 2. Je n'aime pas les autobiographies qui donnent un portrait démesurément agrandi et bien encadré, je préfère une rangée de photomatons qui a peut-être servi à marquer des pages.

***

J'aurais eu une plus grande taille, un corps autrement proportionné, peut-être serais-je devenu un danseur classique. Heureusement, comme disait je ne sais plus qui en adaptant la formule de Napoléon : « L'anatomie, c'est le destin! » Je n'étais pas capable d'interpréter des héros. Comme je me trouvais plutôt petit (et on a bien pris soin de ne pas me le laisser ignorer), j'avais tendance à faire des choses comiques. Mais ça me frustrait. Et je me suis rendu compte qu'il fallait sortir de cette opposition simpliste : le héros ou le bouffon. Il y avait l'homme, tout simplement. Et sinon tragique, en tout cas effaré sinon effrayé par l'époque ambiante. Pas besoin d'avoir lu Kafka.

J'ai mis du temps à comprendre que je pouvais interpréter un être humain d'aujourd'hui. Je m'étais donné le rôle du Destin dans un ballet, laissant froidement imprimer dans le programme: *Le Destin : Maurice Béjart.* Dans un autre spectacle, je m'étais mis une moustache mi-Charlot mi-Hitler, en hommage au film de Chaplin *Le Dictateur*, sur des musiques de Rossini.

J'ai beaucoup travaillé avec mon visage. Le visage, c'est la première chose qu'on remarque chez quelqu'un. Je choisissais les danseurs qui m'entouraient en me fiant autant à leurs visages qu'à leurs qualités techniques. Un visage passe toujours. Si une expression part de très loin, si elle correspond à une vérité intérieure ressentie par l'interprète, le public la recevra parfois violemment.

Il y a une grande part de don là-dedans. La technique et le travail viennent ensuite. Le don est à la technique ce que le marbre est au sculpteur : le marbre est indispensable, et tant mieux si vous avez trouvé un des plus beaux morceaux de marbre du monde. Cela dit, avec du marbre moins intéressant, si on travaille, on peut faire une très belle sculpture.

N'empêche : il y aura toujours des gens qui vont naître et se développer avec un squelette comme ceci, une peau qui prendra mieux la lumière, etc. On a une compagnie de ballet, on se dit : « Je ne ferai aucune différence entre eux » et, au bout d'un certain temps, on se rend compte que les danseurs retrouvent toujours les mêmes emplois. Même si j'ai vite cessé de croire aux danseurs nobles, aux danseurs de caractère et de demi-caractère, il n'en demeure pas moins que chaque danseur a un type bien particulier et que, si j'ai besoin d'un prince ou d'un héros, je ne peux pas prendre n'importe qui : je ne peux tout de même pas prendre un petit danseur bien râblé pour faire Charlemagne! Il y a des types, voire des archétypes, établis dans l'esprit du public depuis longtemps, et il s'agit de les respecter si on veut se faire comprendre — à moins, bien sûr, de vouloir faire rire, mais le rire provoqué par le physique des gens ne m'intéresse guère.

Je me souviens d'un rire imprévu, celui de Mathé Souverbie en plein spectacle au théâtre de l'Étoile. On jouait en matinée, il faisait soleil dehors et comme il y avait quelques trous dans le plafond du théâtre, des rais de lumière tombaient çà et là, et pas seulement çà et là puisqu'un de ces rayons de soleil clandestins auréolait la seule et unique spectatrice assise au balcon. Mathé venait d'entrer en scène et n'avait vu que cette dame en levant la tête sur la mesure *ad hoc* : la spectatrice en plein bain de soleil au théâtre lui avait fait l'effet d'une apparition et la cloua sur place, sidérée d'abord puis prise d'un fou rire grandiose. C'est le genre de choses qu'on raconte encore dix ans après, dans une troupe de théâtre.

Au même moment, j'engageai Tania Bari, sans savoir qu'elle allait devenir mon interprète idéale pendant dix ans. C'est drôle, le cheminement des choses, parce que j'avais d'abord refusé de l'engager six mois plus tôt.

Bari arrivait de Hollande. Elle ne s'appelait pas Tania Bari. Son prénom était Bartha devenu Bari. Ses amis l'ont toujours appelée Bari, et je souriais quand je voyais des gens vouloir faire copain-copain avec elle en l'appelant Tania!

C'est Aline qui lui trouva son nom de théâtre. Aline était une des pianistes du studio Wacker, l'autre était Charline : Aline et Charline, elles faisaient très Samuel Beckett avant la lettre. Aline avait la spécialité de trouver des pseudonymes. Elle accompagnait des danseurs au piano et s'interrompait tout à coup : « Toi tu pourrais t'appeler... » A Marie-Thérèse de Beaumont, elle a donné le nom de Tessa Beaumont. A Bartha Treure le nom de Tania Bari, et ce fut Bari à cause du port italien de Bari, où la chère Aline nous avait déniché une tournée. Elle avait une autre amie pianiste là-bas, et la pianiste avait l'oreille du directeur. Un beau jour, Aline me prend à part avec des airs de conspiratrice : « Vous voulez aller danser en Italie? » Nous serions partis danser n'importe où! Les imprésarios vinrent plus tard : là, c'était au coup par coup.

Donc Bari arrivait de Hollande. Elle avait décidé de danser et je me demande qui aurait pu l'en empêcher. A l'âge de treize ans, elle était allée trouver Rosella Hightower qui dansait avec le Ballet de Monte-Carlo à Amsterdam, et elle avait pratiquement exigé une audition! Qu'y avait-il à ce moment-là en Hollande? Un peu de danse expressionniste, des essais élégants sur des musiques de Menotti ou de Janacek. Bari obtint son audition, et Rosella n'eut pas de peine à convaincre madame Treure qu'il fallait encourager la petite.

Je crois que Bari était à une école Montessori ou quelque chose dans ce genre, où les temps de vacances étaient assez souples. Elle arrivait à avoir six semaines d'affilée à Noël, à condition d'avoir mis les bouchées doubles pendant le premier trimestre. Ces semaines, elle les passait à Paris dans les studios, à prendre leçons sur leçons jusqu'au jour où, à seize ans, elle décida de ne plus rentrer en Hollande. Son professeur était madame Nora, la nièce de mon professeur. Madame Nora s'effraya :

— Mais de quoi vas-tu vivre?

La mère de la petite Treure envoyait deux cents florins par mois.

— Mais ça ne suffit pas!

— Je vais gagner ma vie, je me débrouillerai.

Le lendemain, madame Nora eut une idée pour Bari :

— Il y a un jeune chorégraphe qui cherche des gens nouveaux.

Tu pourrais passer une audition, c'est cet après-midi avenue de Wagram. Le type s'appelle Béjart.

Le plus surprenant (Bari me l'a raconté après, moi j'avais oublié), c'est qu'elle avait pris l'autobus à Saint-Germain-des-Prés et que sur la plate-forme arrière, elle se sentit dévisagée par un garçon dont le regard lui fit peur. Il la regardait dans les yeux, sans ciller, avec un air dur qui l'a fait aller s'asseoir en tête. Quand elle est descendue à l'Étoile, le garçon descendit pour la suivre, avenue de Wagram : c'était moi. Nous sommes entrés ensemble au théâtre.

L'audition fut catastrophique. Je ne savais pas comment lui dire que ce n'était pas même mauvais, mais innommable. En plus, elle s'était attifée n'importe comment. Elle avait une coiffure pas possible qui lui mangeait le visage. Je me demande même si elle n'avait pas les dents en avant.

Elle retourna le lendemain chez madame Nora, pleura un peu et reprit ses cours. Comme elle était à ce moment-là avec un jeune Hollandais, Dick Sanders, et que je venais d'engager Dick, je la revis souvent. Elle traînait dans les coulisses en attendant la fin des spectacles pour repartir avec Dick. Et puis, à force de leçons et leçons, elle fit des progrès, et six mois plus tard, j'avais besoin d'une fille dans le corps de ballet, elle fut engagée. Son premier rôle important fut un pas de trois dans le *Caprice italien* de Tchaïkovski que nous donnions pour le gala de la Loterie nationale. Ensuite...

Il y avait aussi Michèle Seigneuret. J'étais fou, au sens de *fou* dans *amour fou*, de Michèle Seigneuret. Si j'avais dû être une femme, j'aurais voulu être elle. Elle était dévastatrice. C'est sûrement à cause d'elle que je me suis définitivement fâché avec les tutus : rien ne lui convenait moins. Michou était la femme moderne, capable au plus haut point d'exprimer le désarroi et les bonheurs de notre temps. Elle avait les cheveux courts, noirs, une courte frange qui n'avait rien à voir avec celle de Jeanne d'Arc. C'est avec elle aussi que je découvris que l'essentiel dans la danse n'était ni les bras ni les jambes mais le plexus, et finalement le corps tout entier. La danse est une forme d'expression du corps humain : ce corps doit danser dans sa totalité. Les bras sont un des éléments de l'expression à faire passer : ils ne sont ni plus ni moins importants que les jambes, qui elles-mêmes... Les cinq extrémités du corps : deux jambes, deux bras et le cou prolongé par la tête (la tête devenant ensuite visage, avec le jeu des yeux, de la bouche), ces cinq extrémités font toute la danse. Ou plutôt : l'esthétique, et la pureté même de la danse viennent des rapports qui existent entre ces cinq extrémités et le centre de l'individu : le plexus.

L'importance plus ou moins grande qu'on donnera aux bras n'est qu'une question d'école. Des gens pensent que les bras ne sont pas assez utilisés et qu'il faut les mettre en valeur, d'autres viendront qui ne jugeront que par les jambes parce qu'elles permettent les sauts et les tours. Pourquoi pas? Mais la vérité, c'est l'unité du corps humain dont le point d'équilibre est cet endroit vital au-dessus du nombril : le plexus, centre d'irradiation qui nourrit de façon égale les cinq extrémités.

D'ailleurs, si on va voir ailleurs qu'en Europe, ou dans certaines campagnes d'Europe, il est clair que la danse part du plexus et non de quelques raffinements esthétiques autour d'un poignet et d'une cheville. C'est sans doute mon principal cheval de bataille, cette observation-là. Et si j'y suis venu en réfléchissant et en comparant, je l'ai surtout vécu concrètement, en travaillant avec mon corps et celui de mes camarades. Nous n'avions pas les corps prévus par la danse du siècle précédent qui régnait encore, une danse qui n'avait plus les pieds sur terre, si j'ose dire! Une danse qui rêvait au lieu de vivre.

Je me souviens des éclats de rire de Michou et moi quand nous assistions aux adieux de Brieux. Brieux avait été un grand danseur et resta un grand professeur. Il était très bien pour les jambes. On complimentait une danseuse en disant : « Celle-là, elle a des jambes de chez Brieux. » Et Brieux faisait ses adieux au Palais de Chaillot. Il apparaissait harnaché en Louis XIV, plus Roi-Soleil que nature au haut d'un escalier. Pose. Applaudissements. Et puis le monarque rate la première marche et se retrouve découronné en bas de l'escalier : 1789 de la danse! Dans un autre tableau, il apparaît avec une partenaire, tous les deux en marguerites :

coincé dans un long fourreau vert en velours froissé, la tête entourée de pétales jaunes en feutre qui lui donnaient l'air d'un fou du Moyen Age qui aurait fait un stage chez les Bunnies de Playboy. Voilà les grands moments de la danse officielle des années cinquante!

Cela dit, est-ce que je valais mieux, moi, dansant le *Jugement de Pâris de Brieux*? Je jouais le berger Pâris avec trois filles, le célèbre trio, Aphrodite, Pallas-Athéna et Héra. J'avais une pomme d'or que je manipulais comme si c'était le crâne d'Hamlet. On croit toujours que Pâris eut à juger la beauté physique des trois déesses. Pas du tout. La déesse de la Discorde, qui n'avait pas (et pour cause) été invitée à un important banquet organisé par les dieux de l'Olympe, se vexa. On célébrait sans elle le mariage du roi Pélée et de Thétis. Au dessert, elle entrebâilla une porte et jeta une pomme d'or sur laquelle elle avait gravé : « A la plus belle. » Toutes ces dames se la disputèrent, et surtout trois d'entre elles, que Zeus se refusa à départager en les envoyant au berger Pâris, fin connaisseur en la matière.

Les trois dames concernées arrivèrent chez Pâris avec des cadeaux, et ce sont les cadeaux que Pâris fut mis en demeure de juger. Il choisit le cadeau d'Aphrodite, qui consistait en une proposition assez roublarde : « Tu auras la plus belle femme du monde », sans préciser s'il s'agissait d'elle. (Les autres n'offraient que des broutilles, genre la souveraineté sur tout l'univers connu.)

Dans le ballet de Brieux, je dansai un Pâris qui s'occupait moins des trois déesses que de lui-même (sauf quelques portés obligés) et se prenait pour Narcisse.

Un jour arriva la première répétition de *Symphonie pour un homme seul.*

La musique avait été composée cinq ou six ans avant, et créée en mars 1950 dans la salle de l'École normale de musique à Paris. Je n'y étais pas, évidemment; je n'en avais même pas entendu parler. (La version créée ce jour-là était beaucoup plus longue que la version ultérieure qui fut adoptée pour le ballet : une heure et quart ou une heure vingt, paraît-il.)

Je voyais souvent une amie qui connaissait de son côté des gens à la radio : ils faisaient des expériences musicales diverses en enregistrant des bruits. Elle me parla de leur travail et leur parla du mien. Et un jour je rencontrai Pierre Schaeffer. Sa formation d'ingénieur m'effrayait un peu : je lui trouvais un air trop intelligent. Derrière lui, un zazou à lunettes que je pris pour son assistant, rongeait son frein : Pierre Henry, le futur champion toutes catégories de la musique électro-acoustique.

Ces deux conspirateurs, des grenades plein les poches, venaient me kidnapper. Leur repaire n'était pas bien loin : la radio les abritait. C'est là, dans un petit studio d'essai, qu'ils avaient mijoté la *Symphonie* sur d'invraisemblables tourne-disques qui faisaient songer à des pièces détachées d'artillerie antiaérienne.

Schaeffer avait demandé à Pierre Henry de me faire écouter des bouts d'*Orphée*. Ils avaient réalisé plusieurs œuvres, ou accumulé des fragments en vue d'œuvres futures, autour du même thème, avec allusions aux hymnes orphiques, etc. Pierre Henry craignait que ça ne fasse trop « pêle-mêle » et décida de me faire entendre leur *Symphonie pour un homme seul*.

Si le mot « coup de foudre » veut dire quelque chose, je l'ai compris cet après-midi-là. Pendant l'heure que dura l'audition de la *Symphonie*, j'avais fait le tour du monde, j'étais entré dans tous les foyers, j'avais connu tous les drames, j'avais vu les guerres et les volcans, les bassesses et les espoirs, j'avais joui dans tous les lits et je m'étais recueilli dans toutes les églises. Je me demandais comment j'allais en sortir sain et sauf.

C'est la première condition indispensable pour faire une chorégraphie qui ressemble à quelque chose : il faut être amoureux de la musique.

Je ne conçois pas, du reste, qu'on puisse vivre sans musique. Dans tous mes voyages, j'emporte un petit électrophone à piles et une valise de disques (maintenant, je les recopie sur des cassettes, c'est moins encombrant dans les chambres d'hôtel). La musique m'est indispensable. Je pourrais accepter de manquer de tout, mais pas de musique. Elle m'aide à comprendre la vie, peut-être même à la vivre, cette vie.

Je venais d'être giflé, d'être mouché par *Symphonie.* Il fallait relever le gant. Je ne savais pas ce que je ferais, mais je ferais quelque chose. Jusqu'alors, j'avais connu d'agréables flirts avec les musiques; là, ça devenait sérieux. Ce serait un vrai amour parce qu'il y aurait combat.

*Symphonie pour un homme seul* me fit comprendre qu'il fallait jouer avec une musique comme un toréador avec un taureau — ou comme un taureau avec un toréador! La corrida est dangereuse, mais c'est aussi un jeu très codifié. Il faut à la fois épouser et contredire une musique. L'épouser pour la contredire, ou la contredire pour finir par l'épouser.

Je réunis mes danseurs et je leur annonçai la couleur : on allait monter un ballet d'un style tout à fait nouveau. Je me souviens d'avoir utilisé le mot « gageure ».

La création eut lieu le 26 juillet 1955 au Théâtre de l'Étoile.

Cette date est une de mes dates de naissance (nous n'avons droit qu'à une seule date de naissance dans cette vie simplette et prosaïque que conçoivent les administratifs : or nous passons notre temps à naître).

En lever de rideau, nous donnions *Récréation*, le ballet de Dick Sanders sur une musique de Dimitri Kabalevski. Kabalevski est un compositeur soviétique né à Saint-Pétersbourg au début du siècle, qui a tout fait, des opéras et de la musique de films; il enseigna la composition au conservatoire de Moscou; je ne sais pas s'il est mort. La symphonie utilisée par Dick était primesautière, gentillette, une excellente musique pour ouvrir la soirée (j'ai toujours fait très attention à l'ordre dans lequel interviennent les ballets dans une soirée : il n'est jamais indifférent de commencer ou de terminer par ceci ou cela, il faut penser à la respiration du public, et tel ballet qui ravira tout le monde en première partie risque de paraître trop anodin si c'est le dernier souvenir que le public emporte).

Je dansais dans *Récréation*, et on continuait avec *La Mégère apprivoisée*, Shakespeare et Scarlatti, après quoi l'entracte.

Pendant l'entracte, nous déménageons le décor de *La Mégère* et la scène reste vide. Du noir partout, et ce fil qui pend (on ne prononce pas le mot « corde » dans un théâtre!).

Il faut à la fois que je me concentre pour le rôle qui sera là dans cinq minutes, et que je veille à tout. Je me remémore la première audition de la musique dans le local inconfortable de la radio. Je me remuais, je bougeais beaucoup (j'aime bouger en écoutant de la musique, m'asseoir, me relever, tendre un bras). Je me souviens d'avoir aussitôt demandé à Pierre Henry qu'il me copie la musique sur une bande magnétique et j'étais parti avec la bande sous le bras pour réunir ma petite compagnie et leur annoncer que j'avais découvert quelque chose.

Je n'étais pas très sûr de mon coup. Je leur avais parlé d'une expérience, d'une gageure. Mais au fur et à mesure des répétitions, je m'étais senti de plus en plus à l'aise, j'avais l'impression très agréable d'être enfin dans mes meubles.

Et ce soir, voilà, c'est fini : on danse *Symphonie*. Pierre Henry est là : c'est lui qui passera la bande magnétique, en modifiant le niveau du son d'après ce que nous faisons sur scène et les émotions qui passent de nous à lui. (Toutes les autres musiques sont enregistrées : nous n'avons pas de quoi nous payer un orchestre, bien sûr. Et on verra Pierre Henry, qui ne peut respirer que dans son univers sonore, passer aussi bien du Rossini que Heitor Villa Lobos!)

Nous échangeons les « merde » de rigueur, et ça commence.

Pas question de ramener sur scène la moindre princesse ou un dieu grec en cavale. Il y avait l'*Homme* et la *Femme*, témoins et miroirs de leurs contemporains, et les Autres, la Foule. Nous étions habillés en noir, il n'y avait aucune couleur dans les lumières. Une grosse corde tombait des cintres, par où l'Homme tentait d'échapper à sa vie, du reste sans y parvenir.

La musique commence par quelques coups superbement assenés : les trois coups traditionnels du lever de rideau, mais coups de feu aussi, coups qui partent sans crier gare, coups qui allaient tuer mon passé de chorégraphe et coups d'envoi d'une série d'œuvres où je vais me battre en duel avec mes rêves et mes peurs. Après les coups du début de *Symphonie*, pas de « musique » mais un cri. Un cri comme on les imagine dans la forêt vierge.

Je suis seul en scène, de dos, face à la corde. Le cri arrive : je me retourne, me casse en deux, déplie une main contre la bouche pour faire porter le cri le plus loin possible.

La Femme intervient un peu plus tard : c'est Michèle Seigneuret. Cette musique lui ressemble. Une musique qui séduit et qui rejette une musique et une femme qui ne ménagent rien ni personne mais qui enjôlent et vous mettent dans leur poche sans qu'on puisse répliquer.

Le seul ennui, c'est que la création avait lieu fin juillet. Tout le monde partait en vacances : le public n'est pas venu. Il y eut de bons articles : Serge Lifar nous donnait sa bénédiction, Antoine Goléa, et quelques autres. Très bien, mais le public ne venait pas.

Si un théâtre nous avait fait confiance au lieu de nous louer sa salle pendant les trous de la saison, nous aurions pu créer *Symphonie* en plein décembre et le public serait venu, lentement peut-être, mais il serait venu, je suis sûr qu'il serait venu. Il est venu, finalement. Pour ces ballets-là, pour *Symphonie*, mais dans d'autres pays. Passons.

Autre chose m'arriva avec *Symphonie* : j'avais parlé de l'Homme (sans doute pas l'homme abstrait, puisqu'on n'a jamais serré la main d'un homme abstrait, ni hélas! l'homme invisible, dont je suis jaloux — je suis de toute façon très jaloux du cinéma — mais l'homme de mon époque), j'avais fait vivre cet homme, je l'avais simplifié et incarné en pensant ne parler que de moi. Je vérifiais, dans mon métier, cette loi qui veut que plus on creuse le singulier, plus on débouche sur l'universel. Au lieu de rabâcher des histoires pour livres illustrés, j'avais ouvert mon journal intime à la page 1. En répudiant l'anecdote, je ne découvrais rien d'abstrait : je rencontrais des vérités charnelles, le plaisir, l'angoisse, la jouissance, le profil de la mort.

Je ne supporte pas qu'on parle de danse abstraite. Un triangle est abstrait, une formule algébrique, mais deux épaules ou deux cuisses, ça se touche, ça se prend, ça se mord.

Après la *Symphonie*, dont il avait suivi presque toutes les représentations avec l'œil de l'épervier sur le mulot, Pierre Henry vint me parler d'une autre œuvre musicale, une œuvre composée par lui tout seul et créée en 1950 à la radio. Le titre était *Concerto des ambiguïtés*, sous-titre : pour piano et piano. Huit parties, chacune nantie d'un adjectif : *tendu*, *épars*, *diffus*, *concis*, etc. Il avait enregistré des pianos et avait ensuite ralenti ou accéléré des notes, en laissant d'autres telles quelles, les entassant par-ci, les raréfiant par-là : il y avait un énorme travail de composition. C'était moins « virtuose » que la *Symphonie*, mais plus mystérieux : ça partait dans une autre direction, beaucoup plus introvertie. Si la *Symphonie* était de l'ordre du cri et de l'ébrouement, les *Ambiguïtés* étaient plus « crustacé », plus bernard-l'hermite, et ça m'enchantait parce que j'avais envie de rentrer dans ma coquille. Mon prochain ballet s'appellera *Voyage au cœur d'un enfant*. La musique sera celle de Pierre Henry, l'argument est tout entier dans le titre. Et l'enfant sera Patrick Belda.

Patrick, le petit nouveau de la compagnie, me fascinait. A peine adolescent (il avait douze ans) et l'air d'avoir tous les dons, il pouvait tout faire. Et il fera tout. Longiligne, raffiné sans jamais frôler la décadence, il avait des gestes de mutant et les moues d'Arthur Rimbaud. C'est lui que j'enverrai voyager au cœur d'une enfance que nous partagerons tous, l'interprète, l'auteur, le compositeur et le public. La première eut lieu à la rentrée, début septembre 1955, au Théâtre de l'Étoile.

Ce *Voyage* est celui d'un Œdipe moderne. Les personnages sont ceux d'un trio plus intéressant que celui du vaudeville, c'est-à-dire le père, la mère et l'enfant. L'enfant rêve et, pendant son rêve, il se dédouble : son âme lui échappe, et elle s'incarne dans une sauterelle.

Au début du ballet, l'enfant assiste à l'incompréhensible gymnastique érotique. En fait, comme tous les enfants du monde, il comprend très bien de quoi il retourne et il rêvera qu'il tue son père pour en tenir le rôle et séduire sa mère. C'est la sauterelle qui se chargera du meurtre, de ce que le programme de l'époque signalait comme « l'odieuse tragédie, toujours vivante depuis Sophocle ». Après quoi l'enfant se réveille mais ne regarde plus ses parents de la même façon que la veille.

Nous n'avions le droit d'occuper le théâtre qu'aux semaines creuses : octobre était réservé à des gens plus sérieux. La compagnie se dispersa, chacun assurant sa pitance comme il pouvait, obtenant deux ou trois galas — ou passant, comme Tania Bari, aux Trois Baudets, où elle faisait une funambule dans un spectacle de François Billetdoux ou meublait l'espace derrière Raymond Devos.

J'enrageais. Il fallait nous regrouper. Il fallait trouver, sinon un théâtre permanent, au moins un refuge. Et ce n'était pas l'Opéra de Paris qui s'intéresserait à mon travail!

Pierre Prévert, le frère de Jacques, et auteur d'un film très loufoque : *Le Voyage Surprise*, était vaguement le directeur artistique (les fonctions ne sont pas définies sur des cartes de visite, mais c'est lui qui prenait les décisions) d'un café-théâtre avant la lettre : la Fontaine des Quatre Saisons. Bien sûr, il ne s'agissait pas de lui proposer une adaptation du *Tour du Monde en quatre-vingts jours*, mais il me proposa une scène, et qu'est-ce que je demandais d'autre? Rien.

Pierre Henry m'avait donné une nouvelle œuvre, assez courte : *Arcane*. J'en fis un pas de trois pour deux filles et Dick Sanders, chorégraphie mélancolico-floue avec des allures de science-fiction empruntées à Lovecraft dont je venais de lire plusieurs nouvelles. Jacques Prévert passait voir son frère de temps en temps (« Il passait par-là comme il passe partout », a-t-il écrit dans un de ses poèmes). Né avec un mégot au bord de la bouche, Jacques se contentait de le rallumer. J'adorais l'entendre dire ses poèmes, parce qu'il ne les récitait pas; il avait l'air de leur en vouloir de s'être écrits seuls et sans le consulter, lui, leur auteur (il en était ravi, par ailleurs). J'aimais surtout le poème qui commence :

*Louis I*
*Louis II*
*Louis III*
*Louis IV*

etc. jusqu'à Louis XVIII avant de conclure : « Qu'est-ce que c'est que ces gens-là qui ne sont pas foutus de compter jusqu'à vingt? »

Jacques Prévert avait rédigé un court texte de présentation. Il s'agissait surtout de prévenir le public, de « le mettre au parfum », comme il disait. La vocation première de la Fontaine des Quatre Saisons était plutôt la distraction que l'avant-garde. Le texte de Jacques servait à dire que l'histoire, eh bien! il n'y en avait pas. Un comédien enregistra sur bande les quelques phrases d'un style très *Visiteurs du soir* où Prévert annonçait que trois êtres allaient vivre un instant de leur vie devant les yeux du public.

Pour Michou et moi, j'avais réglé des sketches sur des textes d'Amos Kenan, un jeune écrivain israélien qui publia par la suite *Le Lion* que Roger Blin a mis en scène. Le personnage principal du *Lion* était un bébé, appelé Bébé, habillé en bébé, mais gras et laid, d'environ cinquante ans, qui se prend pour un lion et finit par bouffer sa très attractive jeune mère. On voit le genre du monsieur.

Mon petit spectacle s'intitula : *Voilà l'homme*. J'avais mis ensemble trois sketches de Kenan, et demandé une musique à Philippe Arthuys qui fit quelque chose de sérieux et désopilant (Arthuys composa plus tard pour Jean-Luc Godard la musique des *Carabiniers*, le plus grinçant, c'est-à-dire le plus « Amos Kenan » des films de Godard, le plus mal élevé).

J'avais fait un mélange de danse plus ou moins pure : des pas qui s'enchaînaient, et du mime, des grimaces. Je me souviens d'une phrase : « Je me promenais dans la rue et je n'avais plus de pantalon. »

Après quoi, je fus contacté par Janine Charrat, qui avait sa compagnie à elle (je l'avais rencontrée pendant mon passage chez Roland Petit où elle avait monté *Adame Miroir* sur un argument de Jean Genet). Janine me demandait un ballet, qui fut créé à Metz. Titre :

*Haut Voltage.* Je demandai l'argument à Pierre Rhallys, un ami que je voyais beaucoup et avec qui j'aimais discuter de mon travail. Il avait ce qu'on appelle *un œil* (d'ailleurs, il est d'origine grecque, et on sait que la Grèce s'y connaît, en œil, mauvais ou pas!). Je demandais à Rhallys ce que Flaubert demandait à Maxime Du Camp : qu'il me montre mes points faibles.

Rhallys imagina les rapports d'une femme qui détient un grand pouvoir surnaturel et du jeune homme sur qui elle les exerce. « Au détriment de qui », ferais-je mieux d'écrire, puisque le jeune homme échappe à la tutelle de notre espèce de déesse pour devenir amoureux comme dans un roman du XIX^e^ siècle, d'une très simple et non moins émouvante mortelle « ordinaire ». La déesse les fera périr tous les deux en exacerbant leur sentiment, en le poussant jusqu'à ce haut voltage : la fin de l'œuvre en explique le titre.

Ce genre d'argument est aujourd'hui assez loin de moi, mais pourquoi et comment juger après coup des choses qui furent faites en ayant le sentiment d'être à l'heure?

Ce n'est même pas que j'aime m'en souvenir : je suis comme le comptable appelé dans une entreprise. Il n'éprouve aucune tendresse pour aucune facture. Il a même hâte d'en finir. Il n'a pas à se prononcer sur le bien-fondé de ce bon de commande ou de cet autre. Il faut qu'il classe, qu'il range, qu'il clôture le dossier. Mieux : qu'il en soit débarrassé. Mais se débarrasse-t-on aussi aisément de sa vie que d'un paquet de factures? Je le voudrais.

*Haut Voltage* fut, je crois bien, la première musique composée exprès pour moi. Pour faire bonne mesure, il y eut deux musiques : je voulais un concerto pour orchestre et bande magnétique. Marius Constant écrivit la partition classique pour instruments et Pierre Henry fournit la magnétique.

Mais je voyais beaucoup Pierre Henry, puisqu'il assurait la « direction sonore » des spectacles. Après les représentations, on partait tous manger ensemble : une famille d'une dizaine de personnes débarquait dans les restaurants. Pierre me parlait de ses projets (il reçut d'invraisemblables notes de service de la Radio le rappelant à l'ordre parce qu'on ne le voyait plus assez souvent là-bas, ou parce qu'on le soupçonnait d'emprunter du matériel ou d'utiliser des heures de studio pour le compte des Ballets de l'Étoile!).

Un jour, le magnétophone refusa ses services en plein spectacle! C'était pendant *La Belle au boa*, un « ballet-bouffe » où Adolphine se joue de quatre soupirants : le dandy, le sportif, le poète et l'innocent (je m'étais réservé le rôle du poète!). Pierre me raconta qu'il avait senti venir la panne : la bobine n'était plus entraînée, et il passa toute la bande, héroïquement, en la faisant tourner avec son doigt! Le magnétophone entraînait normalement la bande à une vitesse de trente-huit centimètres par seconde, et malgré des « dégueulandos » plus *bouffe* que nature, qui nous firent sursauter en scène, Pierre ne fut pas loin de retrouver la vitesse prévue : on imagine la performance, récompensée par quelles crampes!

Tout à coup je me souviens de ceci, que je laisserai à la place où le souvenir s'en manifeste : j'ai dansé sur de la musique dite « concrète », sur une musique de Pierre Henry, avant même la création de *Symphonie pour un homme seul* : j'avais à faire un petit solo pour une soirée de gala patronnée par j'ai oublié quelle association, à la salle Iéna, avenue d'Iéna. Et je m'étais réglé une variation sur une œuvre courte de Pierre, dont le titre convient bien a posteriori aux oubliettes dans quoi c'est tombé : *Batterie fugace*.

Cette *Batterie* avait surpris, dans une soirée plutôt conventionnelle. J'y donnais l'image d'un homme énervé par sa solitude, tâtonnant et espérant. Je suppose qu'on y retrouverait le brouillon du début de *Symphonie*. Mais il n'y a rien à retrouver. C'est ça qui m'enchante avec la danse : ce qui meurt, meurt une fois pour toutes. Je n'aurai jamais à faire comme ce poète qui, honteux de sa première plaquette publiée à vingt ans, s'avisa de la faire disparaître en dépensant beaucoup de temps et d'argent pour en retrouver les différents exemplaires numérotés.

L'important était de travailler : « C'est le fond qui manque le moins. » J'ai fait une petite télé, la première, ça s'appelait carrément : *Brève Rencontre*. J'ai travaillé pour Venise. Ma première commande vénitienne! Il s'agissait de saupoudrer de chorégraphie deux petits opéras donnés dans le cadre de la Biennale : *L'Amour et la Folie* et *La Mort d'un poète*, tout un programme. Je faisais très bien dans le tableau : jeune chorégraphe français d'avant-garde. Bon pour les festivals comme d'autres pour le service. Malheureusement le travail eut lieu à Paris et je ne mis pas les pieds à Venise à cette occasion : j'étais furieux.

J'étais allé déjà deux fois à Venise. La première fois fut la plus courte et la plus forte — comme chaque fois qu'il y a une première fois! J'allais à Trieste avec l'*International Ballet* de Londres auquel j'appartenais après la guerre. Le train s'arrêta en gare de Venise et on annonça une heure et demie d'attente. Je quittai la gare et m'élancai comme un fou dans les ruelles de Venise. Je me perdis très vite. Je me souviens que je suis allé jusqu'au pont du Rialto. Je me répétais : « Je suis à Venise! Je suis à Venise! » Tout à coup il fallut retrouver la gare. Je ne savais plus par où aller. Je n'avais pas envie de demander mon chemin. Inconsciemment, j'avais envie de rater le train, bien sûr!

La deuxième visite à Venise fut pendant mon service militaire. J'avais obtenu une permission de huit jours à cause des vacances de Pâques; je n'avais pas le droit de quitter la France, mais je passai la frontière en fraude. Ai-je fermé l'œil pendant ces huit jours? Je ne crois pas. J'étais tout le temps dehors. Je me perdais exprès, avec application, comme on ne peut se perdre qu'à Venise : sans angoisse, puisqu'on est tout le temps perdu dès qu'on s'aventure dans les petites rues, mais sûr et certain de retrouver au prochain angle un lieu déjà connu qui nous ramènera où on veut pour nous reperdre. Venise est beaucoup plus qu'un labyrinthe. Le labyrinthe est très simpliste, c'est une idée fixe, avec la mort au bout. Venise, un milliard de fois plus subtile, joue au chat et à la souris avec ses hôtes.

Je traînais du côté du Danieli, l'hôtel de Marcel Proust. Ma dévotion pour Wagner viendra plus tard. Je ne visitai pas cette fois les *stanze*, l'appartement où mourut Richard Wagner, en compagnie, insinuait-on à l'Opéra de la Fenice, d'une des filles-fleurs de Parsifal.

J'avais un peu d'argent. Je pouvais me permettre de choisir mon restaurant. Au lieu de me nourrir, je décidai d'investir dans une gondole. Pas le petit trajet pour touristes, mais — « largement » payé — le grand jeu! Trois heures d'affilée, partout.

Ma première gondole! On a tout à coup envie de dire oui à ceux qui prétendent que Venise est la ville la plus psychanalytique du monde — s'ils me permettent de voir dans la psychanalyse un encensoir baladé autour du berceau de chacun. Une gondole, c'est un berceau ramené à l'intérieur du ventre de la mère. Une gondole qui traverse le Grand Canal, c'est comme l'enfance retrouvée dans la poésie, c'est un rêve que le réveil confirme.

Mais comment parler du bonheur à l'état pur?

Je reviendrai souvent à Venise.

Entre-temps, la route passe par Enghien où nous dansons *Tanit*. La déesse Tanit possède un état civil très compliqué : avec Baal, elle forme le couple protecteur de Carthage, et on la nomme aussi Tinnit, ou encore Ashtart (en gros, c'est l'Astarté grecque), déesse phénicienne de la fécondité, Ashtart qui devient Ishtar, la Grande Déesse syrienne très mal vue dans la Bible. Un mythe raconte sa descente aux enfers : pendant son séjour là-bas, toute vie disparaissait sur terre.

Évidemment, célébrer Tanit à Enghien avec une musique de Maurice Ohana (l'un des fondateurs du groupe « Zodiaque ») ne pouvait donner une vision très claire de quoi que ce soit. Ce fut pour moi l'occasion de me pencher sur des religions lointaines et de relier l'érotisme à la divinité.

Mes créations allaient dans tous les sens. Je n'avais pas de vue d'ensemble : je travaillais le nez sur la toile. J'établissais un état des lieux, un inventaire de début de bail.

Nos tournées, sans pour autant couvrir les deux Amériques, nous conduisaient quinze jours en Allemagne, quatre spectacles en Italie, une semaine en Afrique du Nord.

En Allemagne, je verrai danser Germinal Casado; son travail, méticuleux, avait quelque chose d'insolent. Il semblait en même temps très fort et très faible. Il avait aimé notre spectacle et s'ennuyait là-bas. Espagnol, né à Casablanca, il rejoignit notre troupe.

Tous ceux qui devaient m'accompagner dans l'aventure bruxelloise étaient rassemblés, ou presque. Laura Proença était arrivée de Rio de Janeiro quelques mois auparavant : elle travaillait dans la compagnie de Janine Charrat où je l'ai rencontrée quand j'ai créé *Haut Voltage*. Elle m'a plus ou moins présenté Pierre Rhallys qui était un peu son mentor et tâcha d'être le mien, ou est-ce Pierre Rhallys qui m'a plus ou moins présenté Laura? En tout cas, c'est avec eux que je réalisai *Haut Voltage*. La seule chose « bien » que j'ai retenue de *Haut Voltage*, c'est d'ailleurs Laura. Elle avait le rôle de la Jeune Fille. Ses yeux et ses cheveux étaient du même noir. Elle m'évoquait un oiseau des forêts de son pays. Un jour, elle épousera Patrick Belda.

Je fus invité à Marseille. Mon nom avait été imprimé dans les journaux parisiens! Là-bas, sur le toit de la Cité Radieuse : festival en hommage à Le Corbusier. On me demande deux créations, mais que ce soit *Moderne*! Festival d'avant-garde oblige! Je m'applique. D'abord, la vraie avant-garde sera d'arriver avec quelque chose de très classique. Je règle un pas de deux, le plus rigoureux possible, sur une musique d'Albinoni (Albinoni, en plein air, c'est très bien). Il y aura deux autres ballets où je mélangerai les danseurs et des sculptures qui bougent : *Le Teck*, avec une sculpture de Marta Pan sculptée dans du bois de teck, et un couple dont la sculpture avalera l'un des partenaires. Musique de jazz, Gerry Mulligan. *Le Teck* est un ballet que j'aimerai longtemps et qui sera dansé presque aussi souvent que *Symphonie pour un homme seul*. Vingt ans plus tard, je le remonterai pour le donner à New York. A la création, c'était un pas de deux pour un garçon et une fille. A New York, en changeant à peine la chorégraphie (je ne changeais pas, mais je mettais des pas nouveaux pour boucher quelques trous de mémoire), je le fis danser par deux garçons, Donn et Marko. Avec la sculpture, bien entendu. Sur le toit de Le Corbusier, le ballet fut surtout un dialogue entre Michèle Seigneuret et le teck sculpté.

Là encore, ils ont parlé de danse abstraite. Deux seins et des yeux narquois, c'est abstrait? Un jeune critique vint me développer toute une théorie sur le vagin, les dents et Edgar Poe. Il voulait me faire dire que je connaissais Edgar Poe par cœur : en réalité, c'était lui. Au bout de cinq minutes, j'appris qu'il était en train de terminer une thèse sur la sexualité dans l'œuvre de Poe et il avait travaillé à sa thèse en regardant le ballet.

Quant à ceux qui persistent à trouver certains de mes ballets *abstraits*, je pense qu'ils exorcisent : ils ont tellement peur de les trouver trop concrets! Dès que j'ai eu l'impression de parler avec une certaine précision du sexe, de la mort ou de Dieu, les détecteurs de l'abstrait ont rappliqué.

Le troisième ballet pour Le Corbusier était on ne peut plus chic dans le genre avant-garde. Titre : *Cysp I*. Ce fut surtout une exposition des dernières trouvailles du sculpteur d'origine hongroise Nicolas Schöffer : des sculptures (... j'allais dire « abstraites »!) qui bougeaient en suivant des impulsions sonores et lumineuses. J'étais assez bluffé. J'avais l'impression euphorisante de nager dans la modernité. Je me disais : « Tu vois, il faut être de son temps. » Mais à la première publique, les sculptures se rebiffèrent et ne bougèrent plus d'un centimètre. J'avais prévu des trajets assez précis, et même franchement rigoureux, pour chacun des danseurs. La chorégraphie, au milieu de ces danseurs en métal qui ne dansaient pas, devenait une improvisation médiocre. Excédés, nous commençâmes à nous arc-bouter aux sculptures afin de les pousser sur le côté pour qu'elles ne nous dérangent plus. Nous n'étions que trois : Michou, Marie-Claire Carrié et moi. Nous assurions tout le spectacle : je dansais un pas de deux différent avec chacune des deux filles et nous nous chargions tous les trois du dernier ballet. Nous avions fini par calmer les robots de Schöffer quand ils retrouvèrent soudain leurs esprits et se mirent à balayer la scène dans tous les sens en nous poursuivant : ce fut le sauve-qui-peut!

La saison suivante, nous trouvons une petite tournée en Allemagne qui débutera à Essen. Il faut une création. Je venais de découvrir Bartok, la *Sonate pour deux pianos et percussion*, et j'avais envie d'opposer dans le même ballet deux types de femme différentes, Michèle Seigneuret et Tessa Beaumont, les cheveux courts et noirs de Michou et les longs cheveux fins et blonds de Tessa. Je m'installerai entre les deux et ce sera *Sonate à trois* : nous trois assis sur des chaises, nous épiant et passant de l'un à l'autre. Dans le programme, j'explique que tout cela vient en ligne directe du *Huis clos* de Sartre et c'est vrai. C'est un ballet auquel j'aime bien repenser. Je me suis aventuré quelque part où la danse d'habitude n'allait pas : dans l'exploration des rapports réels entre les gens, des rapports non psychologiques, mais inconscients. Plus que jamais, je travaillais avec ce que je savais des interprètes : avec tout ce qu'eux, et eux seuls, pouvaient faire. Si d'autres danseurs avaient dû créer ces mêmes rôles, le ballet n'aurait pas eu le même impact. Les gens ne sont jamais remplaçables. En voici d'ailleurs une preuve par l'absurde : j'avais conçu un rôle de *Sonate à trois* pour Tessa Beaumont, mais elle tomba malade pendant les répétitions. Je continuai le travail avec Bari, blonde comme elle et physiquement assez pareille, tout compte fait. Mais psychologiquement pas, profondément pas du tout. Je terminai ce qui n'était pas réglé et je dus changer la chorégraphie du début : les rapports de Bari avec Michou et avec moi n'étaient pas les mêmes que ceux que nous avions eus avec Tessa. J'avais d'abord pensé « rendre » le rôle à Tessa dès qu'elle serait guérie, mais comme le rôle s'était modifié au contact de Bari, ce fut Bari qui le garda.

Un pas de danse n'existe que *par* l'interprète qui l'exécute; il n'existe aussi que *pour* l'interprète qui l'a vu et fait naître.

C'est une affaire assez complexe et à laquelle je n'ai pas trouvé de réponse définitive, tout simplement parce qu'il n'y en a pas.C'est un débat entre l'auteur et l'interprète : à qui des deux appartient l'œuvre?

Au moment de la création, l'œuvre appartient aux deux ensemble. Surtout pour la chorégraphie : si un poète peut écrire seul, un ballet se fait à deux — je veux dire techniquement, à l'instant même de la fabrication. Sans danseur devant moi, je peux rêvasser, divaguer ou « mathématiquer », mais je ne peux pas travailler.

Ensuite, plus tard, pour des motifs divers, il arrive qu'un autre danseur va danser ce qui ne fut créé ni pour lui ni « sur » lui. C'est comme s'il empruntait un vêtement : le vêtement lui ira ou ne lui ira pas. C'est bien sûr l'interprète qui va faire vivre l'œuvre, puisque, s'il ne dansait pas ce soir sur scène devant nous, il n'y aurait pas de chorégraphie mais un vague souvenir dans la mémoire de quelques spectateurs.

Le créateur peut se dire : mon œuvre est réussie parce que des gens différents peuvent la danser et la faire vivre. Elle n'était pas attachée à une seule et fugace personne.

C'est un atroce cercle vicieux. L'œuvre, l'auteur et l'interprète se passent un flambeau dans une course que personne n'arbitre. Au bout du compte, l'important c'est que les choses existent, qu'un spectacle ait eu lieu. Foutaises que ces « who's who? » : ça compte dans la vie d'une troupe, parce que ça pose des problèmes de susceptibilité (qui va danser quoi ce soir?), mais ça relève plus d'une « esthétique » du passeport à renouveler que d'une recherche profonde.

Enfin, c'est le genre de choses à quoi je pense parfois le matin en faisant chauffer l'eau pour le thé.

Je confonds les saisons et la chronologie dans ce catalogue que je voudrais plutôt déraisonnable que raisonné. Je n'ai pas parlé de *Prométhée* (mais je parlerai plus tard d'une seconde version de *Prométhée*) ni du *Balayeur* d'après un poème de Prévert dans un décor de dessins d'enfant exécutés par mon frère Alain, ni des deux ballets dont Dick Sanders signa la chorégraphie. Ensuite Dick nous quitta pour travailler avec Babilée et plus tard avec Visconti (dans le film de Visconti *Nuits blanches*, merveilleux film où Maria Schell et Mastroianni, dans une neige de studio, dans des rues de studio qui imitent les rues de Livourne, jouent comme des enfants à ressembler à des adultes — à moins que ce ne soit le contraire). Dick dansait dans un café pour essayer de faire sourire Maria Schell, sur une musique de Nino Rota.

A Paris, j'assiste à une soirée de gala donnée par la troupe espagnole de Luisilio. C'est un autre coup de foudre : l'Espagne. Le flamenco. Le zapatéado. Le mariage des voix et des guitares. Les chaussures des danseurs, les coups de talon, le noir, le blanc, l'orgueil, l'autorité. Et cette langue : claquements du fouet dans les numéros de haute voltige! L'Espagne me lave, me décrasse.

Dans la troupe de Luisilio, je ne quitte pas des yeux un garçon dont tous les mouvements et le port sont implacables, presque intolérants. Nerveux sans rien de brouillon. Je m'enthousiasme, je décide sur-le-champ d'introduire des zapatéados dans mon prochain ballet. Il faut aller le trouver, le convaincre de venir avec nous. Antonio Cano est resté à Paris. Peu de temps après je règle pour lui *L'Étranger*. Il sera seul, silhouette noire et inflexible, dans un très beau décor de Bernard Daydé évoquant une petite ville abrutie par la chaleur de l'Andalousie. Andalousie que je vais connaître comme ma poche pendant une tournée-cauchemar.

Il faut dire (mais c'est vraiment de la petite cuisine) que le Ballet de l'Étoile avait été dissous et remplacé par le Ballet-Théâtre de Paris, qui s'appela aussi Ballet-Théâtre de Maurice Béjart, et même Ballet-Théâtre de Paris de Maurice Béjart. Nous avions cessé de collaborer avec Jean Laurent, et nous avions un « agent », le comte Pimentel, dont je n'ai jamais su s'il était comte ou pas. Ce que nous avons appris, trop tard malheureusement, c'est qu'il faisait bien ses comptes et pas les nôtres! Il avait des bureaux à Bruxelles et nous a trouvé quelques tournées en Europe, dont celle-là en Espagne, pendant le « Festival d'Espagne » : un maximum de villes grandes et minuscules accueillaient un maximum de troupes théâtrales non moins grandes ou petites.

Le « comte » avait frété un car qui ressembla vite à la cabine de bateau des Marx Brothers. Il fallait non seulement nous y entasser, mais nos bagages (un vrai catalogue de tous les sacs et valises disponibles sur le marché), les costumes et les décors pliés en seize!

Et la sculpture en teck du *Teck*! Bourrée de vieux pulls, celle-ci nous servit de wagon-lit : on tirait à la courte-paille les tours de rôle d'occupation. Le car, comme un paquebot, avait un nom : *la Valenciana*. Un titre de tango!

Zorca, notre habilleuse, pour faire plaisir à un Ballet-Théâtre « de Paris », avait décidé de faire une cure de fromages français, des contrefaçons de camembert qu'elle faisait pendre à l'extérieur du car dans un filet solidement attaché : personne n'a jamais osé couper les mailles du filet, mais tout le monde y a pensé.

Je cumulais les fonctions de chorégraphe et de régisseur. Dans un magasin d'articles de bureaux, j'avais acheté avant le départ un registre relié toile, pour tenir les comptes des défraiements que je versais chaque soir contre la signature indispensable. Ces défraiements étaient si insuffisants que je barrai la colonne « Défraiements » pour inaugurer une colonne « avances » qui fut très vite remplie en même temps que se vidait la boîte en métal où j'avais enfermé les pesetas.

Imperturbablement, on donnait nos pièces de résistance, la *Symphonie*, *Le Teck* bien sûr, *Haut Voltage*, tout, avec des heures d'autocar dans les reins. Et quel autocar! Et quelles routes! Nous arrivions parfois une heure avant le spectacle, il fallait faire la chaîne pour apporter les accessoires en coulisses (on s'était déjà maquillé dans le car, avec des coups de pinceaux hasardeux décidés par les virages).

A Barcelone, frontière morale. J'apprends qu'on doit organiser une séance privée pour l'Église et l'Armée. Quelques curés et quelques militaires vont venir juger si rien dans nos spectacles importés ne troublera l'ordre public, la morale ou Franco! Il n'y a pas à discuter mais à s'exécuter, sinon le car repart pour Perpignan. Dans deux ou trois moments « forts », nous avons triché : au lieu de danser, je leur avais dit de *marquer*, c'est-à-dire d'esquisser les mouvements sans les faire à fond.

*Nihil obstat*. Le car démarre vers la Nouvelle-Castille. Nous dansons dans des arènes de corrida, sur un plancher hâtivement cloué, et il faut être aussi attentif aux clous qui dépassent qu'à être en mesure. Parfois des râclements sinistres se superposent aux sons de Pierre Henry : les taureaux sont là, tout près, derrière une palissade. Ils attendent leur tour et s'impatientent.

Il n'y a pratiquement plus d'argent. Le « comte » est parti avec la caisse. Cette tournée espagnole avait été organisée par un ami d'Antonio Cano, M. de Bourio : Cano l'avait connu chez Luisilio dont Bourio était l'agent. Bourio avait démarché auprès de tous les théâtres, il avait supervisé les contrats et avait remis l'argent à notre « comte » pour que celui-ci nous le distribue.

Quand Bourio apprit que l'argent n'était pas arrivé jusqu'à nous et que nous étions paralysés, il nous rejoignit et s'efforça de nous dépanner avec une extrême gentillesse. Les danseurs lui demandèrent des augmentations : il promit qu'il leur donnerait le double de ce qui lui était demandé, dès qu'il le pourrait. Il ne le put jamais : le moral remonta quand même! Il paya en tout cas l'essence du car. (Plus tard, Bourio nous fit faire une nouvelle tournée en Espagne, merveilleusement organisée par lui. Son efficacité nous fit oublier les escroqueries minables du « comte ».)

Un beau jour nous nous retrouvons quelque part dans le Sud. L'hôtel n'est plus payé depuis trois jours. Nous n'osons pas quitter nos chambres où nous faisons semblant de dormir. Heureusement, ce soir il y a relâche. Nous avons faim. Très faim.

Bourio est sincèrement consterné. Il s'éclipse : sa chambre est payée. Il revient vers une heure du matin et frappe à toutes les portes. Nous sortons sur le palier. Bourio nous attend avec son plus beau sourire et trois mallettes en cuir fatigué. Il les ouvre et en sort des homards. Des homards cuits. Je n'en ai jamais vu autant à la fois. Distribution générale. A chacun son homard. Bourio sort d'une mallette des cailloux pour casser les pinces, et deux petites bouteilles d'huile et de vinaigre. Comme il a aussi offert du homard au propriétaire de l'hôtel, nous sortons la tête haute le lendemain et le car s'en va.

Le bouquet final sera tiré à Séville! Nous devions y donner *Orphée* en plein air dans un jardin. Les organisateurs du festival de Séville, qui nous invitaient, avaient proposé la construction d'un nouveau décor (le décor original de Kuefner, prévu pour être éclairé par transparence, ne convenait pas au plein air). J'arrivai seul l'avant-veille, pour voir à quoi ressemblait ce décor dont on ne m'avait montré qu'une maquette.

Je fus reçu par un comité, la direction du festival et le maire de la ville en tête. A l'entrée du jardin, une banderole : « Bienvenue au Ballet-Théâtre de Paris! » On m'annonce que tout est loué, qu'il a fallu rajouter des chaises. Tout le monde a l'air ravi. Je passe enfin une bonne nuit.

Le car devait arriver le lendemain vers onze heures. La banderole avait été retendue. Des renforts de fleurs en pot avaient envahi le jardin. Midi, midi et demie, une heure : pas de car. Je vais au bureau du festival : ils n'ont aucune nouvelle. Je passe l'après-midi, assis devant le jardin, à me mordre les doigts et à ne pas oser regarder dans les yeux les secrétaires que m'envoie le festival.

La nuit tombe. Je suis décomposé. Les secrétaires s'efforcent de m'apaiser pour mieux s'apaiser eux-mêmes. Je passe une très mauvaise nuit et je me retrouve devant le jardin dès l'aube.

Rien, évidemment. Rien! Je suis prisonnier de la logique des cauchemars : il me semble que le car n'arrivera jamais. C'est clair et ça devient presque normal. Je me secoue : « Qu'est-ce qu'ils foutent, Bon Dieu? »

On ne me console plus. J'entends à peine quelqu'un qui ose encore s'accrocher à un espoir et qui murmure :

— Bah, un contretemps, un pneu crevé, une erreur de route?

Deux heures vingt, trois heures et quart : rien de rien. Je m'énerve. Je panique. D'autant plus que Laura doit danser dans *Orphée* un rôle qu'elle n'a pas encore appris jusqu'au bout. Elle connaît très bien la première partie du spectacle, mais je lui avais dit que je lui apprendrais la fin dans le nouveau décor : beaucoup de places, en effet, dépendent de la plantation du décor. S'ils n'arrivent pas maintenant, je n'aurai pas le temps de répéter avec Laura. Et personne ici sur qui me décharger de ce secret épouvantable!

Cinq heures : toujours rien et tout le monde s'énerve. On me fait répéter vingt fois le nom du jardin que j'ai donné au chauffeur du car : oui, c'est la bonne. Je téléphone en cachette à l'hôtel où ils étaient hier : inconnus! Ils n'ont pas dormi là. La réservation a été annulée au dernier moment.

Six heures : les gens du festival me demandent à quel hôtel était la troupe la veille, pour qu'on puisse vérifier. Après tout, il y a peut-être eu quelque chose de grave, ils y sont peut-être encore?

— Je ne connais pas le nom de leur hôtel.

— Comment, Señor Béjart, vous ne savez pas où loge votre troupe?

— Non. (Je bredouille.)

A sept heures et demie (le spectacle est prévu à onze heures du soir), je vois qu'on retire les fleurs en pot. Bigre!

A huit heures et demie, le maire, le directeur du festival et le correspondant local d'un grand journal de Madrid viennent en délégation :

— Señor Béjart, êtes-vous sûr d'être le directeur d'une troupe de danseurs?

— Oh! vous savez, moi, je suis chorégraphe, hein. Je ne suis pas vraiment directeur.

— Señor Béjart...

Ils sont à court d'argument. Un quatrième, que je n'avais pas remarqué tout de suite, est en train de prier et se signe.

Il faudrait que je dise quelque chose.

— Je vous assure qu'ils vont arriver. (Si je suis capable d'un tant soit peu de magnétisme, c'est le moment où jamais.) Croyez-moi!

On m'embarque dans une voiture qui nous déposera à l'entrée de la ville. Devant nous, une route. Jusqu'à l'infini. Vide.

A onze heures moins le quart, pas à dix heures, non : à onze heures *moins le quart*, une poussière, beaucoup de poussière, et de cette poussière naît un autocar qui remplace pour moi toutes les Vénus du monde.

Cet autocar m'innocente. Mais innocent ou coupable, je n'aurai pas le temps d'apprendre son rôle à Laura. Le public occupe déjà les trois quarts des sièges.

Grands coups de frein. Les danseurs débarquent en titubant. Ils ont une de ces têtes! Ils me demandent :

— Où est l'hôtel? On va à l'hôtel!

Ils avaient accumulé pannes sur pannes. Ils étaient enfermés vivants dans ce car depuis quarante heures. Je me fais une tête dure de kamikaze et je leur crie :

— Non, on danse!

— Mais enfin, on ne s'est pas lavé depuis deux jours!

— Tant pis! Vous vous maquillerez sur la crasse! Pas le temps de repasser les costumes! Enfilez-les comme ça!

Les costumes d'*Orphée*, qui ne devaient servir que ce soir-là, étaient écrasés au fond des malles depuis notre départ de Paris.

J'entends une petite voix; c'était Laura :

— Et le décor?

— Tu le découvriras en dansant! Qu'est-ce que tu veux que j'y fasse!

A onze heures cinq, la bande magnétique démarre, Orphée s'éveille sur scène dans sa chambre.

J'éprouvais beaucoup de mal à me concentrer parce que je pensais avec horreur à la fin du ballet qui se rapprochait, qui se rapprochait, et comment ferait Laura?

Pendant l'entracte, j'essaie de lui expliquer et de lui montrer un maximum de pas. Elle a tellement peur qu'elle ne comprend rien, et moi-même d'ailleurs je bredouille. Finalement je lui dis :

— Allez, on y va. Je te tiendrai par la main. Je te soufflerai tout au fur et à mesure.

Je la retrouve sur scène, paniquée, immobile, statufiée par le trac. Je lui serre le bras et je l'entraîne avec moi. Je la fais s'arrêter. En bougeant à peine les lèvres, d'une voix blanche, je lui dicte les choses à faire comme un espion renseigne son comparse :

— Fais un piqué arabesque. Maintenant. Hop!

Je lui ressaisis le bras :

— Tombe par terre. Compte jusqu'à sept.

Je me baisse :

— Relève-toi brusquement et embrasse-moi.

Elle m'embrasse. Je lui confie à l'oreille :

— Fais deux tours.

Ensuite, j'ai un petit travail à faire tout seul et je la rejoins une minute plus tard. Marie-Antoinette sur l'échafaud avait sûrement l'air plus calme. Dans un bref arrêt de la musique, j'entends une voix de noyée :

— Qu'est-ce que je fais? Qu'est-ce que je fais?

Je suis moi-même en train de danser. Que lui dire? Je lance :

— Encore deux tours arabesque, et puis tu ne bouges plus!

La fin de la première partie arrive. Je suis suspendu par les pieds. Dans les théâtres « normaux », ça s'était toujours très bien passé. Le fil était accroché aux cintres, on répétait avec les machinistes et on fixait la hauteur jusqu'où il fallait me soulever. Là, le nouveau décorateur avait imaginé une tour genre puits de forage de pétrole, et je devais être remonté entre les tubes. J'ai à peine quitté le sol que la tour se met à trembler et puis à pencher si fort que tous les machinistes présents se précipitent pour faire contrepoids. L'un d'entre eux me crie :

— On vous redescend!

Furieux, je hurle :

— Non! Non! Montez-moi!

Et en baisser de rideau, le public un peu affolé applaudit cet étrange spectacle d'un pauvre diable qui se balançait sans filet dans une tour dont les machinistes n'arrivaient pas à empêcher l'effondrement.

# 4

L'aventure espagnole connut une fin assez navrante, mais à Paris.

Rentrés chez nous, nous devions repartir avec le même autocar pour une tournée à Ostende. Je m'étais vertement fâché avec Pimentel, mais il avait déjà signé pour nous avec Ostende et pourquoi ne pas aller danser là-bas? Nous avions besoin de travailler, et à ce moment-là, Ostende pour nous c'était la Scala!

Pimentel me dit qu'il fallait faire partir le car un jour avant avec le matériel dedans, les décors, les costumes, les sacs de chaussons, etc. Nous n'avions qu'à venir le lendemain par train : Paris-Ostende n'est pas un long voyage, il n'y a qu'un changement à Bruxelles.

Le car partit donc, rempli à ras bord. Le lendemain matin, je reçus une lettre recommandée du « comte » où il disait froidement qu'il valait mieux arrêter là notre collaboration, qu'il sentait bien que moi-même je le désirais et qu'il en profitait pour me proposer par écrit une séparation « à l'amiable ». Par *amiable*, il entendait la disparition pure et simple de tout ce que nous avions amoncelé la veille dans le car. Il venait de me voler les décors, les costumes, bref tout ce que j'avais peu à peu acquis au cours des saisons avec les maigres recettes que nous réussissions parfois à faire.

Nous ne partîmes pas pour Ostende. Il fallait parer au plus pressé : il fallait trouver de l'argent.

Trois ans après, au palais de justice de Bruxelles, des danseurs étaient encore convoqués par un président de tribunal pour réciter une fois de plus la liste du matériel contenu dans le car.

Nous avons envahi les cabines téléphoniques du bureau de poste le plus proche. Avec les défraiements qui avaient déjà été distribués, on a racheté des chaussons. Pierre Henry nous trouva un magnétophone et des haut-parleurs et je me suis félicité d'avoir fait quelques ballets sans décors.

Une fois de plus, chacun essaya de se trouver un cachet à gauche ou à droite, chez Janine Charrat ou en Allemagne de l'Est.

C'est alors que je fus contacté par le Théâtre Royal de la Monnaie. Comme dans n'importe quel roman de bibliothèque de gare, j'allais être sauvé.

J'étais déjà allé souvent en Belgique. L'année même de sa création, la *Symphonie pour un homme seul* fut filmée par la télévision belge de Liège. Nous avions dansé au palais des Beaux-Arts de Bruxelles, à Knokke-le-Zoute pendant un « Festival belge d'été ».

A la demande de la même télévision liégeoise, j'avais créé *Pulcinella* sur l'extraordinaire « ravaudage » des musiques de Pergolèse composé par Stravinski. C'était avant tout une œuvre de bonne humeur : je me sentais dans la musique de Stravinski comme un poisson dans l'eau. C'est une musique qui va vite : Stravinski va toujours vite, il ignore superbement les temps morts. J'aurais voulu le voir marcher dans la rue : flânait-il? Je ne l'ai rencontré qu'une fois vers la fin de sa vie. Il n'a jamais vu mon travail sur ses musiques. Dans une interview, il prononça deux ou trois adjectifs assez sarcastiques sur ma chorégraphie du *Sacre du Printemps* : il est vrai qu'il ne jugeait que d'après des racontars (et de qui?) ou quelques photos. De toute façon, c'était un être très possessif, très jaloux, et je crois qu'il n'a jamais supporté qu'un chorégraphe vienne greffer ses émotions propres sur des partitions dont il entendait rester le seul responsable. Il a débiné presque tout le monde (il suffit de lire ses *Souvenirs et Commentaires* où il passe un drôle de savon à Nijinski; ses rapports avec Balanchine, qu'il connaissait bien et admirait, semblent plus complexes).

En réalité, je crois que quelques musiciens, dont Stravinski et Pierre Henry, en veulent secrètement sinon aux chorégraphes, en tout cas à la danse : c'est pour la danse qu'ils composèrent leurs meilleures musiques, c'est la danse qui les révéla au public. Ils auraient sans doute préféré être écoutés d'abord pour leur seule musique et ne pas dépendre du tremplin que la danse leur offrait. En même temps, la danse les retient et les fascine, sans quoi ils la quitteraient au lieu de continuer.

Si Stravinski, qui injuria tous ses chorégraphes, fut un admirateur de Balanchine, c'est parce que Balanchine est un musicien. Balanchine est capable de diriger un orchestre. Balanchine peut s'emparer d'une partition d'orchestre très compliquée, et en jouer une réduction au piano comme ça, de chic, à vue. C'est un don merveilleux.

Ma rencontre avec Stravinski me bouleversa. J'allais assister à Paris à un concert donné dans le cadre du festival du Marais. A l'entrée de la salle, je rencontrai Pierre Souvtchinsky, à qui Boulez m'avait présenté jadis. Souvtchinsky était l'un des meilleurs amis de Stravinski. Il me dit : « Venez, Béjart, je vais vous faire une surprise », et il m'entraîna dans une rue voisine vers une automobile où Stravinski était assis à côté du chauffeur. Nous parlâmes cinq minutes et Stravinski tout à coup me fit part de son désir d'assister à ce concert. Il se plaignit : il souffrait beaucoup des reins et des jambes et il ne se sentait pas capable de marcher beaucoup. Je lui proposai de le porter jusqu'à un fauteuil dans la salle. Je le pris dans mes bras et me dirigeai vers l'entrée du concert. Nous entrâmes : j'avançais lentement et les gens remuaient au fur et à mesure que cette *Pietà* s'approchait d'eux, public qui n'avait pas reconnu le génial musicien russe et que gênait ce fils idiot qui s'entêtait à amener son père malade au concert. Toute la soirée, Stravinski épia l'orchestre comme un vieux chef sioux mais aussi comme un paysan russe qui tend le nez pour interroger les nuages.

Il voulut me revoir et me demanda de passer à son hôtel le lendemain. Il m'entraîna à la télévision où on avait organisé pour lui la projection d'un documentaire sur un orchestre interprétant le *Sacre du Printemps* sous la direction de Zubin Mehta. Dans le taxi, il se réjouissait qu'on ait filmé l'orchestre du *Sacre* et non un ballet de plus. Il déchanta dès les premières images et passa tout le temps de la projection à invectiver le chef d'orchestre. Assis à côté de lui, je n'entendais pas la musique mais les grognements de son auteur : « C'est pas comme ça qu'on joue ma musique! Il n'a pas écouté mes enregistrements! Il n'a pas étudié la partition! Joli garçon, mais pas fait pour diriger orchestre! J'espère vous, Béjart, vous dansez pas sur *Sacre* abîmé comme ça! »

J'étais à Paris parce que nous donnions la *Neuvième* au Palais des Sports. Je l'invitai : le Palais des Sports l'effrayait, il y aurait trop de marches, de trop longs couloirs. Il ne vint pas mais sa femme le remplaça, Vera Stravinski, une femme extraordinairement gentille et sereine, qui aima beaucoup le ballet et rentra le raconter à son mari.

Dans *Pulcinella*, j'avais retrouvé le théâtre de marionnettes de mon enfance. Ou plutôt je justifiais ce théâtre-ci avec ce théâtre-là. Il ne s'agissait pas du Polichinelle français à deux bosses et à la voix criarde, mais de son cousin italien, habillé en blanc avec un masque de cuir noir. Je réunis tous les personnages de la Commedia dell'arte : Arlequin, Colombine, Pantalone, Scaramouche, et je m'amusais à traduire l'acrobatie et le burlesque en termes de danse classique.

Je ne connaissais pas à l'époque l'anecdote des moines napolitains qui brandissaient des crucifix en disant : « Voilà le vrai Polichinelle! », mais m'en serais-je servi?

Ce même *Pulcinella*, nous l'avions dansé ensuite au Théâtre de la Monnaie à Bruxelles, pour un gala organisé par des magasins de luxe, sous le patronage de l'ambassadeur de France en Belgique — à mille lieues de me douter que j'y reviendrais, dans ce théâtre, et pour vingt ans au moins!

Au fond, nous avions plus de succès à l'étranger qu'en France. Il y avait eu, par exemple, une tournée en Allemagne dont quarante jours à Berlin : spectacle tous les jours, y compris des matinées le dimanche qui avaient lieu... à onze heures du matin! De quoi peuvent se plaindre les danseurs d'aujourd'hui? Je m'aspergeais d'eau froide pendant les entractes pour me réveiller. Nous assurions la chorégraphie comme on assure un service d'ordre. Le public se dépêchait d'applaudir avant d'aller déjeuner.

Je mélangeais les créations et les reprises. Je regardais peu mes ballets puisque je les dansais. J'étais pris dans l'engrenage : créer. Créer pour obtenir des contrats, créer pour mes interprètes, créer pour lutter contre l'angoisse et tout simplement pour remplir mes journées. Un point de non-retour.

J'essayais mes créations sur différents publics comme on propose un nouveau médicament à différents médecins.

Et brusquement, le car et les décors disparus, plus d'argent, personne à Paris ne se souciant vraiment de l'avenir de mon travail, j'étais pris au piège de la façon la plus absurde. La Belgique allait me délivrer, mais je n'en savais encore rien et je repensais à mon « passé belge ».

C'est en Belgique aussi que j'avais réglé tout un ballet : *Juliette*. Nous répétions dans un studio loué en plein centre de Bruxelles, et *Juliette* devait être créé ensuite dans le sud de l'Angleterre, pendant le « Devon Festival of Arts ».

J'avais inventé ce personnage, au prénom shakespearien mais qui n'avait pas encore à voir avec Roméo, pour une danseuse qui m'impressionnait à ce moment-là : Marina de Berg. Son histoire me subjuguait : jeune danseuse russe qui fut la coqueluche du Tout-Paris à la Libération, elle avait créé *Le Rendez-vous*, chorégraphie de Roland Petit et musique de Kosma avec une nouvelle chanson : « Les enfants qui s'aiment... » Les décors étaient des photos noir et blanc agrandies, prises par Brassaï dans Paris.

Marina était ensuite entrée au couvent, et après dix ans, elle venait de le quitter. Danseuse et nonne! Elle avait réalisé en partie cette admirable définition que Charlie Chaplin a donnée du danseur : « Le danseur est à moitié nonne et à moitié boxeur. »

Elle avait beaucoup lu, elle avait rencontré Picasso et parlé de danse avec lui (la première femme de Picasso travaillait chez Diaghilev). Dans *Juliette*, Marina avait trois apparitions à faire : le décor évoquerait successivement un studio de danse, une plage et une rue anonyme. Chaque fois métamorphosée et pourtant la même. J'avais fait un montage de textes et de musiques.

A toutes les répétitions, Marina « marquait ». Je me disais : bah! elle le fera à fond à la générale. La répétition terminée, je partais avec elle et nous marchions longtemps au hasard dans les rues de Bruxelles. Elle me parlait des lectures qu'elle avait faites au couvent, des textes mystiques, des petits prophètes de l'Ancien Testament.

Un beau jour, les filles de la compagnie, peut-être un peu jalouses de ma nouvelle star, vinrent me trouver :

— Sérieusement, Maurice, tu devrais la faire danser à fond. Tu comprends, elle n'a pas dansé pendant dix ans, elle ne fait presque rien au cours, tu vas te casser la gueule!

Je mis cet avertissement sur le compte d'une jalousie plus forte que je n'avais cru, et je ne demandai rien à Marina.

Arrive la veille de notre départ pour le Devonshire. Le ballet est terminé. Pas mal : je suis assez content de cette atmosphère de rêve flou autour d'une femme mystérieuse, etc. Mais secoué par tout le monde qui n'avait pas encore vu de ses yeux vu Marina *danser*, et qui redoutait que le flou ne vienne de là, il fallut que j'exige d'elle qu'elle danse ma chorégraphie. Et le rêve s'en alla... car elle ne dansa pas! Adieu veau, vache, cochon, couvée!

Ce n'était plus Marina, c'était Perrette et le pot au lait. Il était onze heures du soir, on partait le lendemain et le studio fermait! C'est dans la rue et dans la nuit que j'appris le rôle à Tania Bari. (Heureusement, elle avait assisté à toutes les répétitions et savait de quoi il s'agissait.) Inutile de dire que depuis ce soir-là, je suis draconien sur les capacités techniques des danseurs que j'engage!

***

En Belgique, j'avais créé *Orphée*. Je ne danserai plus jamais ni ne ferai danser *Orphée*, mais c'est un ballet que j'aime encore, comme ces villes lointaines où on est allé jadis et où on sait qu'on ne retournera jamais, car il y faudrait trop de coïncidences : ainsi sans doute Baudelaire se souvenait-il de l'île de La Réunion.

Quand je soignais ma pneumonie rue chardin, j'avais soustrait à la bibliothèque de mon père un volume de poésies de Rainer Maria Rilke. J'avais beaucoup rêvé sur ceci :

*Car lorsqu'un chant s'élève*
*Une fois pour toutes ce sera Orphée.*

Et comme toute une génération, je m'étais identifié à cet autre personnage que Rilke a baptisé Malte Laurids Brigge, celui qui vient à Paris pour y apprendre la solitude, la mémoire et l'amour, celui qui (vers la fin du livre) rencontre à Venise une jeune chanteuse danoise : « Je veux vraiment chanter, dira-t-elle à peu près, je veux vraiment chanter non pas à cause des autres, mais parce que j'ai vraiment besoin de chanter maintenant. »

Quand j'avais vu dans le studio de Pierre Henry des boîtes étiquetées avec le nom d'Orphée écrit dessus, je m'étais dit : « Tiens! tiens! encore lui! » J'avais regardé ensuite avec passion *Orphée*, le film de Cocteau qui commençait par l'arrivée, dans une une grosse Rolls noire, d'une princesse, ma princesse : Maria Casarès. J'avais retenu par cœur un bout de dialogue. Un monsieur fait des reproches à Jean Marais qui incarne Orphée. Le monsieur : « Votre plus grave défaut est de savoir jusqu'où on peut aller trop loin. » Orphée se défend : « Le public m'aime. » Le monsieur conclut : « Il est bien le seul. »

J'écrivis une sorte de scénario, ce qu'au cinéma on appelle une « continuité ». J'avais décidé de faire un spectacle qui occuperait une soirée entière. J'avais trente ans, du métier, des choses à dire. J'en avais marre de montrer des successions de ballets courts comme des bijoux rangés dans la vitrine d'un joaillier. Je voulais remplir un coffre de bijoux, et ouvrir le coffre devant le public. Je confiai un double du scénario à Pierre Henry, qui le mit « en musique ».

Au début, Orphée est seul dans une chambre. C'est moi. Pantalon et T-shirt blanc à manches courtes. Dans mon scénario, je note : « Orphée devient un rat. Il a peur, il se cache. Il se cache dans son cœur troué comme un fromage. »

Orphée rencontre son ombre. A eux deux, ils créent un Orphée total, mâle et femelle. Mais Orphée échappe à son ombre et s'enfuit : il voyage. Des trains passent sans s'arrêter. Une voix conclut : « On croit toujours partir, mais personne ne change jamais de place. »

Ensuite, je confronte Orphée au sexe. Le tableau s'intitule *Tam Tam*. La musique de Pierre Henry n'est alors que martèlements et percussions (Pierre fut, avant de composer, un percussionniste de concert; il a souvent tenu la partie de caisse claire dans le *Boléro* de Ravel). Je stylisai du mieux que je pus les excès de l'acte amoureux : sauvagerie, possession charnelle, ces pauvres mots dont les corps des danseurs rendaient évident et poignant ce qu'eux ne peuvent qu'indiquer.

Après le sexe-sexe, Orphée rencontrait un couple d'amoureux : tout le monde a été Roméo ou Juliette au moins un quart d'heure dans sa vie. J'inventai ce couple pour qu'il soit dansé par Lise et Jorg. Lise Pinet et Jorg Lanner étaient deux très jeunes danseurs qui vivaient ensemble, ils semblaient frère et sœur, on aurait presque dit des jumeaux : tous les deux frêles, la peau pâle, les cheveux blonds.

Tania Bari sera l'Eurydice qu'Orphée rencontre dans le tableau suivant (Michèle Seigneuret interprète l'Ombre d'Orphée).

Avant d'affronter Eurydice, Orphée assiste à la naissance de Vénus. Elle sortait d'un coquillage kitsch qui ressemblait à ces statuettes-baromètres qui changent approximativement de couleur selon la température. J'avais voulu une Vénus très Folies Bergère : c'était trop casse-gueule de rivaliser avec celle de Botticelli.

Orphée et Eurydice montent ensemble à la même échelle. J'agrandissais la corde de *Symphonie* : on pouvait maintenant y tenir à deux. Mais comme Eurydice doit mourir, cette échelle ne servira pas à grand-chose.

Orphée joue aux cartes avec la Mort. L'enjeu est Eurydice. Bari en chemise de nuit blanche est renversée sur un lit qui évoque l'hôpital et la morgue. La Mort porte une hideuse perruque. Et moi qui ai toujours détesté tous les jeux, et surtout les jeux de cartes, je joue aux cartes. Mais je perds : la mort gagne toujours! Orphée meurt. Entracte.

Deuxième partie : Orphée n'est pas mort. Mais pour que cela se situe quelques crans au-dessus de Tintin, Maigret ou James Bond, Orphée est transfiguré. Il devient Dieu. Il porte une lyre. Son Ombre lui revient. La foule est là. Orphée est porté par la foule. Orphée existe. Rilke avait écrit : « Chanter, c'est être. »

J'avais tout mis dans *Orphée*. Ce que je connaissais de l'Orient, ce que je devinais de l'Afrique, ce que j'avais subi en Occident. Je m'étais vidé. Je ne crois pas que c'était un ballet-acte de naissance : j'y bouclais une boucle, j'y finissais quelque chose. Il fut créé le 17 septembre 1958 à Liège, et repris un peu partout pendant les tournées du « Ballet-Théâtre de Maurice Béjart ». Je ne fis qu'un petit changement : à la création, on ne voyait plus Eurydice après sa mort. Dans la deuxième partie ne revenaient que l'Ombre d'Orphée et Vénus. Je trouvais que c'était bien de ramener Vénus dans un tableau où la bande sonore invoquait Zeus. Et puis Vénus était admirablement interprétée par Nicole Amigues. Nicole était une danseuse un peu à part dans la compagnie : c'était une femme mariée, qui avait deux enfants et qui était mille fois plus riche que nous tous réunis. Elle nous quitta pour des raisons de convenance personnelle : je n'avais plus de Vénus et je fis danser ce que j'avais réglé pour Vénus dans la deuxième partie... par Eurydice! Tout le monde était content de voir revenir Eurydice. L'œuvre s'en trouvait améliorée : comme quoi les circonstances les plus futiles ont toujours leur part — et si on ne la leur donne pas, elles la prennent. Elles la prennent de toute façon, et il est très difficile, il est impossible de déterminer ce qui est vraiment important et ce qui ne l'est pas. Tout est important. Et dans le même temps, bien sûr, ce n'est pas vrai : tout n'est pas important.

Grâce à la télévision, qui avait commandé *Orphée*, j'avais pu me payer un décor. La télévision ne voulait pas que ça « fasse pauvre » et elle accepta d'engager Rudolf Küfner qui fit un travail fantastique : onirique, insolite sans bizarreries gratuites. Rudolf écoutait, ne disait pas grand-chose et n'en pensait pas moins sous ses cheveux d'empereur romain. Il revenait avec des maquettes qui représentaient ce que je n'avais pas réussi à lui décrire. Pour la transfiguration d'Orphée, il imagina de suspendre en l'air quatre statues grandeur nature qui bougeaient comme du linge qui sèche, statues sans tête comme dans les baraques foraines où l'on vient poser sa tête à soi pour la photo, ce que je fis et qui me changea en statue grecque emprisonnée dans les plis d'un vêtement de pierre : Orphée devenue statue, le spectacle s'achevait et je restais là pendant les premiers rappels. Le public n'applaudissait plus un interprète : le public, devenu la foule mythique, applaudissait Orphée.

Avec *Orphée*, je découvris quel impact peuvent avoir des ensembles considérés comme tels et non pour faire valoir le jeu d'un soliste. Je fis évoluer des amants dans un tableau, des soldats dans un autre, en traitant chacun de ces groupes comme s'il s'agissait d'un soliste, et il s'agissait bel et bien de solistes : l'Amour et la Guerre. (Quand j'écris que je découvrais cela, je le découvrais pour mon compte : le vrai folklore l'a toujours su.)

A la création, les deux rôles de Vénus et de la Mort étaient pris en charge par la même interprète : Nicole Amigues, qui se cachait brusquement pour se mettre un masque sur le visage, se retournait et apparaissait avec sa tête de mort. Quand Nicole nous quitta, je confiai le double rôle à Janine Monnin, une fille fragile et très belle, qui n'avait pas assez de force pour assumer ce travail écrasant. Je lui laissai le rôle de Vénus qui lui allait mieux qu'un gant et je fis interpréter la Mort par Germinal Casado. Comme il n'avait que ce rôle, au lieu de porter un masque, il se maquilla : la Mort changea de camp et passa du théâtre Nô (où le masque est roi) au théâtre Kabuki, qui maquille ses acteurs. Germinal avait — s'il faut en croire Hitchcock, orfèvre en la matière — le meilleur rôle : celui du méchant.

Certains soirs, j'avais vraiment peur en face de cet ami qui me devenait inconnu : il s'était fait la tête de ces revenants dont raffole le théâtre Kabuki. Je crois bien qu'il modifiait chaque soir son maquillage pour m'épouvanter. Je lui avais raconté l'anecdoet d'un célèbre acteur japonais qui interprétait le spectre d'une femme défigurée et s'était composé le plus repoussant des visages. Un soir, son élève lui dit que le public commence à s'habituer et que son entrée fait moins d'effet. L'acteur, vexé, demande à son élève de sortir et de lui ramener à boire dans trois quarts d'heure. Resté seul, il retravaille son maquillage et attend le retour de l'élève. Pénétrant dans la loge, l'élève le regarde et s'évanouit en face du nouveau maquillage!

J'étais heureux de faire *Orphée* parce que j'étais heureux d'y être Orphée. Là, vraiment, c'était commode de dire : Orphée, c'est moi. Et pas trop prétentieux, je crois, car j'avais fait d'Orphée un homme contemporain en lui épargnant tout le fatras accumulé par des siècles de légendes et de symboles venus alourdir les légendes.

En travaillant sur un mythe (Orphée) qui se mêle de mettre de l'ordre dans les rapports entre l'art et l'homme, j'en arrivais à montrer les rapports de l'homme et de sa vie : la solitude, le voyage, le sexe, la haine, l'amour, la mort, et au lieu d'en rester à une litanie de noms aussi bêtes que des fausses perles, la danse me donnait la chance de parler avec des corps et de réveiller les corps des spectateurs.

Car il faut vivre un spectacle de ballets avec son corps, et pas avec ses yeux.

Je sais ce qu'on a dit de moi : « Celui-là, avec son père philosophe, il met en scène des idées, il pense! » Mais comment faire pour ne pas penser? Tout le monde pense. Il n'y a que les sages, les saints ou les grands moines zen qui parviennent à ne pas penser. Sinon, nous pensons tous sans arrêt. Autant les uns que les autres. La quantité est égale, c'est la qualité qui diffère. Et la qualité dérange les gens. Je préfère penser à Rilke plutôt qu'à Coluche, et essayer de penser comme Rilke plutôt que comme Coluche. Je voudrais bien ne pas penser : je n'y arrive pas. J'essaie alors de penser un peu mieux chaque jour.

Dans *Orphée*, je réagissais à une voix de haut-parleur. La voix disait : « Tu n'es pas là pour chercher à comprendre, Orphée, tu es là pour chanter. » Je chantais avec mes pieds et mes bras. Je chantais avec les mains de Bari et les jambes de Michou, les pieds de Cano, le visage de Germinal, l'amour de Jorg pour Lise. Je chantais la haine de la guerre avec les bruits de guerre dont mon père m'avait éloigné. Je chantais les voyages dérisoires (ce sont les départs qui excitent) en mélangeant toutes les gares d'Europe aux coulisses des théâtres qu'elles me permettaient de rejoindre. Je chantais l'amour avec mon corps qui en vivait. Je chantais la mort, une mort crapaud, une mort laidasse, pour l'éloigner, bien sûr!

Avec *Orphée* je tentai de casser la baraque, de ne plus rien devoir à un petit monde de musée Grévin (cela dit, j'adore le musée Grévin! J'y conduis souvent des amis, c'est un de mes endroits préférés dans Paris, avec le musée Gustave Moreau).

Je me demande parfois quel bien a pu faire, historiquement, Diaghilev et ses Ballets russes. Un bien énorme, de toute façon. Il a placé la danse aussi haut que n'importe quel autre langage, ce que l'Occident avait cessé de faire depuis la prise du pouvoir par la petite bourgeoisie du XIX^e siècle. Diaghilev était un esthète, au meilleur sens du mot. Il avait un goût énorme, goût tout court et goût de la découverte. Il découvrit Stravinski, il le fit travailler. Il fit travailler d'autres musiciens, de Satie à Debussy, et chacun lui donna des chefs-d'œuvre. Debussy a-t-il écrit quelque chose de mieux que la partition de *Jeux*, qui fut une commande de Diaghilev? Je ne suis pas fou de la musique de Satie, mais c'est quand même *Parade* qui reste son œuvre la plus intéressante. Aucun artiste ne va aussi loin dans son art sur de simples commandes : les commandes sont des pensums qu'ils exécutent pour qu'on les leur paye. Si Diaghilev obtenait des chefs-d'œuvre, c'est qu'il avait un magnétisme très fort dont il sut heureusement user et abuser.

Il organisa à Paris des concerts de musique russe. Il révéla Chaliapine. Sans lui, Debussy n'aurait rien écouté de Moussorgsky. Il était aussi un grand amateur de peinture : il montra en Russie les impressionnistes français et monta à Paris une exposition de « Deux siècles d'art russe ». Les grands peintres de l'entre-deux-guerres ont travaillé pour lui : Matisse, Braque, Picasso, Derain, Chirico, Rouault.

Paul Klee, qui avait vu les Ballets russes à Munich avec Nijinski et Karsavina, notait en 1914 dans son *Journal* : « Il s'agit ici d'un art ancien qui agonise. Des époques depuis longtemps révolues y survivent encore. Le caractère fortuitement moderne n'y fait rien. » Par « fortuitement moderne », je suppose que Klee vise tout le côté visuel des Ballets russes. Et ce que son extrême sensibilité lui avait fait ressentir, c'était la vanité d'une conception encore trop esthétique de la danse.

Mais cette agonie (pour reprendre le mot de Klee) n'était le fait que de quelques capitales occidentales. La danse restait vivante en Roumanie, dans les Pyrénées, dans le théâtre balinais, etc.

Et puis, une agonie, ça se soigne. Il y avait eu le Docteur Kurt Joos, l'infirmière Isadora Duncan, d'autres internes. J'allais fonder la pharmacie Béjart, je veux dire le Ballet du XX^e siècle.

# 5

Ayant fait de la danse ma raison de vivre, je l'ai prise au sérieux. J'ai été tout de suite frappé par un divorce : celui qui existe entre le travail exigé par les professeurs et fourni par leurs élèves (jusqu'à la dévotion) dans les studios de danse, pendant les classes, et le n'importe quoi sclérosé qui régnait dans les spectacles de danse quand j'étais jeune. On avait fait de la danse (et « on » c'est facile de savoir qui et quand) un art mineur, un art décoratif, un divertissement. J'évoque bien sûr la situation de la danse en Occident : ce n'est pas non plus par hasard que c'est en Occident que la danse a foiré, parce qu'il n'y a pas que la danse qui a foiré et qui fut caricaturée.

J'ai pris la danse au sérieux parce que je crois que la danse est un phénomène d'origine religieuse. Et ensuite un phénomène social. Mais la danse est avant tout religieuse. Tant que la danse sera considérée comme un rite, rite à la fois sacré et humain, elle remplira sa fonction. Si on en fait un divertissement, la danse n'existera plus et il y aura quelque chose qui ressemblera à un feu d'artifice ou à un défilé de majorettes ou à une partie de billard électrique, mais ce ne sera pas de la danse. Dire ceci dans les années quatre-vingt donne l'air d'enfoncer une porte ouverte, mais cette porte était verrouillée dans les années cinquante.

Une certaine religion chrétienne, au nom de Dieu sait quel tabou, quelle honte apeurée devant l'enveloppe charnelle de l' « âme », a refusé la danse au moment où cette même religion inspirait les cathédrales! Coupée de la religion dont elle doit vivre, la danse occidentale, condamnée à cause de la « chair », s'est réfugiée précisément dans la chair : elle est devenue une succursale de la galanterie. Loin de la religion, elle s'est faite mondaine, au pire sens du mot. Louis XIV créa l'Académie royale de musique et de danse. Parrainée par un roi, la danse naissait, mais où? Dans les cours, dans les salons...

Et elle naissait avec un énorme retard. Les autres arts n'avaient jamais été étouffés. La danse devait en même temps renouer avec ses origines et aller de l'avant en balbutiant, quand l'architecture européenne avait déjà vu se succéder le roman et le gothique, quand toute la grande peinture vénitienne avait donné ses fruits, un Rembrandt aussi, quand Monteverdi, Vivaldi étaient déjà morts...

Au lieu d'aller de l'avant, cette pauvre danse aggrave son retard! Elle est kidnappée par la grivoiserie bien pensante de bourgeois placides, par la futilité d'une noblesse sainte nitouche et par le pharisaïsme des esthètes. La danse est traitée comme les pieds des femmes chinoises : rapetissée, amoindrie. C'est mièvrerie et compagnie. Et ça a duré longtemps puisque ce n'est pas encore tout à fait fini.

La danse du XIXe siècle est assignée à résidence dans des « ballets », où elle sert à enjoliver une intrigue, où elle est mariée de force à d'autres arts. Voilà : pendant des siècles, la danse n'a pas eu une existence autonome. Il s'agissait d'illustrer le récit mignard d'un écrivain de deuxième ou troisième ordre, mis en valeur par une suite de numéros musicaux eux aussi de deuxième ou quatrième ordre, dans des décors qui relèvent de l'esthétique de la boîte de chocolat. Telle fut la danse du XIXe siècle!

Où est passé, là-dedans, le rite? Le besoin de communion dans les deux directions, horizontale et verticale, sacrée et sociale?

Quand Diaghilev arriva avec les Ballets russes au début de ce siècle, ce fut une révolution. Mais une révolution esthétique. Or, la danse attendait une révolution éthique. Cette révolution esthétique, ce n'était déjà pas si mal! De grands musiciens comme

Stravinski composaient enfin pour la danse. De grands peintres, Picasso, Derain, Braque, s'occupaient des décors et des costumes. Il y eut aussi l'étonnant décorateur Léon Bakst (j'attends avec impatience le film qu'on annonce souvent et qu'on ne tourne jamais, sur la vie de Léon Bakst qui sera incarné par Mick Jagger).

Diaghilev a aussi montré des interprètes qui n'étaient plus de gracieux pantins mais des êtres émouvants et forts, surtout Nijinski, bien sûr, lequel était interprète et chorégraphe.

Diaghilev travaillait pour étonner Paris, pour séduire Paris, pour choquer Paris. C'est un peu court.

Il fallait redécouvrir la danse la plus universelle, la danse qui ne s'est pas coupée de ses origines religieuses, c'est-à-dire toutes les danses du monde entier *sauf* la danse d'une certaine société dans une certaine partie de l'Europe. Il fallait redécouvrir et vivifier la tradition chorégraphique universelle.

Cette renaissance de la danse, cet épanouissement s'accomplit au moment où l'Europe s'avise enfin de respecter l'art et les langages des autres continents. Les peintres et les sculpteurs ont ouvert la voie en s'inspirant de l'art nègre. La musique viendra plus tard, et ce sera la découverte des musiques orientales, du Japon, de Bali, de l'Inde. Enfin, la vogue extraordinaire que rencontrent depuis une vingtaine d'années les troupes de danse venues de pays lointains, qu'il s'agisse de folklore russe ou du *kathakali* hindou.

Le public occidental a senti inconsciemment le grand besoin qu'il avait d'une danse non vidée de sa substance. Les jeunes qui se rassemblent en tâtonnant à travers le rock ou la pop music ou le « disco » à la recherche de rites nouveaux, ont raison. Chaque époque doit créer ses rites. Les rites de nos parents sont devenus froids et sans significations.

Le renouveau de la danse n'est plus un problème esthétique. On se trouve en présence d'un besoin bien plus profond. Ce qui est en jeu, c'est une question sociale, une attitude spirituelle.

La danse n'a plus rien à raconter : elle a beaucoup à dire!

Je parle de ce qui me tient à cœur. La danse, je le crois absolument et chaque jour davantage, est l'art du XXe siècle. Quand je l'affirmais il y a vingt ans et plus, on me riait au nez. On disait : « Béjart, ça va pas dans sa tête, c'est un pauvre gars qui essaie de mettre sur pied de petits ballets qui n'intéressent de toute façon personne! » En même temps, à l'Opéra de Paris, il y avait de la danse le mercredi, ça se traînait devant des trois quarts de salle. Quand une compagnie importante venait à Paris, il y avait huit jours avec du monde si c'était la troupe de Cuevas, et quand c'était Martha Graham, au bout de dix jours il y avait entre vingt et trente personnes dans la salle chaque soir. Je le sais : j'y allais. Quand le New York City Ballet venait à Paris, ça durait trois soirs, c'était loin d'être plein, les gens restaient de glace. Bon. C'était plutôt mal parti, semblait-il, mais j'étais sûr et certain que la danse était l'art de notre siècle.

Il y avait le sport, il y avait le cinéma. Il y avait le corps et le rêve : la danse allait proposer des performances sportives, mais en associant le mouvement physique, la performance, à une émotivité. Et en donnant des choses à voir. Des images. Les gens ont besoin d'images, ils ont besoin d'émotion, de lyrisme. La danse permet de mélanger un plaisir esthétique, un plaisir dynamique et un plaisir émotionnel. Un minimum d'explications, un minimum d'anecdotes, et un maximum de sensations.

Aujourd'hui, je constate que partout les spectacles de danse sont suivis par le public. Chaque fois que nous jouons en tournée dans telle ou telle grande ville, il y a en même temps trois ou quatre autres compagnies, et c'est plein partout. C'est un phénomène qui dépasse la réussite personnelle de Monsieur X ou de Monsieur Y, c'est devenu le phénomène de la danse au XXe siècle.

Il ne faut pas en rester là. Tout ce qui n'augmente pas diminue. Il faudra bien qu'un jour tout le monde danse.

A force de voir les gens réagir à mes spectacles (je ne parle pas de réactions esthétiques, de ceux qui aiment et de ceux qui n'aiment pas : je parle d'une réaction beaucoup plus forte, je parle de ceux qui reviennent plusieurs soirs de suite, qui regardent différents danseurs danser le même rôle), j'ai vu qu'on n'était plus du tout dans le domaine de l'art. J'ai l'impression que les spectateurs sont un peu jaloux : ils voudraient être danseurs, eux aussi.

C'est de l'utopie en plein, si on veut. Pour danser comme mes danseurs, il ne faut faire que ça tous les jours, Mais il n'y a pas que cette danse-là. Il ne s'agit pas de se mettre à enseigner la danse classique dans toutes les écoles. Je n'y crois pas. D'abord, qui va l'enseigner? Il faudrait tellement et tellement de professeurs, et on aura toutes les vieilles danseuses ratées qui prendront inconsciemment ou pas leur revanche : « Moi, de mon temps, je faisais trente-six fouettés. » Le résultat sera que les élèves fuiront la danse ou attraperont des inhibitions et un complexe d'étoile mort-née.

Il faut avant tout découvrir une méthode d'enseignement. J'ai un peu cherché dans ce sens. Il faut inventer une danse qui libère les gens sans leur donner l'impression qu'ils dansent moins bien que des professionnels. Il faut éliminer l'envie, la comparaison.

Tous comptes faits, je n'aurai vécu que pour la danse. Pour la décrasser. Et pour cette expansion de la danse, pour que vienne au jour ce besoin, cette volonté : qu'il y ait de la danse et qu'elle occupe sa place. Laquelle? La première. A mon avis.

De temps à autre, j'aime faire le point. J'ai passé vingt ans à mettre sur pied, à faire tenir debout une compagnie de ballet qui ait un rang international, qui réponde aux demandes d'un public vaste et diversifié, avec un répertoire et une évolution. J'ai presque tout créé pour cette compagnie, pour la nourrir, pour qu'ils dansent tous. Parfois j'aurais préféré monter un spectacle expérimental avec cinq ou six danseurs, mais j'en avais soixante-dix à faire travailler : c'est un grand spectacle populaire qu'il fallait envisager. Et pendant qu'on crée les spectacles à Bruxelles, il faut répéter des ballets plus anciens qui seront joués en tournée dans dix jours, dans quinze jours. Il faut que les nouveaux arrivés apprennent les rôles. Il faut... il faut... J'ai toute une vie de directeur de compagnie dont je ne parle pas, mais qui est une vie très exigeante, très accaparante.

Il est arrivé que la compagnie se scinde en deux. Une partie des danseurs allait dans une dizaine de villes des États-Unis, et je restais à Bruxelles avec les autres, je m'occupais aussi des élèves de l'école Mudra, et j'avais le cafard. J'attendais les télégrammes quotidiens : il fallait deviner mille événements derrière des phrases sans verbe. J'entassais les télégrammes comme des feuilles de température au pied d'un lit d'hôpital, je m'engueulais pour ce côté mère poule que j'étais furieux de devoir m'avouer.

J'ai même fini par téléphoner là-bas, pour en savoir plus. Comment ça s'était passé à Berkeley? Comment ça s'était passé à San Francisco? Je voulais savoir si tout marchait bien pour eux, si le public les aimait. Là je me suis rendu compte que mes petites œuvres à moi, mon plaisir personnel de « créateur », ne comptaient plus. Ce plaisir-là, je le rencontre pendant que j'invente le spectacle, jusqu'à la générale. Mais dès que la première a lieu, c'est terminé. Je donne l'œuvre à la compagnie, et la compagnie l'offre au public.

En 1968, nous inaugurons les Jeux Olympiques de Mexico avec la *Neuvième Symphonie*. Béjart-directeur-du-Ballet-du-XX$^{e}$-siècle est content : un public attentif, enthousiaste, des milliers de gens dans un stade gigantesque. Mais le lendemain, l'autre Béjart envoie une lettre à un ami resté en Europe. Drôle de lettre, relue dix ans plus tard quand cet ami me la remet sous le nez. Je la recopie :

« L'altitude me gêne. On vieillit! Le Mexique. Nada. On travaille. Mais oui. Le reste du temps, ma chambre avec Gandhi, Râmakrishna et le Maharishi. Le monde extérieur, mais extérieur à quoi? Dissolution! L'altitude? Moi, qui est-ce! Mes ballets, loin... c'est peut-être ça, le monde extérieur. Quel pauvre type a pu songer un jour à mettre en chorégraphie la *Neuvième Symphonie* de Beethoven... quelle pauvre chorégraphie. De temps en temps un certain sourire. Mon œuvre parle pour moi... Hélas... que de bla-bla... Les grandes œuvres devraient être muettes. »

Je reviens à la chronologie. L'ordre dans lequel on a vécu les choses n'est certainement pas indifférent. La chronologie occupe dans la mémoire la même place que la barre le long des murs des studios de danse. On travaille au centre du studio, mais la barre est là, qui surveille.

Échapper à sa propre chronologie est une joie que donnent les rêves et ces autres rêves que j'essaie de faire : mes spectacles. Dans les spectacles et les rêves, la chronologie que l'on rencontre est la seule vraie à mes yeux. Que faire avec l'autre, celle qui nous embarrasse dès qu'on se réveille, celle qui m'a fait naître en janvier 1927?

Dans les journaux intimes de Baudelaire, je reviens souvent à cette phrase : « On ne peut oublier le temps qu'en s'en servant. » Baudelaire notait cela au premier degré pour se contraindre à travailler (quelques lignes plus bas, il dit que pour guérir de tout, il ne lui manque que le goût du travail). Mais il ne faut jamais s'arrêter au premier degré avec Baudelaire et je trouve dans sa phrase une exhortation à faire flèche de tout bois, à considérer le temps comme un matériau de base. Si je n'aime pas me souvenir, j'aime mes souvenirs, et je m'en sers dans mes ballets plutôt que dans mes conversations. Évoquer mes souvenirs avec trois amis au restaurant ne me sert à rien. Au contraire : le temps qui m'en sépare sera un temps mort. Les introduire sur scène me rapprochera d'eux, n'annulera peut-être pas le temps mais le fera légèrement reculer. C'est déjà ça.

La solitude d'Orphée, d'où venait-elle? De cette chambre d'enfant où je montais m'enfermer dès que c'était possible? Ma cousine me rappelait l'autre jour que je n'avais pas beaucoup de rapports avec la petite bande en dehors des mises en scène où je les menais à la baguette. Elle ajoutait que j'étais méchant avec ma sœur, que je m'ingéniais à lui raconter des histoires qui lui feraient peur, que je ne la défendais pas quand notre grand-mère s'emportait contre elle. Je menais ma vie dans mon coin, paraît-il.

La solitude d'Orphée vient-elle de la chambre du 28 rue Bergère, une de ces centaines de chambres trop étoites du neuvième arrondissement, où je me suis retrouvé seul plus souvent qu'à mon tour, comme tout le monde?

Ce que j'aime, dans mon métier, c'est qu'on n'est jamais seul. Les autres sont là, magnifiques, obsédants, énervants; les autres sont là pour qu'on s'occupe d'eux.

Il y avait donc eu cette tournée en Espagne. Deux étés de suite, en 1958 et 1959. Dans mon souvenir, ces deux tournées n'en font qu'une. *Orphée* fut joué devant des paysans andalous. Ils avaient vu arriver l'autocar. Nous avions croisé leurs regards en fin d'après-midi dans les rues. Qu'attendaient-ils de nous? J'avais le trac.

Quand nous donnions une soirée de quatre ou cinq ballets, je me rassurais en espérant que chaque spectateur en aimerait au moins un ou deux. Là, il n'y en avait qu'un. Toute la soirée avec les mêmes personnages dans la même histoire! Je redoutais beaucoup plus l'accueil de ces paysans espagnols que celui du Théâtre des Champs-Élysées. J'oubliais (ils me le rappelèrent) qu'ils se moquaient comme de colin-tampon des critères parisiens. Pour eux, la musique concrète accompagna les danseurs comme les animaux saluent le lever du jour. Ils étaient déjà au courant de tout ce dont je leur parlais.

Il n'y a qu'un seul public : celui qui vient pour aimer. Cet amour est parfois déçu, parfois exacerbé. Mais c'est la condition numéro un. Si les gens viennent pour s'aimer eux-mêmes ou chercher le reflet d'anciennes amours, le contact n'a pas lieu.

Encore faut-il, pour que le public vienne, qu'on ait des choses à lui donner. Ces choses sont des spectacles, et ces spectacles nécessitent de l'argent.

Je n'en avais plus. Sans théâtre, sans imprésario, sans subvention, sans rien! Je dis aux danseurs d'accepter tout ce qu'on leur proposerait ailleurs.

Et tombe du ciel un rendez-vous avec M. Huisman. Maurice

Huisman venait d'être nommé directeur du Théâtre Royal de la Monnaie à Bruxelles. Cette nomination n'avait pas été facile : le théâtre dépend de la ville de Bruxelles, et c'est le Conseil communal de Bruxelles qui nomme le directeur et le conseil d'administration. Imaginez les intrigues diverses...

On m'a dit que Maurice Huisman avait obtenu la majorité des votes à une voix près, et que cette voix fut retrouvée après une erreur de calcul! C'est toujours la même chose : rien d'important ne se fait « avec » mais « malgré ».

Nommé au moment où il est le plus difficile de négocier des contrats, c'est-à-dire en été, Maurice Huisman avait du pain sur la planche : improviser une saison complète. Quand on sait que certains chanteurs ou metteurs en scène sont engagés trois ou quatre ans à l'avance, on voit le cadeau empoisonné.

Je crois qu'il renvoya pas mal de monde. Il renouvela son orchestre et en confia la direction à un jeune chef belge qui avait la carrure nécessaire (au propre et au figuré), André Vandernoot.

Pour frapper fort, il décida de programmer *Le Sacre du Printemps*. Voilà pourquoi il voulait me voir. Il cherchait un chorégraphe. Je ne crois pas que je fus le premier auquel il pensa. Mais quand elles doivent se faire, les choses se font. Je sais quc j'ai hésité à répondre oui. Je ne connaissais pas les danseurs que me proposait M. Huisman (aujourd'hui encore, après vingt ans de collaboration souvent quotidienne, je pense à lui en tant que « Monsieur Huisman » : somme toute, je suis son employé! Nous nous vouvoyons. Je préfère rencontrer le directeur de l'Opéra auquel ma compagnie est rattachée, plutôt qu'un soi-disant « copain »; du reste, l'affection y trouve mieux sa place, qui est grande).

M. Huisman a gardé les meilleurs des danseurs qu'il a trouvés là en arrivant. Afin de grossir les rangs, il a engagé pour cette première saison une petite compagnie anglaise, le Western Theatre Ballet et quelques solistes sans travail. D'où un ensemble relativement disparate : je redoute un manque de cohésion.

Il y a aussi que *Le Sacre* a le tort, à mes yeux, d'avoir été créé en 1913. Depuis quelques années, après avoir débuté sur du Chopin, je n'avais travaillé que sur des musiques contemporaines jusqu'à *Orphée* où Pierre Henry, né la même année que moi, m'avait donné une musique « sur mesure ». J'aurais préféré continuer. J'avais peur de faire un pas en arrière avec le *Sacre*. En fait, j'allais revenir vers le classique. Déjà, *Tam-Tam* (un des tableaux d'*Orphée*) contenait en germe des mouvements que j'allais développer et amplifier dans ma chorégraphie du *Sacre*. La musique concrète me conduisait vers Stravinski, et j'allais remonter le courant comme un saumon, jusqu'à retrouver un jour Mozart et Jean-Sébastien Bach.

Je n'hésitai plus sur la musique. Autre chose pourtant m'attristait : M. Huisman ne pouvait pas engager ma compagnie, et je ne voulais pas laisser tomber mes danseurs. Mais je n'avais guère le choix. C'était *Le Sacre* ou la prison pour dettes.

Deux faits me décidèrent : d'abord, je consultai le *Yi-King*. C'est le *Livre des Mutations* (ou des Changements). Voilà un livre qui m'a encore moins quitté que les œuvres complètes de Shakespeare, et c'était le moment où jamais de le consulter. Il s'agit d'un classique chinois, rédigé, dit-on, par l'empereur Wen au XIIe siècle av. J.-C., et qui donne réponse à tout.

Je jette des pièces en l'air (il y a des manières plus orthodoxes de procéder), je note le nombre de piles et de faces, et j'arrive à déterminer l'un des soixante-quatre hexagrammes contenus dans le livre. Cet hexagramme donne accès à un texte suivi de commentaires où le futur de n'importe qui se trouve précisé.

Avant l'adoption des hexagrammes (qui sont faits de lignes continues et de lignes séparées en deux :

par exemple), les Chinois consultaient des carapaces de tortues ou des os qu'ils exposaient à la chaleur du feu. Les carapaces et les os se fendillaient. On examinait alors le nombre de fentes et de craquelures.

Depuis mon adolescence, je me suis toujours fié aveuglément

aux indications du *Yi-King*. Il ne faut pas le consulter trop souvent pour ne pas l'user et finir par le confondre avec un horoscope de journal hedbomadaire. Il ne faut pas non plus se laisser rebuter par des phrases décevantes ou incompréhensibles : je le relis trois ou quinze jours plus tard, et j'ai toujours fini par comprendre.

Avant le rendez-vous où je devais donner ma réponse définitive à M. Huisman, j'eus droit à un hexagramme dont le commentaire m'annonçait très exactement ceci : « Réussite sublime grâce au sacrifice du printemps. » J'étais pantois. Il fallait donc dire oui.

D'autant plus que sur le chemin qui me conduisait au théâtre, je vis un café, ce café s'appelait « Le Triomphe » : je me décidai tout à fait.

Un autre « Triomphe » prémonitoire intervint plus tard dans ma vie. Je vais le raconter ici.

La ville de Florence voulait commander au Ballet du xxe siècle un hommage à Pétrarque. M. Huisman m'en parla. J'hésitais. Monter un spectacle dans les jardins Boboli m'intéressait beaucoup, mais Pétrarque? Je n'avais jamais rien lu de Pétrarque. Je connaissais Laure mais je rattachais Laure à la Fontaine de Vaucluse et je la voyais mal en Italie. En outre, les titres des œuvres sur lesquelles il faudrait travailler me faisaient redouter le pire : *les Triomphes, Vertu et Chasteté...*

Un jour vint où la réponse devait être donnée le lendemain. J'étais à Paris et j'allai m'asseoir au jardin du Luxembourg. Je consultai mentalement mon maître soufi : je m'étais converti à l'islam chiite lors d'un voyage en Iran et mon maître m'avait dit de lui exposer tous mes problèmes en m'assurant d'une réponse très rapide à chaque fois. Je me concentrai violemment et je lui fis savoir mon extrême embarras en implorant une réponse pour le soir même.

Je me remis à marcher vers le bassin du Luxembourg et je rencontrai un ami que je n'avais plus vu depuis un certain temps : nous parlâmes dans l'insouciance de tout et de rien lorsque, je ne sais plus pourquoi, intervint le nom de Gustave Moreau.

Je lui demandai s'il connaissait, rue La Rochefoucauld, la maison de Gustave Moreau devenue un musée selon les dernières volontés du peintre :

— Quoi? Tu ne connais pas ce musée? C'est un des lieux les plus bouleversants qui soient! Viens, je t'y emmène!

Nous prenons un taxi et, arrivés là, je vais d'abord saluer le conservateur du musée avec qui j'ai fait connaissance à force de visites. Le conservateur se précipite vers moi et m'accueille avec un grand sourire :

— Je suis ravi de vous voir. Un tableau de Gustave Moreau que vous ne connaissez certainement pas vient de rentrer au musée. Nous l'avions prêté depuis très longtemps. Il n'est pas encore accroché à sa place. Suivez-moi.

Il m'entraîne vers une petite toile et, sur une languette de cuivre vissée dans le bois du cadre, je lis ce titre : *Les Triomphes de Pétrarque*! Mon maître venait de me répondre. La rencontre soi-disant inopinée de cet ami devait me conduire jusqu'au musée où j'allais trouver la réponse que je n'osais pas espérer si rapide et si précise.

Lors d'un autre voyage en Iran, je voulus aller me recueillir dans un sanctuaire que m'avait signalé un livre d'Henry Corbin. Il s'agissait d'un tout petit sanctuaire consacré au douzième Imam et situé par Corbin dans un lieu nommé Jam-Karan.

J'étais là pour repérer les extérieurs d'un film qui devait être tourné en décors naturels en Iran d'après mon ballet *Golestan*. J'avais accepté ce voyage à la fois pour voir l'Iran seul, sans le poids des répétitions et des spectacles, et surtout pour me rendre à Jam-Karan.

A peine débarqué, je commençai à demander à tout le monde où était Jam-Karan. Je tombai des nues : personne ne connaissait. J'insistai : on finit par me regarder comme si je disais n'importe quoi.

Les repérages commencent. Nous roulons en Land-Rover quelque part au sud de Qom. Je me mets à avoir soudainement très faim. Nous n'avions plus de provisions. Et j'ai une faim terrible, une faim qui m'effraie un peu parce que je n'ai pas le souvenir d'en avoir jamais ressenti de pareille. Je demande à Kimiavi, le metteur en scène qui m'accompagnait, de s'arrêter, de regarder la carte, de faire demi-tour : il faut absolument que je mange quelque chose.

Quatre maisons apparaissent à un détour de la route. Je m'écrie : « Ah! je vais pouvoir manger! » Kimiavi me répond que ce ne sont que des ruines. Je lui demande d'aller quand même jeter un coup d'œil : on ne sait jamais.

Il y a en effet quelqu'un : une femme âgée que Kimiavi interroge :

— Où sommes-nous?

Elle lève la tête et répond :

— A Jam-Karan.

Kimiavi le lui fait répéter deux fois, mais moi j'avais tout de suite compris.

Elle nous indique la direction du sanctuaire. Ma faim a complètement disparu. Cette faim n'avait servi qu'à me conduire au sanctuaire.

L'entrée du sanctuaire est gardée par un homme qui fait cuire des tripes de mouton : un ragoût qui a toutes les odeurs et toutes les couleurs. Il m'en propose. Mon compagnon n'en revient pas de m'entendre dire que je n'ai pas faim. Quand bien même aurais-je faim, je ne sais pas si j'aurais pu manger ces tripes.

Mais le gardien insiste :

— La nourriture que je prépare est la nourriture de l'Imam. Elle est destinée à ses visiteurs. Il faut en manger si vous voulez pénétrer dans le sanctuaire.

J'en avalai donc quelques bouchées avant d'entrer et de prier à Jam-Karan.

# 6

J'anticipe. Revenons au *Sacre* et à la volonté de M. Huisman : quand ce diable d'homme a décidé quelque chose, cette chose arrive. Je ne sais pas comment il fait. Ses interlocuteurs finissent par avoir l'impression de choisir ce que lui, de son côté, a déjà programmé! Je suis sûr que s'il s'était trouvé à la place de Pascal dans la lutte qui mit aux prises les jansénistes et les jésuites, il n'aurait pas eu à écrire les dix-huit *Provinciales* : un télégramme signé Huisman aurait suffi.

Je me mis à écouter tous les jours *Le Sacre*, rien que *Le Sacre* du matin au soir : j'ai dû user jusqu'à la corde trois ou quatre disques! En même temps, je décortiquais tant bien que mal la partition.

Il fallait d'abord trouver une idée. J'avais besoin d'un plan. La chorégraphie suivrait.

Au dos de la pochette du disque, on racontait la légende inventée par Stravinski et son ami Nicolas Roerich : tableaux de la Russie païenne. Je pensais que le printemps n'avait rien à voir avec des vieillards russes regardant une jeune fille comme si c'était Suzanne au bain. Et ça m'embêtait vraiment de finir par une mort, pour des raisons personnelles et parce que la musique indiquait tout le contraire.

Appelé à travailler avec des danseurs que je ne connaissais pas, je me disais que ce n'était pas le moment de multiplier les rôles de solistes et qu'il vaudrait mieux avoir des ensembles. Ce fut ma première idée : ne multiplions pas les ensembles; il y en aura deux, les hommes d'un côté, les femmes de l'autre. Les hommes entoureront un homme; les femmes, une femme. Je raconterai l'histoire d'un couple. Pas un couple privilégié, mais n'importe quel couple, donc *le* couple. D'où vient chacun des deux et comment ils se rencontrent. Je n'en ferai ni des paysans russes, ni des bourgeois français, ni des bergers grecs. Ce seront des hommes et des femmes, point final.

On était en plein été, je fermais les yeux et je pensais au printemps, à cette force primitive qui fait surgir la vie partout.

J'avais obtenu de pouvoir choisir mes solistes. Germinal Casado serait l'homme. Il m'avait accompagné à Bruxelles, nous avions rayé ensemble le disque du *Sacre*.

En me souvenant d'Eurydice, je téléphonai à Tania Bari. Sans travail, elle était rentrée chez sa mère à Rotterdam. Je lui annonçai que j'allais monter *Le Sacre* à Bruxelles, qu'il fallait qu'elle vienne, qu'un contrat l'attendait. Je lui expliquai que j'allais faire, à une autre échelle, quelque chose dans le genre de « Tam-Tam », le tableau érotico-rythmé d'*Orphée*. Elle ne dit rien : elle arriva.

Je ne pouvais pas engager grand monde du défunt « Ballet-Théâtre de Maurice Béjart » (défunt? disons : dans le coma). Je fis venir Patrick Belda. Les autres s'égaillaient. Je me souviens que Mathé Souverbie avait trouvé un rôle dans un tour de chant de Marlène Dietrich dont Orson Welles réglait les lumières, dans « notre » théâtre de l'Étoile.

Je commençai tout de suite par la variation de l'Élue. Bari debout au milieu de la scène, un bras le long du corps et une main lui cachant un œil dans un geste d'orante. Des filles couchées autour d'elle, bras et jambes écartés, soulèveraient leur bassin comme des bourgeons qui sont prêts à s'ouvrir. C'était le début de la deuxième partie du *Sacre*.

Mon rêve était de créer ce ballet dans les grottes de Lascaux. J'ai lu depuis une très belle phrase d'un ethnologue : « J'ai l'intelligence néolithique. » Tel était alors l'état de mon esprit.

Les répétitions ne furent pas simples. La troupe n'était soudée par aucun passé commun. J'étais nerveux. Il m'arrivait de savoir mieux ce que je ne voulais pas que ce que je voulais. Il fallait empêcher les danseurs d'exprimer des sentiments personnels. A la limite, je voulais qu'ils aient l'air bête. Ils avaient à subir une force qui les dépassait. Il fallait qu'une partie des garçons excite les autres au combat, mais pas comme les chevaliers de la Table Ronde, ni comme Robert Taylor dans *Ivanhoe* : comme des brutes. Il ne me fallait pas des garçons, il me fallait des cuisses, des poings, des rejets brusques de la tête. Il ne me fallait pas des bergères effarouchées ou des reines en exil, il me fallait des ventres et des dos creusés.

A trois heures de l'après-midi, c'était : « Je voudrais un peu de silence partout, s'il vous plaît! », à quatre heures : « Si tu en as marre, tu quittes la répétition, non? », pour finir par : « J'en ai marre, c'est tout de même moi qui règle le ballet! »

J'ai de nombreux souvenirs d'engueulades, avec *Le Sacre*. C'est peut-être cette musique qui veut ça? Les danseurs éprouvent-ils plus de mal à se concentrer pour devenir « personne », des êtres primitifs et anonymes réduits à leurs corps, que pour se mettre dans la peau d'un rôle plus circonstancié?

Je me cramponnais à mon idée. Je voulais la force animale. J'avais vu, au hasard d'une séance de cinéma, un court-métrage sur les cerfs : je me souvenais des cerfs en rut, des cerfs faisant l'amour. Ils étaient en mesure avec les rythmes de Stravinski!

J'étais heureux parce que c'était la première fois que je disposais d'autant de danseurs : je passais de la musique de chambre à l'orchestre. Je ne dis pas que je préfère ceci à cela, mais ça me posait des problèmes nouveaux qu'il était excitant de résoudre. (Sans oublier que, peu de semaines auparavant, au lieu de travailler avec beaucoup de danseurs, j'avais zéro danseur et je ne travaillais pas.)

La première du *Sacre* eut lieu à Bruxelles le 8 décemnre 1959. Maurice Huisman, qui gagnait son pari, en avait fait un gala de la Presse. Magritte avait dessiné la couverture du programme. C'était un programme numéroté. J'ai perdu le mien.

Dans *Le Sacre*, j'avais disposé d'une bonne quarantaine de danseurs : il y avait autant de filles que de garçons, ce qui était essentiel pour moi. D'habitude, les compagnies de ballet ne sont pas très proportionnées. Au hasard des contrats et des caprices, il y a majorité de garçons ou trop de filles. Souvent trop de filles : héritage sans doute d'un certain XIXe siècle où les danseuses ne faisaient pas que danser. Les ballets étaient destinés à procurer un bon moment aux vieux abonnés qui se remuaient dans leurs fauteuils entre deux airs d'opéra. Quand les danseuses s'avisaient de demander une augmentation, on leur répondait : « Mesdames, vous avez le foyer de la danse. » Un foyer de la danse (celui de l'Opéra de Paris est la basilique Saint-Pierre), orné de cariatides qui ne soutenaient rien du tout sauf leurs seins nus multipliés par les miroirs, était moins le domaine des maîtres de ballet que des abonnés qui en possédaient la clé avec le droit d'agrafer ou dégrafer quelques tutus.

Il est capital d'avoir un même nombre de filles et de garçons : ce n'est pas courant mais ça me paraît tomber sous le sens, parce que c'est comme ça dans la rue, dans le métro, dans la vie. Dans le final du *Sacre*, j'avais besoin de couples parce qu'ils avaient tous à faire l'amour : je voulais montrer la force vitale qui pousse l'espèce à se reproduire.

Mais pourquoi évoquer ma chorégraphie du *Sacre* avec des mots? C'est impossible. Si j'étais poète, peut-être aurais-je eu envie, en écoutant la musique de Stravinski, d'écrire des vers où j'aurais recueilli l'émotion que cette musique me donne. Mon vocalaire est un vocabulaire du corps, ma grammaire est celle de la danse, mon papier est un tapis de scène.

*Le Sacre* est un ballet d'abruti : je m'abrutissais dans la musique écoutée très fort pour qu'elle m'anéantisse entre son fer et son enclume. Je m'abrutissais au studio dans des comptes toujours à recommencer (les danseurs n'écoutent pas la musique dans un fauteuil : ils tournent, ils sautent et ils ont besoin de compter pour rester en mesure; j'aimais entendre pendant les spectacles, depuis les coulisses, ces vingt garçons à bout de souffle et qui hurlaient, couvrant presque la musique pour moi qui étais près d'eux à les toucher : « Dix! Onze! Douze! Un! Deux! Trois! Quatre! Un! Deux!... » Je m'abrutissais aussi pour ne pas dévier d'un pouce de mon projet initial, pour ne pas me laisser tenter par des enjolivures en cours de route. Je ne travaillais qu'avec le souvenir inconscient de toutes les images que j'avais regardées, le Roi-Serpent hindou que j'avais vu au musée Guimet, les testicules en terre cuite des dieux mayas, les idoles féminines des Cyclades, les vautours de mon livre d'histoire naturelle, les corps cassés par l'amour que j'imaginais en faisant l'amour moi-même. Je me répétais sans arrêt : « Ça doit être simple et fort. » Je prenais de la vie et je la jetais sur scène.

J'habitais une chambre vide. Il n'y avait qu'un électrophone et des disques que je ne trouvais pas le temps d'écouter.

J'avais laissé toutes mes affaires à Paris. Je recousais mon pull à col roulé qui se déchirait aux manches. Derrière le théâtre, il y avait un cinéma, disparu depuis : je regardais les photos en passant. C'était un nouveau film d'Ingmar Bergman. Un clown grimaçant s'introduisait le canon d'un revolver dans l'oreille. Je n'avais pas le temps d'entrer. Je ne verrais *La Nuit des forains* que seize ans plus tard à la télévision et je ne savais pas encore que ce clown était interprété par Anders Ek dont le fils Niklas danserait un jour le rôle principal du *Sacre* : je me hâtais vers notre studio de la rue du Marais pour y régler la fin d'une variation récalcitrante.

Ensuite, grâce à la fougue de Maurice Huisman, il y eut des salles pleines. Au lieu de se contenter de rajeunir son orchestre et de renouveler son corps de ballet, il avait renouvelé et rajeuni son public. Bien sûr, les ouvreuses proposaient encore *L'Éventail*, hebdomadaire vieillot qui se prenait pour le Saint-Simon de la noblesse belge, mais la vente ne marchait pas fort au deuxième balcon. On essaya de parler de scandale, mais je ne crois pas que les vieilles dames furent choquées par le *Sacre* : les vieilles dames, qui en ont vu d'autres, ne font que semblant d'être choquées.

L'important était de « décrasser » le public : de ne plus danser pour des amateurs de danse (quels amateurs! et quelle danse?) mais de danser pour des gens vivants comme nous.

Depuis on a promené *Le Sacre* partout. A New York avec l'orchestre enregistré sur bande, et à Paris avec l'orchestre conduit par Boulez. Devant des étudiants japonais et à la « Fête de l'Huma » à La Courneuve, aux jardins des Tuileries et sous le pont d'Avignon, devant le corps diplomatique accrédité à Dakar, devant Lilian Gish ou Jacques Brel ou le docteur Lacan qui disait : « Ça fait follement Jérôme Bosch. » Devant les machinistes argentins du Teatro Colon qui sirotaient leur maté (c'éatit en 1963) ou devant des Russes venus en observateurs à Bruxelles et qui jugèrent que, pour Moscou, les visages des garçons (c'était en 1973) se rapprochaient trop du cul des filles dans certains portés.

En 1959, après la série de représentations prévues, je quittai Bruxelles : j'avais rempli mon contrat. M. Huisman, n'étant lui-même engagé que pour un an, n'avait pas le droit d'engager l'avenir.

Je retrouvai mon Ballet-Théâtre de Maurice Béjart comme un pèlerin son bâton.

Nous allâmes créer *Signes* à Genève. Avec mes idées de faire du contemporain à tout prix, j'étais sur scène dans mon manteau de cuir et je balançais de la peinture sur une toile de fond. A pleines poignées! C'est une sensation formidable de pouvoir enfin tremper ses mains dans des pots de peinture sans que personne ne vous réprimande. Au contraire : on vous paye pour ça, et on vous applaudit!

Un soir, je calculai mal mon geste et j'aveuglai à moitié une danseuse qui aurait préféré une tarte à la crème plutôt que cette peinture à l'huile qui lui dégoulinait dans le cou. J'avais été impressionné par ce qui se passait dans les galeries d'avant-garde, par l'introduction du geste dans la peinture, l'*action painting* et Yves Klein. Au printemps précédent, j'avais donné *Coexistence*, un ballet de vingt-cinq minutes réglé, comme *Signes*, sur une musique de Pierre Henry, dans une galerie d'art parisienne, la Galerie internationale d'art contemporain. Cette galerie, financée par un marquis, lançait Mathieu et Degottex. André Malraux faisait grand cas de Mathieu; il l'appelait « le premier calligraphe de notre époque », ou quelque chose d'approchant. Je me souviens d'avoir éberlué un journaliste qui me demandait : « Qui sont vos peintres préférés? » en répondant : « Mathieu et Kalinowski ». Il s'attendait à Michel-Ange et Cézanne! Kalinowski avait composé un tableau qui me plaisait beaucoup (il me l'a offert par la suite et je le possède encore) parce qu'il avait collé dessus, après l'avoir peint en vert bouteille, un vieux chausson à moi! Je possède aussi un tableau de Degottex. C'est une calligraphie inspirée des maîtres japonais : quelques traits noirs sur une toile blanche. La valeur des traits vient de ce qu'on suppose qu'il a fallu beaucoup se concentrer avant d'oser les faire.

J'aime savoir que les grands calligraphes japonais restaient immobiles pendant dix à quinze heures devant le papier blanc avant de se saisir de leur pinceau pour tracer en quelques secondes ce que les directeurs de musées européens appelleront des chefs-d'œuvre.

Hélas, Mathieu fait maintenant des images d'Épinal pour Air-France, il met sa technique des grandes compositions de deux mètres sur trois au service des timbres-poste et d'une pièce de dix francs. Mais ce qui est mort aujourd'hui était palpitant en 1959. Je trouvais amusant aussi d'avoir une première dans une galerie de peinture. Ce qui n'empêchait pas *Coexistence* ou *Signes* d'être des ballets très rigoureux, travaillés pendant des heures et des heures, et me permettant de dire, quoi? Je n'en sais plus rien. Il fallait que je crée, c'est tout.

Si je n'ai rien à faire, je deviens malade. L'angoisse est tout de suite là. Elle m'attaque de partout, elle m'enlève le sommeil, me pince le foie. Dès qu'un ballet est presque terminé, il faut absolument que j'en aie au moins un second en chantier, et si possible que les répétitions de ce deuxième ballet commencent le jour de la générale du premier, ou avant. Avant, c'est mieux. Deux ballets à la fois, c'est encore mieux. Travailler à deux ballets en prévoyant déjà le troisième et le quatrième, ça commence à devenir intéressant. Et le soir, rentrer chez moi pour écouter des musiques dont j'espère que je les utiliserai dans deux ans, dans trois ans, voilà qui efface l'angoisse. Pas tout à fait, mais ça la tient quand même à distance.

J'ai l'air calme et je crois qu'on s'accorde à me trouver l'air équilibré : je constate que je fais bonne figure quand on m'interviewe à la télé. C'est normal. Je suis bien obligé. Si je ne veux pas que tout s'effrite, je dois avoir l'air normal. Surtout aujourd'hui. Je suis quand même le directeur d'une compagnie de soixante ou soixante-dix danseurs. Mais c'est un masque. Avant, ce n'était pas pareil. Je pouvais me laisser aller, je pouvais déconner. Nous étions moins nombreux, de toute façon. J'étais moins angoissé, aussi. Je me rassurais plus facilement. Je me disais que je faisais des ballets pour des raisons simples : pour gagner ma vie, par ambition, pour séduire. La séduction reste un moteur valable. Mais avant, je voulais séduire le monde entier. Maintenant, je veux séduire de moins en moins de gens. Quand je dis « séduire », il faut lire « être aimé ».

Le rêve des gens, maintenant, c'est d'être pris en charge par l'État de leur berceau à leur enterrement. La vie moderne donne dans le genre forfait tout compris. Il n'y a plus d'aventure, plus de blancs sur les cartes. Et voilà ce qui m'angoisse. Voilà ce qui me réveille la nuit. Dans une interview récente, pour faire chic, j'ai dit que je me réveillais la nuit et que je dansais. Pourquoi pas? Très plausible. Et ça alimentait une image de marque que je voudrais copier sur celle du dessinateur japonais Hokusaï qu'on surnommait à la fin de sa vie « le vieillard fou de dessin » : alors, « Béjart fou de danse », pourquoi pas? Mais quand je me réveille la nuit, je ne danse pas. J'ai peur. Très souvent, je vomis.

Je supporte mal ce qui m'est arrivé. Je suis devenu, mine de rien, une espèce de monument historique qu'on visite, une tour penchée de Pise. Les gens me regardent dans la rue avec les yeux des touristes qui se collent à la vitre de leur autocar. J'étais en vacances dans le Var avec quelques copains et on prend la voiture pour aller à Saint-Tropez, pour voir la mer et trouver du thé « Earl Grey ». Les autres vont nager et je me charge des courses. J'achète de l'huile d'olive, des épis de maïs entiers, je trouve une boîte de Earl Grey et je regarde les bouteilles d'eau minérale quand une dame s'exclame : « Mais vous êtes M. Béjart! », elle pousse devant elle sa pré-adolescente de fille et surtout, elle s'en fout éperdument de moi, je vois qu'elle ne pense qu'à une chose : elle a invité ce soir les X à dîner, le patron de son mari et sa femme, et elle pourra lancer après le hors-d'œuvre : « Vous savez qui j'ai vu? Béjart! Il est à Saint-Trop! Je lui ai parlé, très gentil garçon. » Elle me tend une carte postale en plein magasin :

— Tenez! Je l'avais achetée pour l'envoyer à ma fille aînée, elle est à La Spezia, mais ça me ferait *tellement* plaisir d'avoir un autographe!

Et moi, comme un imbécile, je cherche un stylo, je n'en ai pas. La caissière, avec un sourire complice (mais complice de la dame, pas de moi!), me tend son bic. Je m'exécute. Pendant que je m'exécute, la dame parle à voix basse à sa fille. La fille a dans les mains un disque de Trini Lopez. J'entends la mère :

— Mais serre-lui la main! Enfin, serre-lui la main. Tu pourras le dire à Jacqueline, après!

La dame m'arrache la carte postale et gonfle une poitrine dont le duc de Saint-Simon, qui était bien élevé, aurait célébré « les restes de beauté » :

— J'ai *tellement* aimé votre « *Messe d'aujourd'hui* » en Avignon!

Heureusement, après, il y avait les copains qui m'attendaient. On nage.

On trouve des oursins qu'on mange sur place. On chante dans la voiture en rentrant. C'était au mois d'août 1969.

# 7

Mais revenons au déroulement chronologique. Avec les vacances de l'été 1969, j'extrapolais. Or, je me suis juré de suivre le plus longtemps possible l'ordre chronologique. Pour voir.

On en était où? A Genève avec *Signes*. J'ai beaucoup aimé, à Genève, la petite église orthodoxe russe, blottie en haut de j'ai oublié quelle rue. Il y avait aussi le lac. Je n'étais pas très heureux de n'avoir pas le temps d'aller m'asseoir au bord d'un quai pendant une heure ou deux en regardant l'eau. Au même programme, nous reprenions *Symphonie pour un homme seul*, où Tania Bari remplaçait Michèle Seigneuret. Dans la vie, j'étais moins amoureux de Bari que de Michou. Mais sur scène, je me trouvai confronté à une femme surprenante. Bari avait créé *Le Sacre* peu de temps auparavant. Elle était devenue très prestigieuse à mes yeux. Drôle de fille, qui ne parlait jamais. Mais il suffisait d'allumer un projecteur sur elle pour qu'un véritable miracle s'accomplisse : assise dans le coin d'une salle de répétition, personne ne l'aurait remarquée. En scène, elle était transfigurée et devenait, à peine franchie la frontière des coulisses, une des plus belles femmes du monde. C'est ce qu'un de mes amis résume par une formule que voici : « Les acteurs sont comme les piles Wonder, ils ne s'usent que quand on s'en sert. »

A la fin de *Signes*, toute la troupe (nous étions douze? quatorze? ce n'était plus la horde du *Sacre*!) était sur scène avec des valises.

J'amplifiai cette image dans ce que la dame de Saint-Tropez appelait la Messe d'aujourd'hui : *Messe pour le temps présent*, en hommage à Patrick Belda, qui nous faisait rire dans *Signes* (je lui avais réglé une variation assez cocasse) et qui nous avait quittés pour toujours quand je préparais la *Messe*, Patrick, cher Mercutio!

Nous faisons encore je ne sais plus quoi et une télé. La télé belge. Coproduction avec les Allemands : on me demande de mettre en scène les personnages de Shakespeare sur une musique de Duke Ellington.

Duke Ellington avait composé une « suite » inspirée par les pièces les plus célèbres de Shakespeare. Titre : *Such Sweet Thunder*. Le disque venait de sortir. Sur la pochette, il y avait des commentaires du Duke : Lady Macbeth était une dame très noble mais je parie qu'elle avait du rag-time dans l'âme, et Othello raconte à Desdémone une histoire très swing; Iago, puisqu'il avait quelque chose à dire, me fait penser à un présentateur de télévision. Si Hamlet est fou (continuait Ellington sur la pochette), n'oublions pas qu'être fou en ce temps-là, ça ne voulait pas dire la même chose qu'aujourd'hui.

Je décidai d'être à la fois goguenard et sérieux. Laura Proença fut *Lady Mac* (c'est comme ça que Macbeth se traduit en jazz, *Such Sweet Thunder* se traduisant plus classiquement en français par *La Douceur du tonnerre*). Laura « Mac » était entourée de trois mauvais garçons, ses sorcières, dans un saloon, avec les chaises éparpillées çà et là (les chaises obligatoires depuis Ionesco : les gens de théâtre ne remercieront jamais assez l'inventeur de la chaise) et une batterie dans un coin. Laura adorait être sexy : elle était en collants noirs, les épaules nues et des gants jusqu'aux coudes. Elle dansait sur la trompette de Clark Terry. Les amants du *Sacre*, Germinal et Bari, devenaient Iago et Desdémone. Je m'étais réservé Hamlet. Pull et pantalon noir, les bras croisés et le regard profond, ça fit en tout cas une jolie photo qui hanta longtemps les programmes. J'interprétais Hamlet avec un sérieux d'enfant : le seul sérieux qui compte.

Après Hamlet s'amenait Cléopâtre. Je m'amusai (Ellington

aussi). Mathé Souverbie arrivait sur une espèce de *seda gestatoria*, plus sérieuse qu'un enfant : sérieuse comme un pape. On agitait autour d'elle des feuilles de palmier. C'était Cecil B. de Mille gentiment moqué par le petit écran. Deux ou trois ans plus tard, je repris le ballet au théâtre. Le rideau se levait : la scène était nue. Un projecteur éclairait un gros livre rouge. Un comédien entrait, ramassait le livre et criait : « Shakespeare ! » Pleins feux. On découvrait une batterie : Patrick s'installait et ça démarrait. C'était assez naïf. Si on avait dit au Béjart de l'époque que c'était naïf, il aurait été furieux. C'est moi qui le dis aujourd'hui. Et qui suis-je pour le dire?

Ensuite, Maurice Huisman devint « vraiment » directeur du Théâtre de la Monnaie. Bruxelles ne renonçait pas à son Opéra. L'indépendance de la Belgique avait commencé là : des résistants à la domination hollandaise des Orange-Nassau avaient assisté à une représentation de *La Muette de Portici* à la Monnaie et avaient quitté la salle, enflammés par un patriotisme que beaucoup d'opéras exacerbent en appelant à la révolte. Du coup, le Théâtre de la Monnaie devenait intouchable. Sans ça, aujourd'hui ce serait peut-être un parking ou une galerie marchande à cinq étages.

Maurice Huisman me rappelait. Il nous avait déjà fait revenir à la fin de la saison précédente : on avait donné *Orphée* trois fois. Maintenant, c'était plus sérieux : Maurice Huisman me demandait de m'installer à Bruxelles, de fonder une compagnie de ballets permanente, d'additionner les danseurs qu'il avait et les miens. Il me laissait la liberté d'aller monter d'autres ballets ailleurs si j'en avais envie, du moment qu'un certain répertoire était assuré. Il me laissait une autre liberté : celle de m'en aller après chaque saison. Rien de plus paralysant que les contrats à longue durée, mariages ou achats de meubles à crédit ! C'est parce que je peux quitter Bruxelles à la fin de chaque saison que j'y suis encore.

Maurice Huisman aimait les sigles. Il avait rebaptisé le « Théâtre Royal de la Monnaie » (énoncé dont chaque mot risquait d'éloigner les jeunes) : T.R.M.

— Le T.R.M., me disait-il, c'est un outil. Il faut s'en servir.

Ce qu'il y a de formidable chez Huisman, c'est qu'il travaille comme Montesquieu conseillait d'écrire : en sautant les idées intermédiaires. Il n'attend pas qu'on lui dise oui. Il parie sur les autres. Je crois qu'avant même le rendez-vous où nous décidâmes de créer le Ballet du XXe siècle, il avait déjà inscrit au programme de la saison prochaine une chorégraphie sur le *Boléro* de Ravel et une tournée à Vienne, Wiesbaden, Monte-Carlo... Il avait escompté mon adhésion. Il établissait ses programmes comme on dresse un plan de bataille.

A quoi pouvions-nous ressembler à ce moment-là? Je n'arrive plus à m'en souvenir. Nous étions ce qu'on appelle des hommes jeunes. Puisque tout était à faire, nous allions le faire. M. Huisman est un homme trop tourné vers l'avenir pour que je puisse faire le portrait du directeur débutant qu'il fut. Ce mot de *débutant* me choque : il avait des intuitions, elles s'avéraient toutes plus solides que des théorèmes. Je dirai de lui ce qu'un autre a dit de Napoléon : un moucheron qui volait sans son ordre devenait à ses yeux un insecte révolté. Il a toujours eu la douceur parfois inquiétante et souvent réconfortante de ceux qui ne renonceront jamais à leur dessein. Il parle avec une apparence de timidité qui cache l'ennui d'avoir à passer par l'intermédiaire des mots pour transmettre des idées qu'il a déjà remuées sous toutes leurs faces dans la solitude d'une maison de campagne où ses secrétaires se feraient tuer plutôt que de le déranger.

On ne résiste pas aux décisions (qu'il camoufle en suggestions) d'un tel homme : il réussit à vous rendre fier d'être du même avis que lui. Il ne s'intéresse qu'à ce qui l'enthousiasme. Il est prêt à afficher un spectacle raté mais sincère plutôt qu'un show à succès dont les ficelles l'écœurent. Je ne l'ai vu méchant qu'avec la vulgarité et le je-m'en-foutisme.

Est-ce le ciel qu'il faut que je remercie pour avoir rencontré cet alchimiste qui a changé mes désirs en réalités et qui a bien voulu être l'éditeur de mes journaux intimes?

***

Le premier professeur du Ballet fut Assaf Messerer, « prêté » par le Bolchoï de Moscou. J'avais suffisamment appris moi-même, par coups de bâtons interposés, la solidité de l'enseignement russe pour ne pas en faire profiter (coups de bâtons en moins) ma troupe. Tout mon travail est basé sur la tradition. Une double tradition : celle de l'enseignement et celle de l'art. Je ne suis pas le révolutionnaire qu'on croit : j'ai dépoussiéré.

Tradition de l'enseignement : les pas du *Sacre*, par exemple, qui semblent surprenants et proches d'une certaine danse qu'on appelle danse libre ou danse moderne, ne sont que des pas académiques que je transforme ou déforme. Ces pas peuvent toujours s'expliquer au départ par des positions académiques claires et nettes. Ce n'est qu'ensuite que je déplace certaines parties du corps pour obtenir ce que je veux. Ainsi les sculpteurs grecs commencèrent-ils par mettre les jambes de profil et le torse de face jusqu'à ce que l'un d'entre eux fasse pivoter le torse dans l'axe des jambes.

Je me suis rendu compte du « classicisme » du *Sacre* quand je suis allé l'apprendre aux danseurs de l'Opéra de Paris. On me prédisait les pires difficultés : « Ils ne sont pas habitués à ton style, etc. » Au contraire, ils l'ont appris très vite puisqu'il y avait, derrière mes distorsions, la présence d'une structure classique.

Quant à ce que j'ai appelé plus haut la tradition de l'art, c'est tout simplement l'esprit de recherche. C'est quand même curieux que ce mot, *tradition*, ait fini par devenir péjoratif et suggérer le contraire de ce qu'il faut y voir.

Être traditionnel est la pire des choses, quand ce devrait être un compliment! La tradition est une recherche. C'est bien sûr la transmission, à travers les âges, de certains faits et attitudes. Ce ne doit pas en être l'affadissement. Transmettre le message des créateurs du passé, c'est faire comme eux, et qu'ont-ils fait? Ils ont cherché, ils ont pris des risques, se sont rebellés, se sont souvent fait mal voir. Ils n'ont jamais copié. Ni Beethoven n'a copié Mozart, ni Schubert Beethoven, ni Wagner Schubert, etc. Chacun a étudié et aimé ses prédécesseurs, et a cherché dans leurs exemples la force d'aller plus loin : pas plus loin que les autres mais plus loin en soi-même.

Je suis très choqué par notre époque parce qu'elle a perdu le sens de la tradition. Elle a perdu le sens du risque. On voyage en terrain plat.

François Ier vivait dans du Renaissance, Louis XIV dans du Louis XIV, Napoléon avait un bureau Empire, tandis qu'aujourd'hui tous les présidents de la République vivent dans du Louis XIV ou de l'Empire... Évidemment, on ne les voit pas meublés par Lévitan dans une tour à la Défense! Mais il y a toute une tradition de recherche et de découverte qui se meurt. Si recherche il y a, c'est bien souvent un alibi des régimes démocratiques qui rassurent l'électorat : nous faisons de la recherche puisque c'est une vieille tradition (moi je crois que la tradition est jeune) et surtout ne vous inquiétez pas, nous ne vous montrerons pas les résultats! Aujourd'hui, la tradition, qui fut toujours une affaire d'individus et de coups de tête, est dans les mains de commissions et de gens qui ouvrent plutôt leur parapluie que leurs yeux.

Nous parlions de tout cela et d'autres choses avec monsieur Huisman. Et la première saison du Ballet du XXe siècle commença. On afficha un *Hommage à Stravinski* pour lequel je remontai le *Pulcinella* créé jadis à Liège, et la reprise du *Sacre*, bien sûr. Ce geste d'admiration, d'affection et je dirais presque ce serment d'allégeance au grand musicien constituaient à la fois un manifeste et un acte de foi : en nous réclamant de Stravinski, nous jouions cartes sur table. Igor Stravinski est le père du ballet contemporain. Il est le premier à avoir réconcilié la danse et la musique : ne faisant pas la moindre concession, sa musique exige que les chorégraphes lui donnent le meilleur d'eux-mêmes. J'aurais voulu faire mienne, pour la dire à Stravinski, cette phrase : « Je suis fier d'être votre contemporain. »

J'ai déjà monté six ou sept ballets sur des musiques de lui. J'en monterai encore. J'aurais aimé créer en U.R.S.S. la *Symphonie en trois mouvements* qu'il composa en 1945. Après notre première saison à Moscou, où nous reçûmes un accueil bouleversant — très attentif et très affectueux —, où Vassiliev joua Petrouchka *chez lui* (je veux dire dans une patrie commune au rôle et au danseur), les Russes me demandèrent de venir travailler à Moscou; de faire des créations pour eux, pour le Bolchoï. J'étais très enthousiaste et j'hésitais. Je proposai la *Symphonie* de Stravinski et son *Concerto pour violon*. Mes futurs patrons refusèrent sans refuser et me firent comprendre qu'ils auraient préféré que je vienne apprendre la *Neuvième* de Beethoven à leurs danseurs. Moi, la *Neuvième* ne m'intéressait plus du tout. Nous en restâmes là.

Est-ce après l'*Hommage à Stravinski* que nous sommes allés à Londres? Je me souviens du nom d'un hôtel : « *Hotel Olivelli's.* » Pourquoi ce nom surgit-il? Je ne sais pas. Nous dansions et je dormais là. M'en souviendrais-je à cause des olives que ce nom évoque? S'il fallait vérifier tous les bouts de souvenirs incomplets, ces cailloux que la mémoire rejette comme les reins rejettent les leurs, ce serait trop fastidieux et même un peu dangereux. Je risquerais de voir rappliquer tout ce dont je me débarrasse méthodiquement et qu'on désigne sous le nom de « passé ». Je n'ai pas de classeur avec cette étiquette-là chez moi. L'hôtel Olivelli's, dont j'espère pour lui qu'il affiche complet le plus souvent possible, se passe de moi comme je me passe de lui. Y aurais-je eu une aventure? C'est possible. Y aurais-je entendu à la radio une musique de Gustav Mahler? C'est possible aussi. Il y aura toujours un hôtel Olivelli's où il se sera passé quelque chose (fût-ce rien — ce qui n'est pas rien!). Des noms inconnus nous hantent et nous font plaisir. Je garde le plaisir et je renvoie la hantise. J'ajoute Olivelli's à une liste qui commence par *Reposugi*, et qui n'est pas terminée.

Comme nous n'avions pas que des amis à Bruxelles, Maurice Huisman invitait de temps en temps une troupe étrangère qui venait rassurer les « balletomanes ». Le Ballet du XX^e^ siècle s'adressait aux jeunes, aux esprits non prévenus, à ces amoureux de la musique actuelle que le microsillon a fait surgir partout.

Dès cette époque-là, j'habitais rue du Pont de la Carpe. C'était dans le centre, à six minutes à pied du théâtre. Je suis prêt à habiter n'importe où mais il faut que je puisse aller à pied de chez moi à mon lieu de travail. Le confort, c'est beaucoup plus ça qu'une machine à laver (le linge trempe très bien dans la baignoire).

Je m'étais acheté un nouveau pick-up stéréo avec une radio incorporée. Tout blanc, vaguement design (c'était un Braun, je crois). Qu'y avait-il d'autre? Des coussins un peu partout, un lit, une table en formica dans la cuisine avec trois chaises assorties et des rayonnages pour les livres ramenés de Paris (j'avais liquidé la rue Bergère). J'avais ramené mon Degottex et mon Kalinowski. J'avais deux Kalinowski, parce qu'il m'avait donné également une très petite toile dont j'aimais beaucoup les tons or et feuille-morte. Au mur, deux papillons exotiques sous verre : cadeau de Germinal Casado.

J'avais beaucoup de livres sur l'hindouisme et le bouddhisme, Baudelaire et Shakespeare, des tragédies classiques en reliure d'époque et un livre ancien dont les pages avaient été collées puis creusées au milieu pour en faire une boîte où je conservais des talons de carnets de chèques et quelques photos de mon enfance.

Survint le 13 novembre 1960. La plus ambiguë de mes dates de naissance. Mon père venait de mourir dans un accident de voiture.

# 8

Les premiers ballets officiellement « produits » par le T.R.M. furent le *Boléro* de Ravel, qui garda le titre de la musique, et une œuvre plus intime construite sur des pièces d'orchestre de Webern.

Pour le *Boléro*, en m'occupant moins de l'Espagne annoncée par le titre que de l'Orient caché dans la partition, je m'attachai à faire ressortir la mélodie qui s'insinue dans tout le morceau et s'enroule inlassablement sur elle-même. Le rythme, à qui la mélodie sert d'appât, se laisse aguicher, fait des avances, augmente de volume et d'intensité. Tout est consommé quand le rythme enfin dévore la mélodie. Le *Boléro* est une histoire de désir.

Je confiai la mélodie à une seule danseuse debout sur une immense table rouge. Autour de cette table, des chaises et sur ces chaises tous les garçons de la compagnie auxquels j'ajoute pour faire bonne mesure une vingtaine de figurants. A la création, ils étaient en maillots de corps rayés, petits foulards autour du cou, débardeurs : la boîte à matelots. Ensuite, j'ai stylisé tout ça, je suis revenu à du noir et du blanc.

Ce ballet appartient à la danseuse qui l'interprète. Au début, c'était fait sur l'érotisme. J'avais Duska Sifnios qui, sur sa table rouge, faisait autant d'effet que Rita Hayworth dans *Gilda*. J'exagère : c'était quand même d'un autre ordre. En m'emparant de quelques ingrédients psychologiques du strip-tease (le corps qui fait semblant de s'offrir), je retrouvais un rituel dont le strip-tease n'est que la dérision. Même dans le plus minable des night-clubs, pendant un strip-tease, les gens se taisent : ils sentent confusément que quelque chose se célèbre, qui va plus loin que les boniments du portier.

Je me contentai de déterminer une chorégraphie, de mettre en place des pieds nus, des bras, des reins, un torse. Chaque interprète intervint avec sa psychologie et son univers. Chacune se raconta et s'appropria différemment le rôle. Même leurs cheveux, pour lesquels rien n'était prévu, contribuèrent à donner un sens au tout.

Je regardai ainsi, selon les saisons et les tournées, Duska Sifnios, superbe et fastueuse, faisant impudemment étalage d'un narcissisme d'enfant. Je vis Tania Bari, secrète et retrouvant, plutôt que ceux d'une vestale, les gestes d'une déesse inconnue; elle ne dansait pas, elle ruminait ma chorégraphie. Il y eut aussi Angèle Albrecht aux épaules de garçon et tragiquement blessée; Maïa Plissetskaïa qui joua subtilement à cache-cache avec elle-même pour plaire à Mallarmé. Le *Boléro* devint un test de Roschach.

Ma version préférée de ce test (mais c'est complètement subjectif) fut peut-être celle de Suzanne Farrell. Quand Suzanne dansa le *Boléro*, le ballet s'était décanté. Je n'avais plus besoin d'y voir un monstre, sacré ou érotique. Suzanne rafraîchit ma vision. Elle dansa comme une source coule. Elle réussit à marier le fameux couple de l'abstraction et de la sensualité, de l'ange et de la bête, de la vierge et de la pute. Elle fut précise et musicale. « Musicale » veut dire : elle s'assimilait la musique, se l'incorporait littéralement. Son corps devenait la musique. Dire d'un danseur qu'il est musical est l'un des plus beaux compliments qu'on puisse faire. C'est quand le danseur avale la musique, nous empêche de l'écouter avec les oreilles pour nous la faire entendre avec ses gestes, gestes nourris de musique, gestes qui jouent pour la musique le rôle d'interprète et la rendent visible et traduite, c'est-à-dire compréhensible. Il y a de l'alchimie là-dedans.

Récemment, comme ce ballet ne m'apportait plus rien (j'avais l'impression d'en avoir fait le tour), je me dis : « Pourquoi ne pas intervertir la fille et les garçons? »

Jorge Donn prit la succession de Duska et de Bari. « Succession » n'est pas le mot : le ballet changea de sens. Quarante filles autour d'une table devenue le lieu d'un culte, faisaient songer à des prêtresses. Le *Boléro* prit l'allure d'une variation sur le thème de Dionysos et les bacchantes. Les filles portaient d'amples jupes noires. Autant les garçons autour de la danseuse laissaient apparaître le désir, autant les filles semblaient hâter l'accomplissement d'un cérémonial, dont Donn — dieu laïc ou dernier survivant? — était l'issue et l'enjeu. Je n'avais pas changé un seul mouvement de la chorégraphie conçue pour Duska Sifnios dix-huit ans auparavant. A une époque où les différences entre les hommes et les femmes s'amenuisent, en tout cas dans la vie sociale et dans certains aspects de la vie quotidienne, j'avais trouvé intéressant d'y faire écho. Donn dansera le *Boléro* à Paris en janvier 1979.

Avec les *Pièces d'orchestre* de Webern, je m'aventurai dans un tout autre univers.

Je vénère littéralement Webern. Dans le sens que la culture occidentale a donné à ce mot, c'est un saint. Un parmi très peu. Sa musique scintille. Je ne le dis pas par métaphore : c'est une vraie scintillation, une lumière d'étoiles dont les mouvements n'ont pas de compte à rendre aux nôtres.

Les œuvres complètes de Webern tiennent sur quatre disques 30 cm, et la plus longue ne dure pas plus de onze minutes. Pourtant, dès que j'écoute quelque chose de lui, je n'ai plus aucune notion du temps. Sa première *Cantate*, d'environ sept minutes, est plus longue et plus chargée d'événements que la Tétralogie de Wagner! Il a recueilli tous les sons dont personne ne s'occupe, celui de la neige qui tombe sur de la neige. Personne n'a encore déterminé à combien d'années-lumière de nous se trouve la galaxie Webern.

J'essaie souvent de m'imaginer quel genre de vie a pu avoir Webern, père de famille et chef d'orchestre à Vienne où il arrangeait et dirigeait des valses de Strauss. Il s'occupa aussi d'une société musicale subventionnée dans les années vingt par la municipalité socialiste de Vienne : il dirigea de la musique moderne pour un public ouvrier. Mais très peu de ses œuvres furent exécutées de son vivant : il fut réduit à les entendre dans le silence de sa pièce de travail. Je pense qu'il en a souffert.

Webern était aussi quelqu'un de très religieux : pas seulement parce qu'il parle de cela dans quelques lettres publiées, pas seulement parce qu'il composa des canons sur des textes latins (où la tendresse du musicien est telle que Dieu devient un enfant de Webern), mais parce qu'il y a dans tout ce qu'il a fait une qualité de concentration et de recueillement, une charité nettoyée et une candeur franciscaine dont je suis jaloux!

On sait qu'un soldat américain le tua par méprise en 1945 : Webern, après l'heure du couvre-feu, était sorti sur sa terrasse et avait allumé une cigarette. Il avait soixante-deux ans.

Je crois avoir entendu de la musique de Webern pour la première fois aux concerts du Domaine musical que Pierre Boulez organisait au théâtre Marigny. Entendu? Mes oreilles étaient dans la salle, c'est tout.

Ensuite il y eut des disques. Les six pièces d'orchestre dirigées par Hans Rosbaud : sur le dos de la pochette, un texte m'apprenait que ces pièces avaient été composées en 1910 par un jeune homme de vingt-sept ans! J'avais aussi acheté le coffret de quatre disques qui avait l'intérêt de donner toute la musique de Webern, dans un enregistrement où il y avait bien toutes les notes, mais rien que les notes.

Je dédiai mon travail sur les *Pièces d'orchestre* à la mémoire de mon père.

J'interprétais dans ce ballet un homme frère de celui de la *Symphonie pour un homme seul* et frère d'Orphée, entouré d'autres personnages qui s'approchaient et s'éloignaient de lui. Dans un silence que Webern dessinait avec des sons de mandoline, de harpe, de clarinettes, je levais le bras, l'index pointé, retrouvant le geste du saint Jean-Baptiste de Léonard de Vinci. J'apaisais des terreurs enfantines. Les applaudissements, qui me réveillaient, me faisaient mal. Je ne saluais pas, n'inclinais pas la tête : essoufflé, les cheveux trempés, j'attendais qu'on rallume la salle et que ce réveille-matin s'arrête de sonner.

Ma vie n'a pas beaucoup changé depuis lors. Je parle de ma vie apparente : celle qu'on est censé « mener » — mais c'est elle qui vous mène. Attaché à un théâtre, qui garantissait un port d'attache et une continuité, j'ai perfectionné ma machine à produire des ballets, comme ces maisons : « Fournisseurs de la Cour », « Fondée en 1880 », « Médailles d'or aux foires d'ici et là », s'enorgueillissant de creuser le même sillon.

J'habite Bruxelles depuis vingt ans. Je n'ai déménagé qu'une fois. Mon deuxième appartement est à quatre cents mètres du premier.

J'ai promené cinquante ballets dans cinquante pays, ou plus exactement quatre-vingt-dix dans quatre continents. C'était mon travail. J'ai agi comme le boulanger qui doit fournir un certain nombre de croissants et de baguettes chaque matin.

Parfois je n'arrive pas à m'endormir et tous ces ballets n'en font plus qu'un dans ma tête. Les plus mauvais deviennent les meilleurs et je ne sais pas où sont passés les meilleurs. La tête d'un interprète sourit sur le corps d'un autre. J'entends des percussions de théâtre Nô dans le prélude de *Tristan*. Ma mère en robe de mousseline me demande de lui trouver un rôle dans mon prochain spectacle. Les arbres du jardin Boboli bourgeonnent dans la cour du Palais des papes d'Avignon et dans un programme fait de pages blanches, je découvre un de mes adjectifs préférés : *onirique*.

Je me relève, je cherche un disque, un de ceux que j'ai déjà écoutés cent fois et dont j'espère toujours que la prochaine audition me donnera l'idée de départ d'un travail (je suis aveugle : la musique est un guide). Et pour effacer tous ces ballets dont le souvenir m'encombre, je suis contraint d'en faire encore un. Le dernier peut-être? Hélas, après dix jours de répétition, je sais que ce ne sera pas le dernier : l'angoisse revient. Ce ballet qui n'est même pas terminé a rejoint la bande des autres et me nargue avec eux. Ils me jetteraient des pierres s'ils pouvaient. Il faut que je me trouve un nouvel allié avec un nouveau projet. Qui à son tour... Voilà ma vie. Elle me plaît.

Que cette accumulation de ballets dans une « biographie » serve à fuir quelque chose ou à me rapprocher d'autre chose, et sans doute les deux — et peut-être tout bêtement à assurer le trajet entre une naissance et une mort —, je n'en ai cure. Je suis un architecte, j'ai une maison à construire. Quand elle sera finie, je m'en irai.

# 9

Maurice Huisman rêvait d'un spectacle populaire. Le mot est sujet à caution, mais pas l'idée. Jean Vilar l'avait déjà démontré dans le domaine du théâtre « parlé ».

C'était important pour moi aussi : si je voulais garder une compagnie importante, et pouvoir faire de temps en temps des recherches, il fallait, tant du point de vue de mon esthétique que de celui des finances, s'adresser à des audiences larges avec des idées simples et fortes. Un dramaturge belge, Closson, avait dialogué une espèce d'épopée, légende ardennaise mi-Walter Scott mi-bande dessinée, sur les Quatre Fils Aymon et le cheval Bayard, dont Huisman voulait tirer quelque chose. Il y avait beaucoup de personnages, on pouvait distribuer adroitement tous les danseurs intéressants et mettre à contribution les ateliers de décors et de costumes du T.R.M.

Closson adapta son texte et je collaborai avec Janine Charrat pour faire danser le tout. Je m'amusai beaucoup, je m'imaginai dans un studio de la *Universal* à Hollywood, en train de tourner une série B. Nous disposions de tout, nous avions des chevaliers, des dames de la cour, et même Charlemagne! Que dis-je? Et même la reine de Saba! La reine de Saba arrivait montée sur un chameau. Un vrai chameau, un peu ahuri d'être là. Le soir de la générale, il se mit à pisser. Je n'avais jamais vu un chameau faire ça. Ça dure un temps fou! Il se concentrait, ne regardait personne et arrêtait tout le spectacle. La mort dans l'âme, nous avons dû le renvoyer à son zoo.

Le spectacle fut donné au Cirque Royal de Bruxelles, qui est un cirque « en dur ». Plus tard, nous l'avons monté sous chapiteau dans toute la campagne belge. Je retrouvais mes débuts, les tournées en car dans le nord de la Suède et le sud de l'Espagne. J'agissais de nouveau en pharmacien : la pilule était enrobée de chocolat et la danse de mise en scène à effets, mais pourquoi pas? Les gens venaient là avec l'envie d'être émerveillés, l'envie et je dirai le besoin. Il n'y avait aucune concession dans le travail strictement chorégraphique.

Plus tard, Huisman obtint de pouvoir installer le chapiteau sur la Grand-Place de Bruxelles. C'était une excellente idée d'homme de spectacle. Les façades dorées avec leurs statues sur les toits accueillirent notre grosse baleine de toile. J'adorais la fin du spectacle, quand nous sortions et retrouvions le décor de pierre tenu en haleine par les projecteurs, les découpures baroques des pignons, la Maison du Roi où aucun roi n'habita mais où Baudelaire vint donner sa conférence sur l'opium et le hachisch.

Je ne connais pas bien Bruxelles, mais je m'arrange souvent, en quittant un restaurant avant de rentrer chez moi, pour passer par la Grand-Place. J'aime ces trente façades qui se serrent l'une contre l'autre comme dans un autobus bondé. J'aime ce gaspillage de fenêtres et d'ornements, et voir au-dessus d'une porte un cygne, au-dessus d'une autre une rose.

Bruxelles est une drôle de ville que j'affectionne pour ses qualités négatives : ville ni-ni. Ni snob ni nerveuse, ni surpeuplée ni trop étendue, ni trop belle ni trop laide : on peut y travailler sans problèmes. Le temps ne s'émiette pas dans des embouteillages ou dans des dîners mondano-obligatoires. J'ai près de chez moi un marchand de fromages très bien, un magasin de pacotille extrême-orientale où je trouve de l'encens et du thé, quelques cinémas toujours vides l'après-midi : j'y entre une demi-heure comme on s'arrête au bistrot. Il y a aussi un aéroport.

Mon premier appartement, rue du Pont de la Carpe, était situé, comme je l'ai dit, au-dessus d'une épicerie Delhaize. J'avais peu de raisons de sortir de chez moi puisque je passais mes commandes par le téléphone intérieur. L'épicerie était gérée par M. et M^me^ Bodson, lui un Wallon poupard qui aurait pu servir de faire-valoir à Louis de Funès dans un *Gendarme à Bruxelles* et elle qui donnait ses vieux manteaux à ma femme de ménage et me donnait, à moi, du « monsieur Béjart » de plus en plus claironné devant ses clients au fur et à mesure que des photos de moi paraissaient dans le principal quotidien belge, *Le Soir*, avec apothéose quand je fus photographié en train de serrer la main du roi Baudouin!

Ma première femme de ménage fut M^me^ Petitjean. Elle me laissait toujours des comptes minutieux sur les feuilles d'un cahier d'écolier qu'elle avait à la main en arrivant. Ces comptes reprenaient, au centime près, le détail de toutes les consignes de bouteilles d'eau minérale, une par une, et l'explication d'un petit bénéfice fait en allant chercher de la compote de pommes dans un autre magasin que celui d'en bas. Elle m'obligeait à lire tout ça devant elle, c'était un vrai supplice.

J'ai gardé d'elle le souvenir de quelqu'un toujours habillé en brun et qui me mettait en retard en m'obligeant à écouter les compliments qu'elle avait à me faire sur les plantes qui poussaient si bien ou sur un chapeau thibétain qu'on venait de me donner.

Flore, qui lui succéda, c'était une autre paire de manches! D'abord, le premier jour, elle débina M^me^ Petitjean en découvrant de la poussière partout : je me demande si ce n'est pas elle qui l'y avait mise. Puis elle décréta qu'elle serait ma gouvernante. C'est ce qu'elle annonça à des amis qui passèrent quand je n'étais pas là; elle ouvrit la porte de mon deux-pièces-cuisine avec les gestes d'un conservateur du château de Versailles :

— Monsieur est sorti. Mais vous pouvez me parler en toute confiance : je suis la *gouvernante* de Monsieur.

Ensuite, quand je rentrais de tournée avec des objets divers, un instrument de musique japonais ou n'importe quoi d'autre, Flore s'extasiait :

— Ah! Monsieur, quelle bizarre guitare *nous avons*. Nous en servirons-nous?

On m'offrait trois coussins :

— Ah! Nous avons trois nouveaux coussins!

Un autre personnage intéressant était M. Pierre. M. Pierre gardait l'entrée des studios de répétition. Ancien chanteur, ancien acteur, ou chanteur rentré (ce qui lui valait toute la sympathie de ce qui restait en moi de cette même vocation : très peu), plus chauve encore que Yul Brynner, il sortait d'un mauvais film français des années cinquante. J'attendais qu'il soit au téléphone pour passer devant sa loge, sans quoi j'étais interpellé par une voix de stentor qui me clouait sur place et voulait me convaincre de mettre en scène des opérettes. Je dois dire que s'il ne m'avait pas appelé du tout, j'aurais été vexé!

J'aime être entouré de gens bizarres, les attirer. D'abord, on s'ennuie moins. Je n'aurais jamais supporté, par exemple, des femmes de ménage silencieuses et efficaces. A New York, pendant la première tournée qui nous conduisit là-bas, je rencontrai Larry Ree. Larry Ree est le nom que lui donnent les services officiels américains. Lui s'appelle Ekaterina Sobechanskaya. Ekaterina est une danseuse classique et paraît parfois à la ville habillée en « tsarine de toutes les Russies ». C'est la tsarine que j'ai d'abord connue. Un soir de relâche, j'étais allé voir un petit spectacle off-Broadway, et à la fin, en me levant pour quitter ma rangée, j'aperçus dans la pénombre une silhouette verdâtre qui portait une tiare chargée de pierreries. Elle se tenait dans un renfoncement sous le balcon, et me faisait d'imperceptibles signes du doigt. Elle était très grande, au moins 1,85 m, sans la tiare! En m'approchant prudemment, je découvris que toute la robe ruisselait de brillants quand tout à coup, les rappels terminés, la salle se ralluma.

Le personnage se pencha sur moi. Il avait une toute petite voix rauque :

— J'ai vu vos ballets hier soir. Je veux vous montrer les miens.

— Vous dansez?

— Je suis la Sobechanskaya!

Il avait des paillettes plein les paupières et trois rangs de perles de verre collées à même la peau au-dessus de chaque sourcil. Sobechanskaya me prit une main et la serra longuement en souriant :

— Vous m'aimerez. Quand viendrez-vous?

— Eh bien, écoutez... On a un boulot monstre.

— Je danse *La Mort du cygne*. Tenez, voici mon badge. Ne vous en séparez plus.

Et elle agrafa sur ma veste un de ces badges en fer-blanc qui faisaient fureur à l'époque, avec, imprimée dessus, sa photo en tutu blanc.

J'allai voir sa *Mort du cygne* et je fus ému aux larmes. Avec une technique éblouissante, sur pointes dans des chaussons qui devaient faire du 43 ou du 44, il n'était pas question d'un travesti pathétique ni d'une prima ballerina bien imitée, mais de la Danse elle-même, cette danse académique contre laquelle j'avais grondé jadis et qui venait me relancer ce soir-là.

# 10

Mais New York, ce sera en 1971. Je reviens à la Bruxelles de 1962, à mes cheveux coupés à un centimètre du crâne, à mon manteau de cuir et mes foulards rouges autour du cou. Notre cantine était le snack-bar de la place de Brouckère où on mangeait des poivrons, des olives grecques et du saumon fumé : je sortais beaucoup plus avec les danseurs alors que maintenant. Il y avait les « anciens » du Ballet-Théâtre de Paris, Germinal Casado, Patrick Belda, et les nouveaux, André Leclair qui était un des rescapés belges du ballet d'avant M. Huisman, et Paolo Bortoluzzi que j'avais connu au Festival de Nervi où je remontais *Haut Voltage* et qui avait hésité à quitter l'Italie dont il n'était jamais sorti (il y est retourné depuis, mais à la Scala de Milan!). Il y avait aussi un autre Italien, Vittorio Biagi, qui fit sa première chorégraphie chez nous quelques années plus tard : je poussais les danseurs à s'essayer à la chorégraphie. Nous organisâmes deux ou trois soirées intitulées « Jeunes chorégraphes » : ils travaillaient entre eux, se découvraient mutuellement et cela me permit aussi de les amener à improviser dans certains de mes spectacles, surtout dans les *Variations pour une porte et un soupir*, un des chefs-d'œuvre de Pierre Henry que j'avais entendu à Paris dans l'église Saint-Julien-le-Pauvre un soir de l'été 1963. La *Porte* comme nous disions, fut un ballet entièrement improvisé chaque fois. J'avais mis dans le programme : « Sept danseurs entrent en scène pour créer un ballet où le chorégraphe n'a pas sa place. » Ma seule intervention était peut-être d'avoir réuni ces danseurs-là et d'avoir instauré entre eux un certain esprit, quelques communs dénominateurs physiques et spirituels, des affinités électives.

Pierre Henry avait composé une succession de variations musicales dans le style des grandes *Suites* françaises du XVII$^{e}$ ou du XVIII$^{e}$ siècle. Il avait travaillé à partir d'enregistrements d'une porte : il avait dû tomber amoureux de cette porte pour lui prêter une telle attention et en tirer tout un monde d'émotions, de farces, de gémissements. Des soupirs chantés et soufflés dialoguaient avec la porte, lui faisaient la cour, et toute l'œuvre racontait au bout du compte la journée ou la vie de cet être qu'on appelle l'être humain. C'est cette même journée — ou cette vie — faite de rencontres, de solitudes, de hargnes et d'emmêlements divers que je voulais évoquer sur scène. Les danseurs étaient numérotés de un à sept. Un grand tableau noir expliquait au public la structure prévue : chaque morceau musical était annoncé par son titre (Sommeil, Balancement, Braiements, Transe, Râles, etc., jusqu'à l'inévitable Mort) et à chaque titre correspondait un ou plusieurs numéros. On savait donc à l'avance que tel morceau serait dansé par un, tel autre par quatre, le suivant par quatre et sept, un autre par un, trois et sept, et ainsi de suite, la Mort étant dansée par tous et à un autre moment par personne : nous écoutions la musique.

Nous tirions les numéros au hasard, en présence du public. Plusieurs soirs d'affilée, je sortis le numéro cinq. J'avais beau tirer mon bout de papier le dernier, c'était le cinq qui restait! Les gens finissaient par croire que c'était truqué et que je m'étais réglé des variations en cachette!

Le jour de la première (il n'y avait pas eu beaucoup de répétitions : nous nous étions réunis plusieurs fois pour écouter la musique, apprendre par cœur la correspondance des numéros et des variations musicales et esquisser deux ou trois enchaînements), c'était le trac : nous avions la tête des marins de Christophe Colomb paumés en plein océan. Sur scène, ce fut de l'autobiographie à l'exposant sept, les confessions de danseurs solitaires, des combats de coqs et le radeau de la Méduse. J'avais dit de ne pas songer à des poses ou des successions de pas intéressants, mais de se vider. Le mélange de grandes capacités techniques et d'émotion à fleur de peau empêchait le travail de tomber dans de la psychothérapie de groupe et pour autant que j'aie pu en juger quand je ne dansais pas moi-même, donnait, avec la colonne vertébrale fournie par la musique, un seul corps à sept reflets qui se racontait jusqu'à en mourir.

J'incorporai plus tard la *Porte* à une soirée intitulée « Prospective » qui fut donnée à Paris en 1965 au Théâtre des Champs-Élysées, dans le cadre d'un festival avec jury, lequel jury occupait le premier rang du premier balcon, et comme nous écoutions la musique sans bouger (c'était le premier morceau, notre tableau noir indiquait : « Rien »), une dame de ce jury cria bien fort : « Le jury attend! »

Ce qui revenait à nous décerner un diplôme d'originalité à bon compte : ce n'est pas parce que nous indisposions une grande danseuse aigrie que nous méritions l'étiquetage « avant-garde » — et heureusement, car je ne supporte pas l'avant-garde, qui se crée dans trois capitales pour étouffer tout de suite après. C'est très parisien, tout ça. Je préférai le regard surpris mais attentif des danseurs russes du ballet Kirov, qui, n'ayant pas pu trouver de places, s'étaient tous installés dans la fosse d'orchestre vide où les rejoignit Robert Bresson très content de regarder le spectacle depuis la place du chef d'orchestre : il préféra, je crois, le premier ballet de la soirée, le plus bressonnien en effet, *l'Art de la barre*, aux tumultes pas assez contrôlés à ses yeux de la *Porte*.

On me proposa en 1961 de collaborer avec Salvador Dali pour un spectacle d'opéra et de danse qui serait créé à Venise. J'admirais beaucoup les premières peintures de Dali, ses textes du temps du surréalisme, et j'étais très fier à l'idée de travailler avec lui.

J'étais en Espagne, lui aussi : les organisateurs du spectacle voulaient que nous nous rencontrions. Mais j'étais à La Coruna et lui à Cadaquès et nous avions chacun des choses à faire de notre côté. Je lui téléphonai et regrettai de ne pas pouvoir me libérer. « Ce n'est pas grave, me répondit-il. Je serai demain à Barcelone où je dois être interviewé à la télévision. Trouvez un poste de télévision et regardez-le à vingt et une heures. »

Le lendemain, j'étais devant la télé et Dali apparut. Il ignora superbement la première question de l'interviewer et déclara : « Je n'ai rien à dire ce soir au public, il faut que je parle à Maurice Béjart. Cher Béjart, regardez bien ceci : c'est une réplique en miniature de ce que je veux faire sur la scène de la Fenice. La caméra découvrit une table où il y avait un petit baquet en bois, des cubes en fil de fer que Dali plongeait dans le baquet rempli d'eau savonneuse : « Voici les premières bulles de savon cubiques! » Et il m'expliqua tout du long ses diverses intentions pour le décor de notre futur ballet, qu'il s'agirait bien entendu d'intituler *Gala* (Gala, c'est M^me^ Dali, qui organise le culte en coulisses). Quand il eut fini de m'expliquer ses maquettes et de me montrer tout ce qu'il avait à me montrer, il se tut et l'interview télévisée s'acheva!

Je le rejoignis plus tard dans sa maison de Cadaquès. Je frappai à la porte, j'étais un peu en avance sur l'heure que j'avais annoncée pour mon arrivée. J'étais aussi assez nerveux et excité d'être là : Dali ouvrit, poussa un cri et recula en pointant son doigt vers moi :

— Vous venez pour m'assassiner.

Il tremblait vraiment. Comme il ne m'avait jamais vu, je me présentai :

— Mais je suis Béjart!

— Je croyais que vous veniez pour m'assassiner! reprit-il d'une voix rauque. Il m'expliqua qu'il avait reçu la veille des menaces de mort.

Devant chez lui, sur la mer, il y avait des cygnes. C'est ce qui m'impressionna le plus. La côte avait creusé en face de sa maison un minuscule golfe naturel et il avait acheté des cygnes : Gala, dans une barque, allait leur donner à manger.

Nous nous retrouvâmes ensuite à Venise même. La première partie du spectacle était un opéra de Scarlatti qu'on venait de

A trois ans, en vacances
avec ses parents.
Mon père était le philosophe
Gaston Berger. Je m'appelais encore
Maurice Berger.
(Photo X.)

Leçon de ski avec mon père.
(Photo X.)

Maman,
ma petite sœur Claudette
et moi
dans le jardin de notre
maison de Marseille.
(Photo X.)

Mon père me fabriquait des marionnettes lui-même.
Le théâtre me fascinait déjà.
(Photo X.)

Ma sœur et moi, en Méphisto et Faust.
(Photo X.)

A dix ans, en 1937.
(Photo X.)

Pour consolider ma colonne vertébrale,
j'ai fait de la gymnastique
puis de la danse classique.
(Photo X.)

Je travaille *Le Petit page*, ma première chorégraphie.
(Photo X.)

Mon professeur de danse :
« Travaille, feignasse ! »

Mes camarades et moi
(Lacotte, Jean Babilée, Roland Petit, Algaroff)
portons le cercueil de *Madame*.
(Photos X.)

J'interprète Orphée
dans le ballet du même nom
que j'ai créé à Liège en 1958.
« Chanter, c'est être ».
(Photo J.-R. Roustan)

Le saut, expression de la danse.
Me voici encore dans *Orphée*.
(Photo Khiel)

Ici, dans *Erotica* (1965)
(Photo Pic)

Mon père et Paulette,
ma belle-mère,
après la première d'Orphée
au théâtre des Champs-Elysées.
(Photo Khiel)

Pierre Henry qui assurait
la direction sonore de nos spectacles,
le champion de la musique électro-acoustique,
au temps de *Symphonie pour un homme seul*.
(Photo X.)

Avec Jean Vilar, en Avignon, (1968)
(Photo Atzinger)

En compagnie de Stockhausen.
(Photo Kayant)

Pierre Boulez,
Georges Auric et moi,
lors des répétitions de *Noces*,
à l'Opéra en 1965.
(Photo Bernand)

Je médite
avec Taisen Deshimaru,
moine zen.
(Photo X.)

En coulisse :
Jorge Donn, ma cousine Joëlle
Roustan, François Weyergans.
(Photo Colette Masson)

L'admirable Donn :
*Nijinsky, Clown de Dieu,* (1971)
(Photo Colette Masson)

Nino Rota compose, (1978).
(Photo Alain Béjart)

Le fauteuil du rire et de la mort, (*Molière imaginaire*, 1977).
(Photo Hutin)

Avec Maïa Plissetskaïa, (1979).
(Photo Colette Masson)

« Fin de partie ». (Photo Gibey)

retrouver. C'était un opéra assez ennuyeux : un air, un autre air, un troisième air. Dali avait peint quelques toiles qui ornaient le fond, mais une fois la toile apparue, rien ne se passait jusqu'à l'arrivée de la prochaine toile un quart d'heure plus tard.

Il fallait rajouter quelque chose, sans quoi c'était la catastrophe. C'était aussi la veille de la première, Nous décidâmes de créer un *happening* et de mettre plein de gens sur scène. Dali et moi fûmes les premiers choisis, l'un par l'autre. Ensuite nous partîmes tous les deux dans Venise, chacun de son côté, pour trouver des amis et leur donner quelque chose à faire sur scène. Je rencontrai Josiane Consoli, une jeune danseuse française : je la fis s'enrouler dans des bandes Velpeau de la tête aux pieds, et pendant tout l'opéra elle se mit du rouge aux ongles sur chacun de ses doigts emprisonnés dans les bandes Velpeau. Nous engageâmes aussi la sécrétaire du directeur du Metropolitan : à l'avant-scène, elle repassait du linge. Dali installa un aveugle à canne blanche devant une télévision allumée. D'autres figurants déguisés en valets de chambres transportaient des piles d'assiettes qu'ils laissaient tomber dans le fracas qu'on imagine à la fin de chaque air. Paolo Bortoluzzi devint un des personnages que je préfère dans l'œuvre d'Hoffmann : Giglio Fava, flanqué de sa princesse Brambilla. Le reste à l'avenant. Ce fut un joli tollé à la première. Mais nous avions donné quelque chose à voir : personne ne s'était ennuyé, ni dans la salle ni sur scène!

Dali et moi étions devenus assez copains : on le devient à moins. Mais Gala l'enfermait dans sa chambre d'hôtel pour qu'il achève deux tableaux qu'elle avait réussi à faire commander à son mari par de riches Américains. Dali me disait : « Passez me prendre demain matin à l'hôtel, on ira se promener dans Venise », et quand je frappais à la porte, Gala enfermait Dali dans la salle de bains (ou peut-être simplement faisait-il couler son bain et n'entendait-il pas ce qui se passait dans la chambre) et par l'entrebaîllement, me disait qu'il n'avait pas envie de me voir. Le soir au théâtre, Dali me demandait pourquoi je n'étais pas venu le chercher le matin comme convenu!

Plusieurs théâtres nous demandèrent de renouveler le *happening* autour de Scarlatti. Dali n'avait plus le temps de s'en occuper. Il me dit : « Débrouillez-vous, faites ce que vous voulez, je vous fais confiance! » (Son nom bien sûr figurerait sur les affiches.)

Je montai le spectacle à Bruxelles d'abord, au T.R.M. Comme il y avait plusieurs représentations prévues, je ne pouvais plus me fier aux trouvailles hâtives de la veille et je réglai tout. Je demandai des costumes à Germinal Casado, qui les signa : Dali vint assister à la première et ne supporta pas, je crois, ces costumes qu'il considéra comme une ingérence. Il quitta le théâtre au beau milieu du spectacle en criant à la trahison. Il aurait voulu qu'il y ait sur scène un bœuf écorché : nous avions copié le *Bœuf écorché* de Rembrandt, en carton, et Dali déclara dans la presse qu'il avait voulu un vrai bœuf, avec du vrai sang qui aurait dû inonder le plancher de scène. Nous sommes censés être en froid depuis, mais ma tendresse pour lui n'a pas changé.

# 11

Je jette des souvenirs en tas. Paragraphes disparates, vie tracée en zigzag : saillante, rentrante. L'important est de jeter. J'ai déjà jeté définitivement tout ce dont je ne me souviens plus. Je jette ici le reste. Ce que je tais, ou que par inadvertance et paresse j'écarte provisoirement, je m'en débarrasserai dans les ballets qu'il me reste à faire.

Bien sûr — c'est plus flatteur —, j'ai toujours l'ambition de créer mes ballets avec mes découvertes les plus récentes, avec la dernière musique écoutée, le nouvel être aimé, mais les anciens souvenirs, les émotions les plus lointaines reviennent au galop : c'est un drôle de cirque!

De quoi avais-je besoin de me débarrasser dans le spectacle qui s'appela *A la Recherche de Don Juan*, et que je sous-titrai « oratorio-ballet »?

Dix représentations en décembre 1962, et jamais repris après.

Je touchais, dans ce *Don Juan*, à beaucoup de choses importantes pour moi. Des choses auxquelles je disais au-revoir, d'autres dont je ne faisais que pressentir le pouvoir qu'elles auraient. Sur quoi? Sur mon âme? Sur mes inquiétudes en tout cas. Inquiétudes qu'elles susciteraient. Inquiétudes qu'elles dissiperaient.

J'installai instinctivement tout mon travail à ce carrefour difficile : celui de l'érotisme et de la mystique, en me référant à l'Espagne du XVI^e siècle, celle qui vit naître le mythe de Don Juan et un autre Juan, saint Jean de la Croix.

J'avais entendu, pendant l'une des tournées espagnoles, un merveilleux guitariste flamenco : Paco Hernandez. Je demandai à M. Huisman de lui envoyer un contrat et de le faire venir à Bruxelles.

Voulant utiliser les poèmes de saint Jean de la Croix, je n'arrivai pas à me satisfaire des traductions françaises : le sens y était peut-être, mais pas la musique, pas la sensualité. Je me souvins alors de la voix de Maria Casarès. Travailler avec Casarès : ce rêve de mon adolescence était aujourd'hui possible! Elle dirait les poèmes en espagnol. Mais avant de dire les poèmes, dirait-elle oui?

Je la rencontrai, je lui racontai ma rencontre avec sa voix entendue à la radio. Elle connaissait mon travail, elle accepta.

Le ballet durerait toute la soirée. Je le divisai en trois parties : trois Nuits — allusion à la nuit obscure des mystiques tout autant qu'à la nuit d'amour des amants.

C'était la première fois depuis *Orphée* que je construisais une œuvre si longue, et la première fois tout court que j'abandonnais toute partition pour me lancer dans un univers sonore personnel fait de textes et de musiques diverses (avec une unité de temps et de lieu : musiques espagnoles du XVI^e siècle, musiques de la Cour, musique populaire flamenco et une *Messe* d'un grand musicien méconnu : Tomas Luis de Victoria, contemporain de Thérèse d'Avila).

Je ne voulais pas danser moi-même dans cette œuvre qui s'annonçait très difficile à dominer. Je me projetterais dans le personnage de Maria Casarès, personnage que je baptisai simplement *Elle* et que je dédoublai : Maria comédienne serait accompagnée par une danseuse, Bari. J'aimais le contraste, sur scène, de cette femme noire habillée en noir, morceau de bois dur qui luttait contre le feu de la langue espagnole, et de la danseuse blonde vêtue de blanc, amoureuse complice de la guitare et des chœurs.

J'ai souvent utilisé depuis ce thème du personnage dédoublé. (Déjà, Orphée et son Ombre...) Je suis tout à fait prêt à admettre qu'il y a là derrière une solution psychanalytique, mais ça m'est égal et c'est très loin de mes préoccupations. Je m'en sers parce que l'emploi d'un personnage dédoublé me permet de mieux dire ce que j'ai à dire, et parce que c'est d'une grande efficacité théâtrale.

Pour montrer que ce spectacle n'était pas un hommage nostalgique au siècle d'or espagnol mais l'expression contemporaine de quelques certitudes et de plusieurs points d'interrogation, je voulus faire appel au cinéma. Je voyais deux écrans à gauche et à droite de la scène, un autre suspendu au beau milieu, et des images qui amplifieraient ou commenteraient l'action.

J'avais travaillé, l'année d'avant, avec un jeune cinéaste qui était aussi critique aux *Cahiers du cinéma*, François Weyergans, à un court-métrage où il m'avait fait improviser sur différentes sources d'inspiration : une interprète, le personnage de Pulcinella, un poème de René Char.

Pour *Don Juan*, François me fabriqua une espèce d'ouverture, comme une ouverture d'opéra, avec des images, et un montage de catastrophes de courses automobiles trouvées dans des bandes d'actualité : les voitures filaient et s'enflammaient sur trois écrans pendant qu'uune corrida voyait la mise à mort d'un homme-taureau avec qui le personnage féminin avait d'abord joué à Pasiphaé. A l'époque, ça faisait beaucoup d'effet. Il y avait aussi des images de corps nus occupés à faire l'amour et interprétés avec bonne grâce par les quelques couples légitimes de la compagnie.

J'avais écrit un dialogue. Un homme interpellait Maria :

— Qui cherches-tu à Séville?
— Lui.
— Qui?
— Don Juan!
— Don Juan est mort.
— Je ne crois pas.
— Il est mort!
— Sont morts ceux à qui personne ne pense.
— Don Juan est mort depuis longtemps.
— Mais je le cherche depuis longtemps.

— Tu cherches... Tu ne sais pas ce que tu cherches. C'est toi que tu cherches.

La scène était vide. Le guitariste, en costume gris, assis sur une chaise, me rappelait le désarroi d'anciennes promenades nocturnes dans Barcelone.

Toute une procession envahissait alors le théâtre : pleureuses, flagellants, éclopés. Des cierges, des monstres, des statues. Maria interrogeait :

— Qu'est-ce que c'est?

— C'est l'enterrement de Don Juan!

Un rire à côté d'elle, le rire d'un homme qui avait vu passer l'enterrement : c'est Don Juan lui-même, une fraise autour du cou, l'épée au côté. Germinal Casado s'était fait un costume qui le métamorphosait en modèle du Greco.

Et la deuxième Nuit commençait, où Don Juan trahissait son propre personnage puisqu'il s'attachait à *Elle* (« l'aimée en l'aimé transformée », disait Jean de la Croix) et se détournait des autres femmes qui finiront par le lacérer : Don Juan doit rester Don Juan et ne pas se prendre pour Tristan ou pour Orphée!

La troisième Nuit, c'était la montée au Carmel, c'était la traduction en termes de danse, et selon mes moyens, du *Nada*, de ce Vide que je retrouverai plus tard au Japon et en Inde. J'adhérais totalement au poème de Jean de la Croix : « Rien, quand je n'ai rien cherché j'ai tout trouvé, quand je n'ai rien voulu j'ai tout eu. »

Les chœurs du T.R.M., sur scène, chantaient la *Messe des défunts* de Victoria, en costumes de pénitents. Une vingtaine de filles dansaient les pas les plus rigoureux que j'avais pu trouver, après lecture très attentive d'une partition qui ne permettait aucune extravagance. Entre un *Sanctus* et un *Benedictus*, Maria se battait avec les strophes de saint Jean. Déchirée par le poème, elle le déchirait à son tour. Elle s'emportait, se taisait, sanglotait. C'était un admirable travail où l'esprit se soumettait aux lois des cordes vocales.

Le spectacle prenait fin avec le plateau nu et la même question tonitruante : « Que cherches-tu à Séville? »

J'avais dû y aller un peu fort, parce que le public grognait. Il est vrai que je le malmenais. La *Messe* surtout passait mal. Après la corrida, la spectaculaire procession et les femmes qui descendaient des gradins pour interrompre la nuit d'amour de Don Juan, la musique austère de Victoria (la *Messe en si* de Bach à côté, c'est *Porgy and Bess!*) et les variations très subtiles des femmes-ombres avaient dû décevoir. En plus, pendant toute cette Messe, un garçon grimpait à une échelle de corde qui pendait au milieu de la scène (le fil de *Symphonie pour un homme seul*! l'échelle d'*Orphée*), disparaissait dans les cintres, redescendait vite en coulisses et recommençait. Dès la troisième fois, il y eut des rires. Or, il montait sept fois.

Maria parlait en espagnol : au lieu de se fier à la musique qu'elle faisait, les gens auraient voulu comprendre le texte. Le texte était traduit dans le programme : il m'avait servi de point de départ, je le livrais à titre documentaire mais la compréhension littérale n'offrait aucun intérêt, selon moi, pendant le spectacle.

Quand je vins saluer, il y eut des sifflets. Je m'en foutais et en même temps j'étais triste et furieux. Je me tins debout, bras croisés, les yeux dans les yeux de la salle. Je restai sans ciller : je ne cillerais pas avant que les sifflets cessent. Ils cessèrent. On baissa le rideau. J'allai m'asseoir au fond de la scène. Je m'étais posé des questions devant tout le monde. J'avais dit : « J'ai des problèmes, je cherche. » Mais les gens n'aiment pas ça. Ils veulent des réponses. Des réponses à *leurs* problèmes.

Huit ans plus tard, j'eus envie de remonter *A la recherche de Don Juan*. Mais j'avais changé entre-temps. Je n'avais pas envie de remonter le ballet tel quel : autant devenir archéologue! Je repris mes points de départ : les textes de Jean de la Croix, Maria Casarès, l'Espagne. Je ne gardai que des percussions, du zapateado, les talons d'Antonio Cano. Une bande de va-nu-pieds à la Buñuel entourait Maria, elle-même en haillons. Germinal Casado, son ancien Don Juan, devait lui donner la réplique en espagnol, mais Germinal tomba malade pendant les répétitions et je le remplaçai : le frère et la sœur enfin réunis! Les poèmes ne furent plus du tout récités, mais broyés, réduits à l'état de syllabes aussi dépenaillées que les costumes. Maria apparaissait masquée, avec une robe de reine dérisoire dont on la dépouillait et dont je m'affublais ensuite, robe et masque, à la fin : « L'aimée en l'aimé transformée. »

*Nuit obscure* fut créé en 1968 à Avignon devant un mur de pierre du Palais des papes, dans une soirée qui réunissait trois ballets différents sous le titre *A la recherche de...* Je crois que Jean Vilar préféra les deux autres. Mais que voulez-vous que moi je préfère : mon nez, mes yeux ou mon front? La question ne se pose même pas.

Le vers mystique : « L'aimée en l'aimé transformée » me touche beaucoup parce qu'il parle de ce vieux rêve de fusion que chacun poursuit comme il peut. Je ne suis pas sûr que le masculin et le féminin des adjectifs soient très importants. Il y a deux rêves : devenir l'autre sexe, devenir le sexe de l'autre. C'est à la fois symbolique et réel. Je suis très intéressé par l'hermaphrodite et le travesti. Quand le travesti ne tourne pas à la rigolade des cabarets (mais même là, c'est encore assez émouvant), c'est l'accomplissement fugace d'un désir essentiel. Dans un sens, c'est le leurre complet, mais on y croit. C'est l'essence même du théâtre!

C'est ce qui m'impressionnait chez Sobechanskaya à New York. C'est ce qui m'a bouleversé chez un génial acteur de théâtre Kabuki que j'ai rencontré plus récemment à Tokyo : Tamasaburo. Il réussit, grâce à une sensibilité extrême, une véritable science du maquillage et des dons d'observation, à mieux me renseigner sur la femme que n'importe quelle femme que je peux croiser dans la rue.

Le travesti est à la base même du théâtre : dans le théâtre japonais, bien sûr, mais aussi chez Marivaux ou dans certains opéras de Richard Strauss. Chez Shakespeare, c'est poussé à un point d'incandescence puisque des hommes déguisés en femmes y jouent le rôle de femmes qui se déguisent en hommes. Baudelaire, qui eut différents projets de théâtre sans jamais les mener à bien, souhaitait que les comédiens portent des masques, qu'ils parlent à travers des porte-voix et surtout que les rôles des femmes soient joués par des hommes.

Quant à l'hermaphrodite ou l'androgyne, là, c'est le rêve complet. C'est beaucoup plus une attitude spirituelle, une disposition intérieure, que la mascarade d'un monsieur à qui des piqûres d'hormones font venir des seins... Ni Sobechanskaya ni Tamasaburo n'ont de la poitrine, évidemment! Ils se travestissent par volonté, par discipline, par méthode. L'androgyne est presque un état d'âme. Quand je règle une variation pour une danseuse et avec elle, je deviens cette danseuse : ce couple au travail, le chorégraphe et la danseuse, ne fait plus qu'un et ça n'a rien à voir avec une union amoureuse. Je deviens elle pour inventer des gestes qui lui conviennent, et quand elle fait ses gestes, qui furent d'abord les miens, elle devient moi. Je suis androgyne quand je crée.

Si je crée un pas de deux pour un garçon et une fille, je deviens ce couple. J'ai beaucoup créé sur moi-même, mais un jour j'en ai eu marre. Toujours moi dans ce miroir, toujours ce corps que je connais par cœur! Je ne me suffisais plus. En réglant sur moi, je ressentais l'espèce de frustration de la masturbation.

Si j'avais à montrer un couple, j'avais besoin d'être à la fois « il » et « elle ». Je ne voulais plus être « moi » et danser avec « elle ». J'avais besoin d'être branché sur lui et sur elle, amoureux de lui et amoureux d'elle, et de recréer le couple en moi. J'étais garçon avec le garçon, fille avec la fille et couple avec le couple.

Ayant toujours rêvé de montrer un androgyne sur scène, je fus séduit par un roman trop peu connu de Balzac : *Séraphita*. « Séduit » est le mot : je n'ai pas eu l'impression d'avoir été le lecteur d'un livre, mais d'en avoir rencontré et aimé le personnage principal, et les autres personnages aussi, tout le monde dans ce livre où il n'y a d'ailleurs pas grand monde. C'est banal de s'amouracher d'un personnage de roman. Mais je lis très peu de romans. Je n'aime lire que ce qui peut apporter de l'eau à mon moulin : je n'aime pas tellement regarder tourner les moulins des autres. Tout ce qui n'est pas susceptible de me donner une idée à mettre un jour dans un spectacle ne m'intéresse que médiocrement — même si c'est génial. Si des romanciers ont des univers trop forts, trop « à eux », trop éloignés du mien, ça m'effraie : j'ai peur de me faire avoir et d'être distrait de mes propres désirs. Il faudrait nuancer, bien sûr. C'est aussi affaire d'intuition — à tort ou à raison. Je n'ai jamais eu envie de lire Faulkner, par exemple. Mais j'aime beaucoup les romans de Gustav Meyrinck : j'en offre souvent à des amis. J'admire Marguerite Yourcenar, surtout les *Mémoires d'Hadrien* et l'*Œuvre au noir*. Je pourrais faire toute une liste, mais revenons à Balzac.

*Séraphita* raconte en gros l'histoire d'un couple, Wilfrid et Minna, qui deviennent amoureux du même être en qui Wilfrid voit une femme et Minna un homme. Wilfrid parle de Séraphita, mais Minna évoque Séraphitus. Il faudra que tous les deux aient aimé le même être pour enfin s'aimer entre eux quand celui-ci mourra.

Je construisis un ballet sur ce thème. C'était assez coton. Balzac avait beau jeu : il changeait le sexe de *Tus* à *Ta* en passant de « dit-il » à « dit-elle ». Je simplifie : c'est beaucoup plus subtilement amené, on s'en doute!

Mes « dit-il » et mes « dit-elle » à moi furent des positions du corps, des ports de bras, des arabesques. Je travaillai avec Ivan Marko, un soliste de l'Opéra de Budapest qui est resté dans la compagnie quelques années. Il avait une virilité très Renaissance italienne, et en même temps capable de langueurs diverses, d'un charme que le costume et le maquillage féminiseraient (sans rien d'efféminé, ce qui aurait été la gaffe).

Je travaillai sur des musiques de Mozart, des chœurs aux voix enfantines. Je mis d'ailleurs des enfants sur scène (de très jeunes danseurs) et j'étais là moi aussi, leur distribuant des couronnes de papier doré. J'étais heureux comme tout de faire ça : entrer en scène et faire des cadeaux comme un roi mage. Le tout se passait dans un décor de chambre d'enfant pendant les vacances de Noël!

Mais hélas ça n'a pas plu! Mes amis me sont tombés dessus à bras raccourcis (je ne parle pas de la critique)!

Curieusement, l'aspect androgyne passait mieux au studio, en costume de répétition devant des murs quelconques.

J'essayai une autre version, et je donnai le ballet sans décors, sans sofa, sans robes, sans bottes. Je renonçai à ma distribution de couronnes, mais ce ne fut pas mieux (et même, à mon avis, pire : il ne restait qu'une chorégraphie-squelette).

Peut-être ma première version n'était-elle pas si mauvaise, tous comptes faits?

François Weyergans, qui fut l'un des rares partisans de cette première version, me présenta alors à Pierre Klossowski, dont j'avais non seulement lu mais relu *Le Baphomet*, un roman que je ne me sens pas capable de résumer : le sujet apparent est une histoire de Templiers où interviennent notamment sainte Thérèse et un tamanoir, mais le sujet réel rôde autour du jeune Ogier, androgyne de son état.

La prose de Klossowski, autant que le thème abordé, prose coupée dans un drap luxueux, prose où la grammaire en dit parfois plus que les mots, cette prose me donnait envie de danser. Je savais que Klossowski dessinait aux crayons de couleur des personnages grandeur nature. J'aurais voulu voir ses dessins. Il ne me les montra pas ce soir-là où nous parlâmes de nos deux conceptions du théâtre. Assis sous un lampadaire dont le pied en bronze avait été sculpté par Giacometti, derrière un piano droit et des piles provisoires de livres sur le radiateur, dans cette pièce au plafond bas et aux murs tendus de velours, Klossowski me parlait de son enfance, de la pantomine et des décors du Châtelet. Il me parlait aussi de Gustav Mahler, « cette ensorcelante affliction ». Il me disait :

— Je cherche des complices.

Sa voix sombrée, que des yeux d'enfant démentaient, aurait beaucoup plu à Debussy si Debussy avait pu mener à bien son projet d'opéra d'après Edgar Poe.

Mais là où je souhaitais styliser et suggérer, il militait en faveur de l'imagerie la plus explicite. J'étais un peu dérouté. L'univers de Klossowski m'éblouissait, mais je pense que lui n'aurait pas toléré autre chose qu'un illustrateur. Nous ne collaborâmes donc pas; de toute façon, mes intentions étaient floues, et je dus attendre *Héliogabale*, d'après Artaud, pour renouer avec l'androgyne.

# 12

La chronologie de ma vie est-elle celle de mes ballets? N'en pourrais-je pas établir une autre à partir des maisons où j'ai vécu? Je dresserais un répertoire de mes adresses, de mes voyages, de deux cents chambres d'hôtel. Je ne dirais pas que je suis chorégraphe : je raconterais la vie d'un voyageur. Et ce voyageur ne m'intéresserait pas.

Je pourrais parler de l'amoureux. Cet amoureux m'intéresserait trop. Du reste, il supporterait moins la chronologie que quiconque. Qu'y a-t-il de vrai dans ce mensonge des nouvelles rencontres : « Je n'ai encore jamais aimé personne aussi fort que toi », mensonge dont on pense faire une vérité en le répétant sur le ton de la confidence à de rares amis : « Ça a l'air idiot de dire ça, mais ce nouvel amour c'est comme si c'était le premier; je n'ai jamais aimé autant? »

Ma vie, si ces deux mots veulent dire quelque chose, est ce gant d'amour que je retourne et qui devient spectacle : mes spectacles seraient alors mes amours portés à l'envers?

Oui.

Amours dont je me refuse à faire quoi que ce soit qui ressemblerait à un catalogue : je ne suis pas un archiviste.

D'ailleurs, j'ai toujours constaté qu'un amour qui se terminait dans ma vie était bel et bien mort : aucun risque de résurrection. On m'a accusé de froideur et de pire que ça. Qu'y puis-je? Quand c'est mort, c'est mort. Je regarde l'autre comme si rien ne s'était jamais passé. Est-ce affreux? Je trouve que c'est sain.

Je suis persuadé que ma vie fut dessinée par tout ce que j'ai aimé, et d'abord les personnes. Pourquoi coller ici des noms propres et des péripéties comme autant de timbres-poste sur une lettre que je ne souhaite jeter dans aucune boîte?

Il est hors de question d'entraîner d'autres que soi dans la ronde des confidences et d'y attirer, par un effet de boule de neige inévitable, d'autres encore qui entourent ces autres-là.

Je suis loin de porter une énorme sympathie à Freud (il est vrai que je ne l'ai jamais lu très sérieusement) mais je me souviens d'une phrase où il déclarait que la vérité biographique est impossible à obtenir : quand même bien on l'aurait, elle ne serait pas utilisable, reconnaissait-il.

D'avoir dormi avec mon père, entre sept et neuf ans, c'est-à-dire tout de suite après la mort de ma mère et avant d'être délogé par un remariage, m'a donné des sensations érotiques dont j'enjolivais la violence. Voilà sans doute ce que j'aurais été amené à dire sur le divan du docteur Freud : j'ai préféré tous les théâtres du monde à ce divan étroit.

J'ai presque toujours aimé des danseurs. Je ne pourrais pas aimer en dehors de mon métier. Dans l'amour, j'aime m'identifier, et je m'identifie plus totalement et plus joyeusement à un garçon qu'à une fille. J'ai cependant, vers vingt ou vingt-cinq ans, partagé la vie et les nuits de quelques femmes. Mais la femme, qui a un génie d'organisatrice (je ne détesterais pas que tous les chefs d'État soient des femmes), n'a jamais eu à mes yeux les mêmes dons de rêverie inconsciente ni l'amour du jeu des hommes. Je le dis puisque je le pense.

En tout cas, j'aime m'identifier, et j'aime m'identifier à des hommes. J'ai aimé devenir Nijinski, ou Richard Wagner, ou Molière. J'ai aimé Webern ou Stravinski ou Mahler. En étudiant une partition, j'essaie de devenir celui qui l'a écrite. Je fais l'amour sans arrêt. J'ai souvent dit que la chorégraphie se faisait à deux : comme l'amour. Dans un travail chorégraphique, le danseur est plus important que le chorégraphe. C'est le danseur qui fait exister l'œuvre. Je ne suis qu'un organisateur. Sans danseur avec moi, que puis-je faire d'autre que rêvasser?

Et les danseuses? J'ai travaillé avec de merveilleuses danseuses. J'ai besoin d'un univers féminin. J'ai mis en scène Roméo et Juliette, la Laure de Pétrarque, Mathilde aimée par Wagner. Disons que je vois Roméo avec mes yeux, et Juliette avec les yeux de Roméo.

Sur le terrain où j'ai choisi de me battre : celui de la danse, j'ai rendu aux garçons ce qui leur revenait. J'ai fait table rase de tout un côté efféminé et « danseur mondain ». J'ai rendu aux cygnes leur sexe, celui dont s'était servi Zeus pour séduire Léda. J'en avais marre des cygnes du *Lac des cygnes*, et je fis un ballet, intitulé *Cygnes* tout court, où trois danseurs torse nu incarnaient l'oiseau mythique.

Miroirs, ombres, doubles, masques : voilà par où arrive l'amour dans mon travail.

Quant au sexe, il est parfois le centre de l'univers, le *lingam* de la religion hindoue, ou bien cette petite chose qui a déçu X et qui a plu à Y.

Les récits de bonnes fortunes sont encore plus ennuyeux que les films pornos. Quand c'est écrit, on a au moins le loisir d'imaginer — ce que les films, hélas, ne permettent plus. Ce qui compte, c'est le désir. Les films pornos seraient infiniment plus passionnants si ce qu'ils nous montrent à tout bout de champ et dès la première seconde, n'arrivait en fait qu'à la dernière seconde. A quoi bon avoir tout de suite ce que nous n'avons même pas encore désiré? Je désire. Voilà tout. Je désire quoi? Je désire qu'on vienne regarder mes ballets!

Dans les années soixante, j'ai dû faire une bonne cinquantaine de ballets. Certains duraient un quart d'heure, d'autres occupaient toute la soirée. J'ai mis en scène aussi quelques opéras, et j'ai monté une pièce réputée injouable : *La Tentation de saint Antoine* de

Flaubert. Mais plus je fais des ballets et moins ce que j'ai fait avant a de l'importance. L'enchaînement de tous ces ballets me paraît plus essentiel que chacun d'entre eux.

Et comme dans *L'Éducation sentimentale* où tout un morceau de l'existence du héros nous est caché par un paragraphe de deux mots : « Il voyagea », j'ai voyagé.

1963 vit notre première tournée hors d'Europe. En mai et juin, nous avons fait les grandes villes d'Amérique du Sud. Nous donnions *Symphonie*, *Orphée*, *Le Sacre*, *Boléro*, d'autres choses. Je passais beaucoup de temps dans les avions et puis dans les théâtres. Au Mexique, j'eus la révélation des églises baroques, à côté de quoi tout ce que j'avais pu voir de similaire en Espagne avait la simplicité d'un cloître roman. J'étais très frappé par le mélange des arts (sculpture, peinture, architecture) et des artisanats qui contribuaient à donner une impression d'unité malgré l'éparpillement : les yeux ne savaient pas sur quoi se reposer, mais le corps se sentait très bien. Je me demandais, moi qui ai toujours balancé entre les deux, s'il ne fallait pas encore plus de rigueur pour être baroque que classique. Quoi qu'il en soit, j'aurais voulu jouer mon *Don Juan* dans une église baroque mexicaine, par exemple dans celle de Tepotzotlan où un retable de vingt mètres de haut avec une dizaine de statues cachées dans les volutes comme le chasseur dans l'arbre, aurait rendu Louis II de Bavière encore plus fou : fou de jalousie!

Et où était ce restaurant sur l'eau, quelque part entre Acapulco et Cuernavaca, où nous étions servis dans des barques qui dérivaient parmi des nénuphars géants? Je laissais ma main dans l'eau et on me hurla de la rive : « Pirhanas! Pirhanas! » Je ne sais pas si c'était vrai et *Jaws* n'était pas encore tourné : n'empêche qu'un petit morceau de viande que je jetai par curiosité disparut tout de suite.

Je n'eus pas le temps d'aller au Musée national de Mexico (mais j'avais tout le temps de me rattraper au Musée de l'Homme à Paris!). Un matin très tôt, nous partîmes à quelques-uns pour visiter le site archéologique de Téotihuacán : c'est là où se trouve le fameux temple de Quetzalcoatl, le dieu-serpent à plumes. La « voie des Morts » mène à la pyramide du Soleil. On n'a envie que de se taire. Là, je rencontrai le sacré, dont si peu de lieux européens ont su conserver la trace. Un sacré très ambigu, un sacré d'auberge espagnole, si j'ose dire : celui que j'avais apporté moi-même jusque-là. J'étais impressionné. Mais en regardant le soleil déjà haut qui me touchait et touchait les pierres, je me disais que ce même soleil avait dû accompagner les sacrifices humains. A présent, les pierres mortes se taisaient et plus rien ni personne ne leur ferait dire ce qu'elles avaient su.

Je marchais lentement entre la pyramide du Soleil, et celle, plus petite comme il se doit, de la Lune. J'essayais de faire revivre en moi quelque chose de ce culte inconnu, de me vider de toute pensée actuelle pour accueillir l'esprit des prêtres aztèques. J'aurais voulu danser. J'ai voulu danser à Bénarès ou devant les ruines du temple de Paestum au soleil couchant. J'ai voulu danser à midi devant le grand Sphinx égyptien. Dans ces lieux, être intelligent ou cultivé ne sert à rien. Le corps veut se manifester, le corps qui n'accepte pas facilement la mort des civilisations. Je m'en veux d'avoir chaque fois cédé à l'amour-propre et à la peur du qu'en-dira-t-on : je n'étais jamais seul et je ne tenais pas à créer un attroupement de touristes...

Le Mexique marquait la fin de la tournée. Plutôt que de rapporter des copies de statuettes précolombiennes, j'achetai beaucoup de disques, sur la bonne mine de leurs pochettes.

Avant Mexico, il y avait eu le Brésil, le Chili, l'Argentine. Au Teatro Colon de Buenos Aires, un jeune danseur de seize ans vient me trouver après un spectacle. Il est bousculé par les gens de la compagnie qui courent vers leurs loges. Il a le même air un peu effaré que moi quand je m'aventurais dans les coulisses de l'Opéra de Marseille. Il me parle en espagnol. Il bredouille. Je lui fais répéter trois fois ce qu'il veut : la permission de prendre un cours avec nous. Le lendemain matin, au cours des garçons, il est là. Il se débrouille très bien.

Après le cours, il ne quitte pas le studio. Je reste là à régler des détails avec Patrick, Germinal et Pero. Il nous regarde. Il s'approche dès que je suis seul et me demande de l'engager. Il me fait penser à un enfant-clown qui aurait terminé son numéro et resterait assis au bord de la piste pour voir arriver l'écuyère si belle dans ses plumes et son maillot pailleté. Il veut entrer dans la compagnie. Comment lui dire qu'il n'y a pas de place et qu'il est trop jeune?

Je ne sais plus comment je le lui ai dit, mais je sais que je lui ai demandé son nom. Ses parents sont des Russes émigrés. Son père s'appelle Itovich mais il a déjà choisi son nom de scène, c'est celui de sa mère : il s'appelle Jorge Donn.

On démonte les décors. Nous partons pour le Pérou. Je prendrai le petit train casse-gueule qui grimpe de Cuzco au sommet du Machupicchu, à 2 000 mètres d'altitude, le même genre de train qu'a pris Tintin dans *Le Temple du Soleil*, et frôlant le même genre de précipices!

En prenant froid parmi les ruines du Machupicchu, je rêvais à un ballet qui serait dansé là et pour personne. Un ballet en pure perte, offert aux ruines, au vent et au vertige.

J'étais surtout ému comme on l'est chaque fois qu'on se trouve confronté à la preuve d'une énergie humaine dont on n'aurait pas été capable soi-même. On se dit : « Mais comment ont-ils fait? » Aller cacher cette citadelle en pleine montagne comme un chien va cacher son os! L'envahisseur espagnol n'en sut jamais rien, et le Machupicchu ne fut découvert qu'en 1910 ou 1911, tout à fait par hasard. Je marchais à l'écart de mes compagnons et j'imaginais *Le Sacre du Printemps* dansé devant les constructeurs de la ville en gradins : c'était ma prière sur l'Acropole!

On aurait pu leur offrir aussi *Le Voyage*, un ballet que j'avais donné précédemment (avril 1962) à l'Opéra de Cologne, d'après le *Livre des Morts thibétains* dont Pierre Henry avait fait le découpage et la musique.

Je n'avais pas tellement aimé Cologne, ville insipide à l'image de son parfum, reconstruite sans plaisir et sans folie. Mais l'Opéra offrait des moyens techniques étonnants : grande scène, très bonne acoustique, etc. *Le Voyage* retraçait l'itinéraire d'une âme après sa mort, comment cette âme rencontre les divinités paisibles et irritées, comment elle n'arrive pas à se libérer du cycle des réincarnations et se trouve condamnée à renaître. Sur scène, j'avais fait suspendre quelques motos rutilantes : elles me séduisaient en tant qu'objets opposés aux danseurs, susceptibles elles aussi de bouger s'il l'avait fallu. Un ami de Pierre Henry, Thierry Vincens, avait réalisé des films abstraits qui projetaient des taches en train de se faire et se défaire : l'âme enfin aperçue sous le microscope.

J'avais découvert là-bas un des plus grands danseurs du monde. La grande presse n'a jamais parlé de lui parce qu'il n'a pas eu une vie excentrique, mais Lothar Höfgen a été un des plus grands danseurs du monde. Il est venu plus tard nous rejoindre à Bruxelles avec sa femme, et malheureusement je n'ai pas eu de très grands rôles à lui donner. Sans doute s'ennuyait-il : il rentra en Allemagne où il devint professeur de danse. En 1962, à la création du *Voyage*, Lothar était fabuleux : nous n'avions pas eu de grandes conversations sur la métaphysique du ballet (nous savions tous les deux que c'était inutile), mais le moindre de mes pas interprété par lui était haussé à l'exposant mille et révélait tout le pitoyable ou le merveilleux de l'être humain.

Mais j'ai beau me souvenir de mes ballets, je sais que rien de ces ballets n'existe tant qu'ils ne sont pas en train d'être dansés. Leur survie éventuelle chez quelques spectateurs est aussi aléatoire que celle des ruines pré-incaïques du Machupicchu. Je n'ai pas envie qu'on se souvienne de mes ballets. Je préfère qu'on se souvienne et qu'on reste fidèle à quelques émotions qu'ils auront pu faire naître.

Dans *Le Voyage*, j'étais assez fier du passage intitulé « Le Couple », où un homme et une femme s'accouplent pour faire renaître le mort. Pierre Henry, qui depuis *Arcane* ou *Orphée* avait agrandi son territoire et gagné bien des batailles sur lui-même et sur ses matériaux rétifs, me donnait une musique difficile à décortiquer mais, comment dire? qui m'hypnotisait. En l'écoutant, je devenais engourdi, paralysé. La chorégraphie fut le résultat d'une lutte ou plutôt d'une vigilance continuelle.

J'aime les œuvres « sournoises », qui vous provoquent là où vous ne vous y attendez pas et exigent de vous des choses que vous ne vous attendiez pas à devoir leur donner.

En 1962 — ce n'est pas que je veuille être exhaustif, mais j'allais censurer une rencontre essentielle — j'ai aussi monté *Les Contes d'Hoffmann*, « opéra fantastique en un prologue et trois actes » du cher Offenbach. On n'échappe pas facilement à Offenbach, moi en tout cas! J'avais dansé à Londres sur un pot-pourri de ses musiques, je croyais l'avoir définitivement assimilé à toute une tradition stérile et poussiéreuse : voilà que Maurice Huisman m'en reparle! Nous cherchions un titre susceptible de plaire pour les spectacles de fin d'année (d'ailleurs, qu'est-ce que je raconte? J'ai parlé de 1962 en commençant ce paragraphe, mais c'était Noël 1961 : décidément, la chronologie et moi...).

Dans les *Contes d'Hoffmann*, il y a Hoffmann. Mon père m'avait offert *Le Chat Murr* dont la construction restera toujours un modèle à mes yeux : Hoffmann y mélange deux récits, la vie du chat et celle d'un certain Kreisler. Le titre complet du livre est : « Vie et opinions du chat Murr fortuitement entremêlées de pages exposant la biographie fragmentaire du maître de chapelle Johannes Kreisler. » J'aurais bien voulu, moi aussi, écrire ma vie en la mélangeant aux opinions d'un chat (et en la soumettant à sa critique), mais je ne possède pas de chat. Hoffmann, lui, en avait un. Quand son chat mourut, il fit imprimer un faire-part de deuil qu'il envoya à ses amis.

Cela dit, j'ai eu un chat pendant quelques semaines. Une chatte persane dont la couleur variait : je suis daltonien avec les chats! Je l'avais baptisée « fille du chat Murr d'Hoffmann », c'est-à-dire *von Hoffmanns Katz Murr Töchter*, nom que je m'amusais à annoncer très vite et que personne n'osait me faire répéter. En souriant, les gens me demandaient : « Elle a un nom, cette chatte? », et je disais : « Oui, Vonhoffmannskatzmurrtöchter... ». Alors, sidérés : « Ah bon? » Je ne l'ai pas gardée longtemps, parce qu'après, avec les tournées et tout ça, c'était impossible. Elle adorait le saumon fumé. C'était longtemps après les *Contes d'Hoffmann.*

Hoffmann, Ernst Theodor Amadeus Hoffmann, est né à Königsberg au XVIII^e siècle et mort à Berlin en 1822. Königsberg est aujourd'hui en U.R.S.S. A l'époque, c'était en Prusse orientale. Être né là-bas veut sûrement dire quelque chose : Hoffmann ne fut pas un Allemand comme les autres romantiques, je suppose qu'il a gardé de son enfance (qu'il évoque dans *Le Chat Murr*) une propension à la bizarrerie considérée comme un des beaux-arts, et bizarrerie est trop peu et trop mal dire : exaltation plutôt, verve, visions.

Le grand drame de sa vie fut un amour malheureux pour sa jeune élève Julia Marc. Elle lui préféra un bourgeois local et Hoffmann se persuada qu'il valait mieux rêver que de se casser le nez sur la réalité. Beaucoup de ses contes tournent autour de cette détresse qui ne peut être vaincue que dans le rêve.

Il écrivit et il composa de la musique. C'est la musique d'un autre qui le rendit célèbre : Offenbach! Et encore : à titre posthume!

Dans les années récentes, ses *Contes* furent constamment réédités et traduits. Un jour viendra où Hoffmann trouvera sa place, au premier rang. Pour hâter les choses, il faudrait qu'Orson Welles ou Fellini adaptent sa *Princesse Brambilla*, ne fût-ce que pour y faire prononcer cette phrase dont je me sers chaque année sur mes cartes de vœux : « C'est la princesse Brambilla qui danse avec son amant le prince assyrien Cornelio Chiapperi. » Baudelaire plaçait très haut cette *Princesse*, et comme j'en parlerais moins bien que lui, je recopie ici un paragraphe où le poète me parle d'un ballet qu'il faudra que je me décide à faire un jour :

« Prenez, si vous voulez, pour exemple, le personnage de Giglio Fava, le comédien atteint de dualisme chronique, dans *La Princesse Brambilla*. Ce personnage *un* change de temps en temps de personnalité, et, sous le nom de Giglio Fava, il se déclare l'ennemi du prince assyrien Cornelio Chiapperi; et quand il est prince assyrien, il déverse le plus profond et le plus royal mépris sur son rival auprès de la princesse, sur un misérable histrion qui s'appelle, à ce qu'on dit, Giglio Fava. »

On connaît le scénario de l'opéra d'Offenbach : dans une taverne où il attendra en vain Stella qu'il aime (il lui a fixé rendez-vous par un billet intercepté à son insu), le poète Hoffmann raconte trois de ses amours. Pour un metteur en scène, il y a de quoi faire : Olympia, la poupée mécanique; Giulietta, la courtisane vénitienne; Antonia, la jeune femme condamnée à mourir de son propre chant et qui sera contrainte par le diable d'écouter la voix de sa mère morte : *chère enfant que j'appelle...*

Au centre, Hoffmann : un Orphée laïc. Pour attirer l'attention sur lui et sur un drame qui n'avait rien à voir avec l'image de marque dans le public de l'œuvre d'Offenbach, je demandai à Henri Pousseur (jeune musicien liégeois qui avait traduit et commenté les écrits d'Alban Berg et qui fit par la suite un *Faust* avec Michel Butor) quelques interludes de musique électronique qui permettraient de montrer Hoffmann du doigt, de le regarder à la loupe. Une voix mettait le point sur l'i du personnage : « Tu es seul, Hoffmann, tu es seul! »

J'étais très content de travailler en mélangeant des chanteurs et des danseurs sur le même plateau. D'habitude, le ballet venait interrompre l'opéra pour permettre aux chanteurs de souffler, au public de s'amuser et aux machinistes de changer le décor. Je ne voulais évidemment pas d'un ballet subalterne. Le personnage principal devint une danseuse, ultime revanche d'Hoffmann sur sa Julia récalcitrante. Il fallait en effet incarner Stella. C'est elle qui sous-tendait toute l'action. C'est d'elle seule que parlait Hoffmann en agitant ses souvenirs. Je choisis Tania Bari. Dans une robe blanche qui l'apparentait aux Ophélies des tableaux préraphaélites, une rose à la main, elle apparaissait à divers moments, figeant l'action, rêve d'Hoffmann et vraie femme de rêve. Il y a eu un miracle Bari : il suffisait d'allumer un projecteur sur elle pour qu'elle incarne aussitôt cette femme sur laquelle tous les poètes ont voulu nous renseigner. La rose qui ne la quittait pas, c'était mon fétiche. Dès que je peux glisser une rose quelque part, je n'hésite pas. Cette rose est-elle mon Rosebud? (Dans *Citizen Kane*, une enquête sur la vie d'un magnat de la presse aboutit à l'image du traîneau de son enfance, conservé dans un coin de son château malgré toutes les vicissitudes — traîneau qu'on jette au feu et dont le nom apparaît brièvement : *Rosebud.*) Si la rose est mon Rosebud, dois-je y reconnaître cette rose en papier que ma mère me rapportait d'un bal qui n'était sans doute qu'une petite soirée simple passée chez des amis dans une rue voisine?

Enfin, *last but not least*, il y avait la Barcarolle. C'est une vraie madeleine de Proust, cette Barcarolle. Musique presque trop célèbre, mais qui s'en plaindra? Entendue un peu partout, elle garde la mémoire des gens et des lieux comme un gardien de musée. On la chantait à Marseille quand j'étais petit. Je me construisais un univers entier avec le peu de paroles que j'en retenais : « Belle nuit d'amour, nuit plus douce que le jour, ô belle nuit d'amour. » La nuit d'amour m'étonnait plus que le tour du monde en quatre-vingts jours.

J'ai aussi entendu la Barcarolle à Venise, interprétée par les orchestres de la place Saint-Marc. « Interprétée » est bien le mot, parce qu'il n'y a qu'eux pour jouer comme ça. Je donnerais tous les concerts du New York Philarmonic pour un air joué par les musiciens du Florian ou des Quadri. On est assis devant un sorbet qui fond, on regarde les coupoles de la basilique qui sont comme d'autres sorbets, on regarde trois petits enfants qui jouent avec des yo-yo lumineux en plein soleil et tout à coup le piano attaque la Barcarolle. Ce n'est pas tout à coup : je me réveille dans cette musique comme dans un train de nuit qui vient d'arriver à une gare prestigieuse. La place Saint-Marc se rapetisse et devient le salon rococo du train royal de l'empereur François-Joseph : ai-je assez rêvé devant les photos des trains que se payaient les têtes couronnées d'Europe, la salle à manger roulante d'Édouard VII, les marqueteries du salon du train d'Abdül-Aziz, les plafonds en stuc de celui de Guillaume II... Quant au train du pape Pie IX! Je n'ose même pas penser au train du pape Pie IX : la locomotive déjà en était plus luxueuse que la chambre à coucher du train de la reine Victoria! Le pape accordait des audiences à bord d'un de ses wagons. Il y a des photos où des hommes en frac sont agenouillés en rase campagne devant le wagon en question!

Dans ces trains-là, j'aurais payé un orchestre de chambre qui aurait eu ordre de m'endormir avec la Barcarolle des Contes d'Hoffmann. Le matin, je me serais fait réveiller avec des jödl en Bavière, de la mandoline à Venise, mais de la mandoline interprétant du Vivaldi, et à Bruxelles de la guitare hawaïenne pour me faire oublier le ciel gris.

Je roulais en Espagne dans une voiture louée. J'avais allumé la radio pour ne pas somnoler, et cette radio se mit à diffuser la Barcarolle lorsque, à un virage, apparut un enterrement. J'arrêtai la voiture, je laissai la radio : le « mixage » du son et de l'image me parut invraisemblable et juste. Je roulais vers Cadaquès où je devais retrouver Salvador Dali qui ferait les décors et les costumes d'un opéra qui devait se monter à Venise. C'était quand? Aucune importance. Ma vie n'aura peut-être duré qu'un jour. Je lui survis et je la déplie comme ces rêves qui nous tombent dessus en trois secondes et qu'on met des heures à raconter sans compter les années qu'il faut parfois pour s'en débarrasser ou les exorciser.

# 13

Pour me mettre en ordre avec la chronologie avant de raconter la *Neuvième Symphonie* et la suite, je voudrais mentionner des ballets auxquels je ne pense plus puisqu'on ne les a plus joués depuis belle lurette, mais qui m'ont occupé quand même jour et nuit en leur temps.

Un soir de 1961, je sors de ma loge après je ne sais plus quel spectacle et Maurice Huisman me présente un homme qui faisait semblant d'être timide et qui cachait une immense tendresse sous des dehors de banquier suisse ou de directeur d'hebdomadaire : Wieland Wagner, petit-fils de Richard et grand patron du Festival de Bayreuth avec son frère. Il venait me demander une chorégraphie pour la nouvelle mise en scène de *Tannhäuser* qu'il préparait. Je voulais dire oui tout de suite. Mes yeux déjà disaient oui, et mon sourire. Mais ce n'est pas comme ça que ça se passe. Il faut d'abord écouter l'autre, faire semblant d'hésiter pour donner plus de poids à la réponse affirmative. J'étais fier comme Artaban : aller travailler à Bayreuth!

Il y avait tout un contentieux entre la danse et *Tannhäuser*. L'ouverture de cet opéra n'existait pas telle quelle lors de sa création à Dresde. Wagner l'amplifia et la fixa définitivement à Paris lorsqu'il y préparait la création française qui eut lieu à l'Opéra sous la protection de Napoléon III. Cette ouverture devait être dansée et il y eut aussitôt une cabale : les abonnés, une certaine noblesse, les membres du Jockey Club avaient l'habitude de dîner vers huit heures et n'arrivaient pas à l'Opéra avant dix heures ou dix heures et demie. Or ils tenaient à voir un ballet : il fallait donc prévoir le ballet dans la deuxième partie du spectacle. Un ballet en ouverture, c'était se moquer d'eux. (On croit rêver!)

Wagner proposa de retirer son œuvre plutôt que d'en modifier la construction. On lui répondit qu'il y avait déjà trop de frais engagés. Il maintint son ouverture. Mais aucune danseuse étoile n'accepta de danser en début de soirée : il ne lui restait que le corps de ballet et des élèves, et pratiquement pas de garçons. Quelques figurants masculins étaient disponibles, habitués à faire tapisserie sur les côtés pendant les variations des solistes! Wagner demanda l'aide de Petipa, hélas pas le grand Marius (un confrère à moi, danseur et chorégraphe marseillais qui débuta à Bruxelles et créa à Saint-Pétersbourg, en travaillant avec Tchaïkovski, *La Belle au bois dormant*, et aussi *Cendrillon*, *Raymonda*, etc. : bref, le Méliès et le Griffith de la chorégraphie!), mais le frère aîné de Marius, Joseph, qui avait dansé *Giselle* à la création. L'interprète de *Giselle* ne put pas faire grand-chose pour le musicien de *Tannhäuser*, si ce n'est lui amener trois bonnes danseuses hongroises qu'il avait repérées à la porte Saint-Martin. L'administration de l'Opéra faisait la sourde oreille à toutes les demandes de Wagner et considérait le spectacle comme foutu d'avance. Je n'invente rien : c'est rapporté noir sur blanc par Wagner lui-même dans son autobiographie.

Après mille tracasseries, l'impossibilité de trouver douze cors de chasses dans Paris ou de pouvoir donner à ses amis de bonnes places dans la salle (les billets avaient été confisqués par les futurs chahuteurs), la première eut lieu. Le ballet ne ressemblait pas à ce que souhaitait Wagner : une évocation des Ménades et des Bacchantes. Les Jockeys débarquèrent à dix heures et sortirent des sifflets et des flageolets. La femme de Wagner, Minna, reconnue dans la salle, fut insultée. Les interruptions duraient chaque fois un quart d'heure. Mais au premier balcon, silencieux et furieux, un spectateur s'appelait Charles Baudelaire. Quelle gloire que de se faire descendre par une cabale et d'être admiré et soutenu par Baudelaire!

Baudelaire publia une plaquette où il expliqua son enthousiasme. Il en fit parvenir un exemplaire à la princesse de Metternich, femme de l'ambassadeur d'Autriche et protectrice de Wagner. Sans réponse, il se contente de noter dans son journal intime : « Madame de Metternich, quoique princesse, a oublié de me répondre à propos de ce que j'ai dit d'elle et de Wagner. Mœurs du XIXe siècle. » (Nadar, qui avait donné le livre à la princesse de la part de Baudelaire, raconta plus tard qu'elle le lui avait rendu avec les pages non coupées!) Il est amusant de savoir autre chose à ce propos : Wagner raconte que la même princesse, une de ses fans, s'était querellée avec quelques-uns de ses nobles amis qui avaient pris part aux chahuts. Elle leur avait dit : « Ne me parlez pas de votre liberté française! A Vienne où il y a encore, Dieu merci, une vraie noblesse, on n'aurait jamais vu un prince de Liechtenstein ou de Schwarzenberg siffler *Fidelio* en réclamant un ballet! »

Mœurs du XIXe siècle!

Pour en revenir modestement à moi, je me retrouvai un après-midi à Bayreuth. Nous avions déjà répété à Bruxelles. Wieland Wagner n'avait plus son pardessus de banquier. En polo et pantalon ample, il dirigeait au millimètre ses chanteurs et ses lumières. Il me conduisit sur la tombe recouverte de lierres de Richard et de Cosima.

Ma chorégraphie était la traduction en gestes de ce que me soufflait la musique, cette musique que Baudelaire avait très bien écoutée un siècle auparavant : « Palpitations furieuses du cœur et des sens, ordres impérieux de la chair, tout le dictionnaire des onomatopées de l'amour se fait entendre ici. »

Les corps en maillots académiques, accouplés dans un filet qui suggérait autant la toile d'araignée que le hamac, choquèrent les habitués de Bayreuth. Le contraire m'eût étonné. Je ne suis pas pour le scandale à tout prix, qui masque trop souvent une absence d'invention, mais je ne déteste pas choquer les gens : au moins, ça les réveille! S'ils sont choqués, ça veut dire qu'ils ont regardé.

Nous retournâmes l'année suivante à Bayreuth. En même temps que le *Venusberg* de *Tannhäuser*, nous répétions *Les Noces* de Stravinski qu'il fallait créer tout de suite après au Festival de Salzbourg. C'était une drôle de gymnastique pour les corps et pour l'esprit, cette douche écossaise et quotidienne Wagner-Stravinski!

*Les Noces*, par leur titre-programme, exigent un spectacle visuel, mais la musique a besoin d'être traitée avec un grand raffinement, comme quelque chose de confidentiel. Stravinski l'écrivit pendant la guerre de 14, loin de son pays dont toutes les nouvelles l'effrayaient. Derrière une maîtrise technique insensée, j'ai toujours entendu dans *Les Noces* les rires d'un nourrisson volubile — mais aussi un ton plaintif d'orphelin.

Ma cousine Joëlle et son compagnon Roger Bernard conçurent un décor splendide. Ils avaient stylisé des icônes russes qui occupaient tout le fond de la scène. Chaque icône disparaissait dans les cintres et en découvrait une autre, comme ces poupées en bois qui en abritent toujours une flopée de plus petites qu'elles. Sur trois tables en fer à cheval se célébrait le banquet des noces. Un couple en maillots blancs incarnait l'âme et l'esprit, l'*animus* et l'*anima* des deux mariés qu'on voyait à table empêtrés dans leurs costumes de cérémonie. Je construisis ma chorégraphie pierre par pierre, c'est-à-dire note par note. A la fin, les lumières baissaient et, sur les accords des quatre pianos, le couple en blanc se rejoignait.

A Salzbourg, nous devions donner une reprise du *Sacre du Printemps* avec la création des *Noces*. Pierre Boulez dirigeait l'orchestre.

J'avais rencontré Boulez pour la première fois dans un café à Bruxelles. Je crois que c'était lui qui avait eu l'idée de réunir dans la même soirée *Le Sacre* et les *Noces*. Il m'expliqua sa conception des *Noces* et comment il dirigerait cette partition. Il me suggéra aussi de monter *Renard*, une pièce un peu bouffonne qu'il affectionnait beaucoup : nous ferons *Renard* ensemble et plus tard, à l'Opéra de Paris. Je le retrouvai ensuite à Salzbourg. Une rencontre de travail. Boulez faisait répéter l'orchestre. J'étais venu assister à un filage avec tous les danseurs. A l'époque, Boulez n'avait pas encore enregistré de disques de Stravinski. Je découvrais, médusé, une respiration nouvelle du *Sacre*. Autant dire que nous étions tous estomaqués, comme quand on vous révèle quelque chose d'inattendu sur quelqu'un que vous croyez bien connaître depuis des années. Je ne quittais pas Boulez des yeux, je veux dire ses bras et ce qu'il faisait avec ses doigts : il se penchait sur l'orchestre comme un sourcier.

Quand ce fut fini, il se retourna vers nous et conclut laconiquement : « Voilà, c'est mon tempo. » A nous de nous débrouiller! Je dois dire que je compris beaucoup mieux ma chorégraphie quand je la vis comme nettoyée et mise par Boulez au plus près de la musique.

La célèbre rigueur de Boulez m'épatait et devint une sorte d'idéal pour moi. J'aurais voulu avoir son intransigeance et la sûreté de ses jugements. Sans le savoir, il m'a beaucoup aidé à me réconcilier avec le classicisme. Évidemment, je n'étais pas toujours d'accord avec beaucoup de ses condamnations sans appel, par exemple quand il trouvait que le film *Lola Montès* n'était qu'un gros gâteau creux. Mais ce que nous devons tous à Boulez est incalculable : il a désembourbé la musique actuelle, ne serait-ce qu'en organisant les concerts du Domaine musical où tout le monde a appris à épeler les noms de Schönberg, Berg et Webern.

J'aime rencontrer Boulez parce que j'aime l'écouter. Il parle comme il compose : en ne livrant que des résultats soigneusement vérifiés au préalable, en s'astreignant à tout un travail de camouflage de ses inquiétudes. Il nettoie sa pensée avec les mots. S'il doute, ses doutes passeront dans une nervosité de gestes : je l'ai vu pendant toute la première partie d'un repas arracher des morceaux de papier d'argent aux goulots des bouteilles de bière et les triturer comme si c'étaient des têtes de Jivaros avant de les jeter aux oubliettes du cendrier.

Il rit aussi. Il a un humour très XVIII$^{e}$ siècle : il adore Diderot. Il fait grand cas de la correspondance de Diderot avec Falconet qui a été publiée en six ou sept volumes dont je le soupçonne de connaître par cœur plusieurs pages. Je vérifie le lieu commun « une fête de l'esprit » chaque fois que je revois Boulez. Nous nous découvrons chaque fois des enthousiasmes communs.

Par exemple le théâtre de marionnettes japonaises Bunraku. Chaque marionnette est manipulée à vue par plusieurs hommes entièrement vêtus de noir et portant cagoule. Il y a un manipulateur pour la tête et une main, un autre pour l'autre main et le bras, un autre pour les pieds. Chaque marionnette pèse environ vingt kilos et a un tiers de la taille humaine. Les manipulateurs sont visibles sur scène : fantômes sombres qui avancent, reculent et vivent en même temps que les marionnettes dans un décor conçu pour elles et à leur échelle. Il faut au moins dix ans d'apprentissage avant de devenir montreur de ces marionnettes. Pendant le spectacle, un chanteur qui s'accompagne au *shamisen* commente, dialogue, pleure, se moque ou se fâche. Il y a au moins dix sortes de pleurs. Et là aussi il faut des années avant de commencer à maîtriser la technique.

Esclaves totales de leurs manipulateurs, les marionnettes ont néanmoins une existence autonome et bouleversante, explicable par quoi? Inexplicable plutôt, au-delà de leurs désarticulations imprésivibles, de la beauté et de la mobilité de leurs visages, du jeu des lumières. Il serait cuistre de vouloir résumer en quelques lignes ce qui est peut-être la forme la plus haute du théâtre mondial.

Je ne fus pas surpris quand Boulez m'envoya une carte postale d'Osaka avec quelques mots d'hommage au Bunraku. Et en me demandant pourquoi je n'étais pas surpris, je compris que Boulez était tout ce qu'on voudra mais qu'il était aussi japonais.

Quand je créai enfin un ballet sur une musique de Boulez (*Le Marteau sans maître*, en 1973 à la Scala de Milan), je m'inspirai du Bunraku et je plaçai sur scène des danseurs en vêtements et cagoules noirs dans les mains de qui se figeaient de temps en temps les deux solistes. Les silhouettes noires modifiaient à volonté les bras et les jambes de la ballerine ou la surélevaient pour lui faire traverser toute la scène; elles me permettaient de suggérer la sollicitude ou la cruauté selon les moments d'une musique qui évoque les deux.

Je fondai mon travail uniquement sur les rapports entre la partition musicale et le mouvement. Six instrumentistes (une flûte présente dans huit morceaux sur les neuf qui composent l'œuvre, une guitare, un alto, un vibraphone, un xylorimba et une percussion abondante aux mains d'un seul interprète : bongos, maracas, gong, tam-tam, etc.) et une chanteuse trouvèrent leur correspondance sur scène : six danseurs et une danseuse.

La danseuse devait être Suzanne Farrell. Boulez ayant travaillé sur trois poèmes de René Char, j'avais beaucoup relu Char, et j'avais décidé de m'inspirer de ce fragment : « Ève solaire, possible de chair et de poussière, je ne crois pas au dévoilement des autres, mais au tien seul. » Mais Suzanne, vraie Ève solaire, dut se faire hospitaliser au début des répétitions. J'en fus presque aussi malade qu'elle. J'avais beaucoup travaillé sur la préparation de ce ballet, j'avais décortiqué la partition et je ne voyais pas comment m'en tirer sans Suzanne. Je voulais reporter cette création à plus tard, mais les gens de Milan avaient déjà imprimé les affiches et les programmes.

Je passais en revue dans ma tête les autres filles de la compagnie. Qui? Qui? Qui? Et je pensai à quelqu'un qui était apparemment l'opposé de Suzanne, une fille beaucoup plus lunaire que solaire : Rita Poelvoorde, excellente technicienne, mince et menue. Elle m'entraînerait ailleurs que là où j'avais prévu d'aller. Physiquement, elle ne ferait pas avec Jorge Donn le même couple que je souhaitais voir avec Donn et Farrell. Donn et Rita avaient l'air de deux mutants venus de deux planètes différentes, et c'était assez émouvant. Rita, femme-enfant cocasse et pathétique, m'intéressa beaucoup comme personnage. François Weyergans, qu'elle intéressa encore plus que moi, nous filma tous les deux : ce fut *Je t'aime tu danses*, un long métrage où il fabriqua de la fiction avec du documentaire. Resté seul à Bruxelles avec une partie de la compagnie (les autres étaient partis en tournée sur la côte ouest des États-Unis), je voulus travailler avec Rita. Je n'avais plus dansé depuis longtemps. Je choisis une autre musique de Boulez et je commençai un pas de deux pour Rita. Dans un pas de deux, on voit toujours une histoire d'amour, le monsieur et la dame... Je voulus chercher des rapports plus internes, des rapports occultes entre deux personnes qui n'étaient pas faites l'une pour l'autre. François filma tout ça en vrac, rajouta des plans de son cru où il nous dirigea et s'enferma dans une salle de montage. Il enleva la musique de Boulez, la remplaça par du Verdi, du Wagner, un passage de la musique écrite par Nino Rota pour les *Clowns* de Fellini. Il détourna les images et construisit une histoire d'amour à lui : Rita et moi devenions un couple, tant et si bien que la direction du festival de Cannes où eut lieu la première du film, nous réserva d'office une seule chambre au Carlton!

En 1975, je fis un ballet sur l'autre œuvre importante de Boulez : *Pli selon pli*. Il m'est très difficile d'en parler. Il n'y a rien à raconter : des êtres existent, se rencontrent, s'évitent. Dans un espace très stylisé, construit avec des lignes et des lumières, j'ai traduit des sentiments contradictoires : ceux que j'éprouve quand je repense tout seul à mes amis, ceux qui sont les miens aussi quand je marche dans la rue et que je croise des regards inconnus.

La mère de Boulez, une personne très vivante et drôle, sarcastique et affectueuse, est venue voir *Le Marteau sans maître* : elle m'a dit en riant qu'elle avait enfin entendu la musique de son fils! La sœur de Pierre a aussi beaucoup aimé mon travail. Elle m'envoie parfois des cartes postales que je conserve à côté d'une lettre de son frère où celui-ci m'explique sur plusieurs pages d'une écriture-patte de papillon sa conception de *Pelléas et Mélisande* : il devait diriger *Pelléas* à Londres avec une mise en scène de Wieland Wagner. Wieland mourut : jusqu'à l'aube je réécoutai *Tannhäuser* pour continuer à parler avec Wieland. Boulez me demanda de reprendre ce travail mais toutes sortes de contrats déjà signés m'en empêchèrent.

Wieland Wagner, sur l'invitation de Maurice Huisman, était souvent venu travailler à Bruxelles. Il avait monté *Le Vaisseau fantôme* et deux opéras de Richard Strauss, *Elektra* et *Salomé*, où une jeune chanteuse qu'il avait formée fut ce qu'un jargon un peu brutal appelle une vraie bête de théâtre : Anja Silja. Voilà enfin une chanteuse qui avait le physique, l'âge et la nervosité de ses rôles! Ses cheveux roux, son petit nez et sa mâchoire attrapaient toute la lumière du plateau, à moins que ce ne soit le contraire : Wieland était assez avare de lumières et comptait sur Silja pour éclairer la scène. Dans *Salomé*, j'aurais voulu régler la « Danse des sept voiles » pour Silja. Je le lui avais promis en riant après une représentation. On ne l'a jamais fait. J'aurais aussi beaucoup voulu l'avoir dans mon spectacle sur *Baudelaire*. Elle venait de chanter *Elektra* et je rencontrai Weyergans dans les coulisses. Il avait tourné un documentaire de dix minutes sur elle pour la télévision flamande et il me poussait : « Écoute, cette fille est fabuleuse, elle est tout à fait baudelairienne. Tu devrais la prendre. Elle est dans sa loge. Vas-y! » Et moi : « Tu crois? Et puis, tu crois qu'elle voudra? » Je n'aime jamais solliciter des interprètes. Je préfère que le hasard fasse les choses. Je n'ai presque jamais demandé à quelqu'un de travailler avec moi. Récemment, j'ai travaillé avec une autre femme très belle et très grande, une des danseuses les plus douées du monde : Judith Jamison. Je l'avais vue dans des ballets d'Alvin Ailey, mais je n'aurais jamais osé lui demander quelque chose et il a fallu qu'un ami me serve de *go-between* ou d'entremetteur, comme on voudra!

Avec Judith, j'ai fait *Le Spectre de la rose*. Avec Silja, malheureusement, rien : elle n'était pas libre aux dates prévues.

Quand Wieland mourut à Munich, Silja était à Bruxelles et devait chanter le soir même *Le Vaisseau fantôme* dans la mise en scène et le costume créés par Wieland. M. Huisman proposa d'annuler la représentation : elle s'y opposa farouchement. Elle dit qu'elle jouerait pour Wieland. J'étais dans la salle : je pleurais parce qu'elle ne pleurait pas et qu'elle chantait. C'est là où les mots « art » et « vie », qu'on n'a jamais réussi à mettre en équation, fusionnent et ne font qu'un seul feu et ce feu n'a qu'une flamme : il n'est pas dangereux mais presque impossible de s'en approcher.

Cette flamme n'est pas qu'une métaphore. Je pourrais me contenter de remonter toujours trois ou quatre de mes ballets qui marchent bien, les laisser jouer par diverses compagnies et partir dépenser mon pourcentage sur les recettes à Ibiza ou à Papeete! Cette flamme n'a rien à voir avec de soi-disant privilèges dont jouirait l'artiste. On n'a jamais dit d'un moine qu'il avait eu plus de talent dans sa prière de la semaine dernière que dans celle d'hier soir.

*Prière* n'est pas un mot à mettre à toutes les sauces, mais dans toutes les mains! Pour tendre à la sainteté. Je parlais de Boulez : je pense parfois à lui comme à un saint. Je l'ai déjà dit de Webern. Je pourrais le dire de tous ceux que j'admire et que j'aime. Sobechanskaya est un saint, et Hoffmann, et Nijinski en furent. Et Jorge Donn, et Patrick Belda, et Nino Rota. Je dirai plus exactement ceci : ce qui me retient chez les gens, ce que je cherche en eux et que je leur demande, c'est ce qu'ils ont de souverainement pur, ce qu'ils se sont laissé ravir par la sainteté : le domaine en eux qu'elle s'est annexé.

Ce que j'entends par sainteté? me demandez-vous.

Et pour quel pape je me prends à canoniser de la sorte à tour de bras?

Je ferai la réponse du bouddhiste zen que ses disciples pressaient de définir le Premier Principe.

— Qu'est-ce que le Premier Principe? répéta le maître zen. Si je vous le disais, il deviendrait le Second Principe.

# 14

Je brûle d'envie de parler de Jorge Donn.

Après la tournée d'Amérique du Sud en 1963, je partis en vacances, je revins et je trouvai dans le couloir, devant la porte vitrée du studio, un garçon que j'avais vu déjà, que j'avais vu où? Bon sang, à Buenos Aires! Le saltimbanque triste et craintif de Buenos Aires, celui qui nous regardait dans les coulisses comme le plus petit que ses camarades ont empêché de prendre part au jeu.

Qu'est-ce qu'il faisait ici? Il n'avait pas l'air de quelqu'un qui est de passage et vient vous dire bonjour.

Avec la même voix cotonneuse qu'au Teatro Colon, il me demanda s'il y avait une place pour lui :

— L'été est fini, c'est la rentrée. Alors, j'avais pensé...

Il avait même dû beaucoup penser! Il me raconta plus tard qu'il avait emprunté à son oncle le prix d'un trajet simple sur un bateau qui l'amena au Havre. Des années après, il me dit qu'il se souvenait encore du nom du bateau : c'était le *Charles Tellier*. Il avait fait le voyage avec une copine : ils étaient devenus tous les deux très amis avec le capitaine qui les invitait sur le pont supérieur. C'était le dernier voyage du bateau, qui serait ensuite démantibulé. Le capitaine était touché de transporter ces deux adolescents, ce garçon qui venait faire du théâtre en Europe, « un métier très *périculeux* » lui expliquait Donn.

J'allai voir dans le dictionnaire qui était ce Charles Tellier : un ingénieur français! Inventeur d'une machine frigorifique! Il installa des cales frigorifiées sur un bateau, *Le Frigorifique* bien sûr, qui fit la traversée Buenos Aires-Rouen avec des viandes conservées en parfait état. Le capitaine du *Charles Tellier* savait-il ça?

Entre-temps, il fallait prendre une décision. La régisseuse du ballet, M^me^ Devillé, enlevait son tricot : il ferait très doux; elle pointait son nez vers moi et triait du courrier en m'en montrant déjà de loin quelques lettres : des danseurs rangés qui, eux, écrivaient pour soumettre leur candidature. Il y avait des rires dans les douches, des bruits de grandes claques dans le dos. Des danseurs au visage bronzé passaient entre moi et le petit : « Bonjour Maurice! Tu as passé de bonnes vacances? » Je dis *le petit* mais il était plus grand que moi. Quand même : en me mariant tôt, j'aurais pu être son père!

Il se recroqueville. Il fait croire qu'il a toujours été là. Il ne regarde pas autour de lui de crainte d'avoir l'air de tout trouver nouveau. Il penche la tête. Il sait que je le regarde. Il me laisse le regarder. Il prend racines. Il a voulu venir ici. Il y est. Il veut danser. C'est ce qu'il m'avait déjà dit dans son pays. Son nom n'avait pas d'importance; il m'avait dit : « Je suis un danseur. »

Le cours va commencer, je lui dis qu'il y aille, qu'il reste, qu'on verra bien, qu'il faut que je discute avec l'administration. Est-ce qu'il a des chaussons, est-ce qu'il a...? Il a tout.

⁂

Très vite après, la compagnie partait pour le festival de Baalbek. Les répétitions s'amoncelaient. Il fallait rafraîchir la mémoire des pieds et des jambes de tous. Il y avait des nouveaux dans le corps de ballet : ils ne connaissaient rien des ensembles du *Sacre*, et j'expliquais une fois de plus : « Vous êtes comme des vautours, avec le bras comme ça... Là, vous vous excitez mutuellement au combat. »

Une amie de Donn, qui avait été engagée officiellement à Buenos Aires après audition, venait d'arriver. Par avion, elle. Billet payé par le T.R.M.

Elle s'appelait Beatriz Margenat. Petite, de longs cheveux noirs jusqu'aux reins, on rencontrait dans ses yeux la maturité effrayante des enfants de cinq ans, toute la distance que mettent entre elles et le monde les petites filles photographiées par Lewis Carroll. Elle avait un visage fermé que les éclats de rire agrandissaient dans tous les sens. En collant sombre et pieds nus, je lui réglerai plus tard une variation où elle occupera la scène comme une rose rouge suffit à enlever l'impression de vide dans une pièce vide.

Elle vit à ce moment-là avec un peintre péruvien plus jeune qu'elle, bourru comme tous les peintres. Ils ont trouvé un appartement au-dessus d'une agence de voyages : il y avait deux étages libres et Donn a pris le premier étage. L'agence de voyages s'appelle *Les Voyages Copine*. Ce sera le nom de toute la maison. Nous dirons tous : « Je suis passé aux voyages Copine », ou : « Tu voyages Copine ? ». La maison est si près du théâtre qu'on peut espionner l'entrée des artistes depuis les fenêtres. Les fenêtres sont faites de vitraux jaunes ou ambrés. Les portes ne ferment pas : ni celle d'en bas, ni aucune des portes des appartements. Leurs occupants les laisseront carrément ouvertes. Il y aura toujours dans l'escalier des odeurs d'huile d'olive et d'épices.

Mais Donn n'est pas encore dans la compagnie. Il va pourtant y entrer tout de suite : la veille du départ pour Baalbek (l'ancienne Héliopolis des Grecs!), un garçon tombe malade. J'ai besoin de tous les garçons pour le *Sacre*. Impossible de partir avec la compagnie moins un. Je repense au petit Argentin. Celui-là, il a bien fait de venir : on va le prendre.

— Beatriz, ton copain argentin! Va le chercher : on va l'emmener avec nous. Il faudrait qu'il soit à la répétition des garçons. Regarde l'heure au tableau de service et va le chercher.

Et Donn prit l'avion pour la première fois. Tout le monde l'avait surnommé *Chico* sauf moi qui l'ai toujours appelé Donn. « Jorge » c'est trop difficile à prononcer avec l'accent *ad hoc*. Et ça ne lui ressemble pas. Donn, c'est lui; ça a un côté : « Pierre, tu es Pierre, et sur cette pierre... »

Au début, il n'a pas fait grand-chose. Je ne m'occupais pas de lui, d'ailleurs. A la fin du *Sacre*, il était dans un des couples qui viennent en renfort pour « faire nombre » avant la pose finale où l'Elu et l'Elue sont soulevés par tout le monde. Le garçon porte la fille : je l'avais mis avec Beatriz, et il n'a pas été fichu de réussir le porté. Beatriz est la plus légère danseuse que j'aie jamais vue! J'étais fou furieux. Même pas capable de ça! Il m'avait bluffé ou quoi? Dans quoi m'étais-je embarqué avec ce type? Je ne lui ai plus adressé la parole pendant deux ou trois mois. Je lui ai fait faire un des figurants en noir, visage compris, qui agitent des branches pour faire la forêt dans les *Quatre fils Aymon*.

Et puis j'avais un boulot dingue : il fallait monter la *Damnation de Faust* à l'Opéra de Paris, préparer la *Neuvième Symphonie* pour octobre 1964. A la maison, j'étais envahi par les maquettes — décors, costumes — de Germinal Casado. Je cherchais des motifs avec lui dans les dessins de Léonard de Vinci. Il me proposait des soldats à peu près Louis XIII pour la fameuse *Marche hongroise*, en ajoutant des bracelets de cuir. On me reprochera ensuite d'en avoir fait des S.S. et de ne reculer devant aucun sacrifice pour attirer l'attention!

Qu'est-ce qui se passa encore d'important? J'écoutais sans arrêt les premiers disques d'Alfred Deller. Mme Petitjean cassa une statuette chinoise qu'il fallut recoller. J'achetai une immense couverture de fourrure : du loup. Elle était presque aussi lourde que moi. Je préférais dormir dessus que dessous! J'avais acheté aussi un appareil Philips pour bronzer chez soi, et je m'amusais à avoir une mine splendide en plein hiver à Bruxelles.

La *Neuvième* fut créée en octobre 1964 comme prévu. Je posai pour *Paris-Match* devant mon tourne-disques, le coffret de l'enregistrement de la *Neuvième* par Karajan devant moi. J'avais passé un T-shirt avec la tête de Beethoven imprimée dessus. Ça fait partie du métier! Je donnai des interviews : il y a toujours des interviews à donner, c'est devenu obligatoire, c'est comme de mettre des chaussures si on veut sortir dans la rue. Des poètes, des peintres peuvent refuser les interviews, mais pas les gens de spectacle : nous avons un besoin immédiat du public, et la sensibilité du public actuel réclame l'interview. Le journaliste est un douanier que le public nous envoie avant de nous admettre : qu'avons-nous à déclarer? Euh... Des affaires personnelles, voyez vous-même...

Pourtant la *Neuvième* n'était pas du tout un ballet « personnel ». J'avais renoncé à y exhiber mon petit univers, mes angoisses, mes rêves ou mes délires. J'avais l'impression de participer à une course de relais : je me retrouvais tout à coup avec dans les mains le flambeau que me passait Beethoven. J'écoutais cette musique comme je regardais les pyramides aztèques : dans ces cas-là, le « soi » disparaît! La *Neuvième* serait un rite, que je ne voulais ni païen ni laïc, que j'espérais religieux : mais la religion est difficile à rapetasser de nos jours. J'espérais au moins susciter une émotion, la moins trouble possible. Je pris la main de Beethoven et je me laissai entraîner. Je lus les paroles de l'*Hymne à la Joie* et je les pris pour argent comptant : « Sois unie, race humaine... sainte joie... »

Je pensai beaucoup et puis j'oublai tout. Je me retrouvai devant des danseurs : ça ne sert à rien de penser devant des danseurs. Il faut faire des gestes et voir si ça leur convient.

D'abord j'appris presque par cœur la partition, puis j'allai acheter un bloc de papier à lettres et je commençai à faire des brouillons de plans. Mes plans devaient obéir à la construction de Beethoven. Beethoven me donnait tout. C'est ce qui est fantastique quand on travaille sur une partition : le compositeur vous offre son propre travail sur un plateau! La musique donne son corps : le chorégraphe est un couturier. Comment habiller ce scherzo, cet adagio?

Nous travaillions au Cirque royal de Bruxelles. Les répétitions ont lieu avec la musique sur bande magnétique, retransmise par haut-parleurs. J'aimais le son qu'il y avait dans ce cirque : ample et rassurant. Pour le mouvement final, je voulais beaucoup de monde de toutes les races. Nous trouvâmes à l'université de Bruxelles des étudiants noirs pour qui je réglai des mouvements simples. J'avais des Japonais dans la compagnie. A le dire après coup, tout ça a l'air un peu naïf. Heureusement! Sans naïveté, je mourrais.

J'étais heureux. J'avais des interprètes capables de tout faire. Après avoir terminé mon plan, j'avais écrit en face de chaque mouvement les noms de ceux que je voulais faire danser. Quand j'eus trouvé ma « distribution », il n'y avait plus qu'à... faire le ballet. Lothar Häfgen et Patrick Belda dans le premier mouvement m'apporteraient le sentiment de douleur que je voulais. Duska Sifnios et Paolo Bortoluzzi en collants rouge vif dans le scherzo incarneraient la joie de la danse : je ferais pour eux des choses très « virtuoses ». L'adage suivant serait consacré à l'amour : Tania Bari et un danseur cubain, Jorge Lefebvre, en maillots blancs, donneraient la gravité, le recueillement. Le quatrième mouvement serait solaire. Jaune! Germinal Casado serait catapulté par la musique. Il appellerait les solistes des mouvements précédents. Le chœur, caché là sous des capes brunes, se dresserait d'un coup, rejetant les capes et apparaissant en jaune. Oui, oui, oui! Il fallait vite aller travailler à ça!

Nous avons trimballé la *Neuvième* partout, du Japon à la Russie. Le public a toujours été enthousiaste. C'est plutôt moi qui me suis refroidi.

Après la *Neuvième*, je voulus revenir « chez moi ». Il y avait longtemps que je n'avais plus fouillé dans mon propre sac à malices ou dans mon inconscient, appelez ça comme vous voulez. C'est Mathilde qui apparut. Mathilde Wesendonck.

Quelques années plus tôt, j'avais écrit un livre sur elle. Un roman. Titre : *Mathilde.* Je l'avais commencé à la cantine du Festival de Bayreuth, pendant les entractes de *Tannhäuser :* nous dansions au premier acte et au troisième. Entre-temps, je me précipitais avec mon cahier vers la cantine où j'écrivais devant un bol de soupe que je laissais refroidir. Je terminai ensuite *Mathilde* pendant les vacances qui suivirent et que je passai à Mykonos.

Je ne voulais pas écrire un roman : je voulais écrire un scénario de film. C'était devenu un roman. J'avais acheté quatre ou cinq cahiers d'écolier à Athènes, puis j'étais parti sur une île et j'écrivais toute la journée. Était-ce du temps perdu? Le titre exact du livre fut : *Mathilde ou le Temps perdu.* En guise d'épigraphe, j'avais déclaré : « On perd la guerre, son argent, ses amis. On perd ses illusions, ses cheveux ou la face. On perd souvent la tête. On perd aussi la foi. Mais on ne perd jamais son temps. »

Le roman racontait une histoire de ménage à trois. En rentrant de vacances, je dis dans une interview à la radio que j'avais passé mes vacances à écrire un livre. Je reçus une lettre de René Julliard. Il avait entendu l'interview, il aimait mon travail, il était prêt à éditer mon livre. Je ne l'ai pas relu depuis. De temps en temps j'en ai donné des exemplaires à des gens que j'aimais, comme on montre des vieilles photos de soi.

Avec le *Yi-King* chinois et le théâtre complet de Shakespeare, un autre livre auquel j'ai souvent recours est l'autobiographie de Richard Wagner. C'est dans ce livre que j'ai rencontré Mathilde. Mais c'est dans la musique que je l'ai aimée : j'ai tout aimé sans faire le détail, musique, Mathilde et Richard.

On m'a dit que *Mathilde* était une merveilleuse partie de cartes : trois personnages sur scène jouent au bridge avec Wagner dans la fosse d'orchestre qui tient le rôle du mort.

Thierry Bosquet fit les décors et les costumes de *Mathilde*. La scène vide (le drame se passe dans un théâtre, c'est-à-dire nulle part) s'enrichissait lentement de statues surgies du sol et des cintres. A la fin, le drame ayant eu lieu, les statues rentraient sous terre, abandonnaient les personnages comme les dents vous quittent chez le dentiste.

J'ai souvent travaillé avec Thierry Bosquet. Il est fou d'opéra; dans une autre vie, il a dû être le fils naturel de Mozart : c'est pour ça que je ferai un jour avec lui *Don Giovanni*. Son grand-père fut directeur du Théâtre de la Monnaie : il orne maintenant ce théâtre comme si c'était son berceau. J'admire la façon dont Thierry nous trompe tous en faisant semblant de vivre au XXᵉ siècle : rentré chez lui, je le soupçonne d'avoir accès au XVIIIᵉ par une porte secrète derrière le grand miroir qu'il a installé dans son salon. Il travaille là et il nous rejoint ensuite en taxi avec des maquettes passées en fraude au nez et à la barbe du Temps. Je l'ai vu aussi heureux de retrouver Venise qu'un vampire son cercueil. Après la première de *La Traviata* (décors et costumes : Bosquet; mise en scène : Béjart), je lui ai offert une bague ancienne : il l'a reconnue comme un enfant qui retrouve une vieille poupée que tout le monde croyait perdue.

Après *Mathilde*, il y eut le spectacle Stravinski à l'Opéra de Paris : apprendre *Le Sacre* et les *Noces* aux danseurs de là-bas, retrouver Boulez qui dirigeait l'orchestre et monter *Renard*, une courte pièce de Stravinski qui servirait de lever de rideau. *Renard* est une œuvre de bonne humeur, rapide comme tout, impeccable. Les paroles russes, mises en français par Ramuz, m'enchantaient : je les fredonnais en allant aux répétitions. « Zoum, zoum, zoum, patazoum... Et tant pis pour ces braves poules... Ah! Canaille! Que les bêtes te mettent en morceaux! » Et le dialogue :

— Mais Renard, mais Renard, pourquoi viens-tu si tard?

— C'est que j'ai mon petit commerce!

prononcé à une vitesse folle, trois syllabes dans le temps d'une, je me le disais en saluant le concierge de l'Opéra. Il s'inclinait :

— Monsieur Béjâââart...

Et moi : « Monsieur... », grand sourire, mais dans ma tête : « C'est que j'ai mon p'tit commerce! »

Germinal inventa pour *Renard* un grand collage qui servit de toile de fond, avec hommage à Boulez (un rébus sur *Le Marteau sans maître :* un marteau, un mètre), une reproduction du portrait de Stravinski par Picasso (ce dessin que les douaniers voulurent confisquer à Stravinski, prétendant qu'il ne s'agissait pas d'un portrait mais d'un plan d'installations militaires stratégiques!).

Évidemment, on me « pardonna » *Renard* à cause du *Sacre*. Les gens me regardaient avec l'air de penser : « Il faut bien que vous vous délassiez un peu, avec tous les efforts que vous faites. » On a dû faire la même tête à Stravinski, sans doute. Eh bien oui, je me délassais. J'étais content d'avoir mis l'orchestre sur scène et sur un tas de vieux pneus et de faire entrer les personnages dans une guimbarde disloquée. J'ai un faible pour les pieds de nez et une dévotion pour les jeux de mots débiles. Je m'étonne moi-même quand je constate le peu d'œuvres drôles que j'ai faites : presque aucune. La danse a trop partie liée avec la religion, sans doute. On peut faire des ballets parodiques (mais ça ne m'intéresse pas), il est pratiquement impossible de faire des ballets comiques et de concerner en même temps le *tout* de la danse. J'ai vu en Amérique des ballets comiques très bien construits, très séduisants, mais la danse y restait sous-employée. Autre chose est d'utiliser le talent comique d'un interprète dans tel ou tel passage d'une œuvre.

Donn, par exemple, est capable de faire des choses extrêmement drôles. Toujours au bord du désespoir, comme le vrai comique. J'ai réglé pour lui *Aubade*, l'histoire d'un homme genre petit fonctionnaire qui rencontre quatre femmes en même temps qu'il vieillit. Il y avait de la guitare hawaïenne, un morceau de percussion pris dans la bande sonore d'un film qui venait de sortir à Bruxelles, *The Wild Angels* (un ancêtre d'*Easy Rider*, avec Nancy Sinatra et déjà Peter Fonda) et une valse de Nino Rota choisie dans le disque des musiques de *Huit et demi*, un disque qui venait des voyages Copine, ramené de Miami par Lalo, le peintre de Beatriz.

Au début du ballet, Donn mimait le réveil d'un jeune homme : il prend sa douche, sifflote, imite des bruits de démarrage de moto. Pour finir, il s'éloigne en boitillant, en costume gris et chapeau melon. Sur la musique de Nino Rota (la partie de piano faisait très salon de thé), Donn dansait avec Krystyna. Krystyna était une superbe danseuse allemande que j'avais engagée à cause de son nom. Elle passait une audition. D'habitude, chaque danseur apporte sa musique et la confie à la pianiste avant de commencer une variation. Krystyna arriva sans rien. Silence. Depuis la salle, je l'interpelle :

— Vous n'avez pas de musique?

— Non.

— Comment vous appelez-vous?

— Schubert-Wagner!

Un tel nom la dispensait de toute musique! Je l'engageai aussitôt.

En plus, elle dansait bien. Elle nous quitta un jour en disant qu'elle se mariait à New York avec un romancier américain. Elle revint six mois plus tard, divorcée. Elle vivait seule et la moitié des garçons de la compagnie était à ses pieds. Elle était d'origine grecque, je n'ai jamais su si c'était du côté Schubert ou du côté Wagner!

Est-ce par franc-maçonnerie grecque que Manos Hadjidakis

s'intéressa à elle? Il voulait qu'elle chante et lui donna même des cours. C'était pendant *Les Oiseaux.*

*Les Oiseaux* fut un spectacle de divertissement avec théâtre, chant, danse, clowns, bord de piste en velours rouge, balançoires, astres en carton pailleté et ailes blanches dans le dos de garçons en blue-jeans.

J'avais rencontré Manos Hadjidakis à Athènes. Je connaissais comme tout le monde le « tube » qu'il avait composé pour le film de Dassin : *Jamais le dimanche.* Il était agacé qu'on le réduise à n'être que l'auteur de ce succès massacré par les bouzoukis de tous les restaurants grecs du monde. Il dirigeait à Athènes un orchestre qui était l'équivalent du Domaine musical de Boulez à Paris; il programmait du Schönberg, du Webern, des œuvres de Varèse. Il avait mis en musique des poèmes de Lorca. Il avait composé des opéras dont un au moins est un chef-d'œuvre : *Odos oneirôn, Le Chemin des rêves.* Nous décidâmes de travailler ensemble. J'en parlai à M. Huisman en rentrant. Il me présenta un de ses amis, Philippe Dasnoy (maintenant un des patrons de la télévision belge), qui voulait adapter *Les Oiseaux* d'Aristophane. (Ça me rappelle l'anecdote d'un cinéaste qui propose l'adaptation des *Oiseaux* à son producteur. Réponse du producteur : « Ah non! Surtout pas de documentaires! »)

Manos vint s'installer à Bruxelles pour deux mois. Il avait une très belle montre en or, extra-plate et à deux cadrans : l'un indiquait l'heure locale, l'autre l'heure de New York. C'était un cadeau de Warner Bros., les producteurs d'*America America*, film d'Elia Kazan en noir et blanc qui conte une odyssée moderne, celle d'un Ulysse de quinze ans vers l'Amérique d'avant-guerre, ponctuée par la musique de Manos.

Manos exhibait sa montre comme un gosse. Il souriait tout le temps, disait oui à tout et n'en faisait qu'à sa tête. Nous avions parlé d'un morceau de musique qui introduirait les *Oiseaux*, une ouverture. « Je vais le faire, je vais le faire », disait Manos. Huit jours après, je lui demande de m'en jouer quelque chose au piano. « Oh! je vais le faire », et il chantonnait quelques mesures.

— O.K. Manos, il faudrait l'ouverture pour la semaine prochaine. Il y a l'orchestre, tout de même. Il faut qu'on copie la musique pour eux.

— Oui, oui, je vais le faire. Je reprendrai les thèmes des meilleurs passages, tu verras.

Huit jours passent et Manos n'apporte rien. Il rit, il fait du charme, mais il n'a pas terminé son devoir. Il me parle de Delphes et de la lumière qu'il y a le matin très tôt sur le Pirée, quand il s'y promène avant d'aller se coucher, parce qu'il vit beaucoup la nuit.

Je n'ai jamais pu me coucher trop tard, parce que le lendemain matin il faut que mon corps travaille. Je sais que Dostoïevski ne se mettait pas à travailler avant minuit et se réveillait en début d'après-midi : il n'était pas chorégraphe!

Manos me lançait des bonsoirs affables quand je l'abandonnais dans les restaurants grecs de Bruxelles où il était accueilli comme un roi en exil. On se séparait, j'allais dormir et pour lui la vie commençait. Il entraînait avec lui Patrick Belda et le petit Micha van Hoecke, ils allaient voir les vitrines des marchands de matériel hi-fi et, pour un restaurant grec qui fermait à deux heures, il y en avait d'autres qui n'étaient ouverts que depuis minuit... Le matin, Manos dormait, oubliait de composer l'ouverture, ratait la répétition de deux heures moins le quart, cherchait un piano libre pour donner un cours à Krystyna, téléphonait chez Patrick pour savoir s'il avait bien dormi, tombait sur Laura qui lui reprochait d'avoir fait rater le cours du matin à Patrick et allait manger des salades dans le restaurant de l'hôtel Plaza. Je le voyais apparaître au studio vers cinq heures, il avait eu l'idée d'un thème musical pendant le trajet en taxi et me le jouait : « On va remplacer le début de la dernière partie : écoute, c'est beaucoup plus joli! — Mais, Manos, j'ai déjà tout réglé! — C'est tellement plus joli! Tu pourrais régler autre chose... — Mais on n'a pas le temps, Manos! » (Je n'osais plus lui parler de l'ouverture : il la composa juste à temps, il la finit dans le taxi qui l'amenait au théâtre pour l'avant-générale!)

Les danseurs avaient à ce moment-là un quartier général : *Chez Pino* qui s'appelait aussi *Bar du Dôme*, mais on disait chez Pino parce que c'était tenu par Pino, un Italien plus néo-réaliste que nature, sorti d'un film de Vittorio De Sica, qui consolait les uns, nourrissait les autres à crédit et avait ouvert à l'étage un cercle privé avec cartes de membre obligatoires, cercle privé qui prit vite des allures de tripot clandestin et dont je fus nommé, sans qu'on songe à me demander mon avis, président!

Donn y était l'un des plus actifs : il jouait au poker presque chaque soir et gagnait toujours. Je n'ai jamais vu quelqu'un aimer autant jouer, et gagner à ce point. Il parlait à peine français et se ramassait déjà des trois cents points au scrabble! Si, pourtant, j'ai vu quelqu'un d'autre jouer encore plus que lui : sa mère, quand il la fit venir à Bruxelles.

Je ne mettais jamais les pieds à mon cercle privé : un président préside et ne joue pas! En bas, on avalait des spaghetti entre le dernier cours et la première répétition. Le bar du Dôme était deux maisons plus loin que le studio. C'est là que se nouaient ou se dénouaient des histoires d'amour et que les gens du Living Theatre, de passage à Bruxelles, venaient nous raconter leurs premiers spectacles donnés dans des garages new-yorkais. Ils arrivaient de Londres, ils avaient visité la fameuse clinique du Dr. Laing et nous parlaient le soir d'un homme qui s'était enfermé dans sa chambre en ne tolérant que la présence d'un corbeau. J'avais vu leur *Frankenstein*, miracle de précision et grandiose mise à mort du théâtre classique : après *Frankenstein* on n'allait plus jamais pouvoir mettre en scène du théâtre parlé en se contentant d'indiquer des places aux acteurs.

J'ai toujours aimé rencontrer des gens très différents, qui n'auraient sans doute pas pu se supporter entre eux. C'est pour cette raison que je ne présente jamais mes amis à mes autres amis. S'ils veulent se connaître, ils se débrouillent. Je ne veux pas être responsable d'une rencontre, la provoquer. J'aime que les choses se fassent parce qu'elles avaient à se faire. Je crois beaucoup à un certain déterminisme.

J'imagine mal un dialogue entre le Living Theatre et Manos Hadjidakis, par exemple. Non que ce soit inimaginable : tout peut arriver. Mais moi, au contraire, je ressens profondément le besoin de dialoguer avec ces deux-là, comme j'ai été très enrichi par des rencontres avec des auteurs de films comme Robert Bresson ou Fellini alors que j'imagine encore plus mal ces deux-là ensemble : ils ne doivent pas avoir grand-chose à s'apporter mutuellement.

Je suis un patchwork. Je suis fait de petits bouts : les petits bouts que j'ai arrachés à tous ceux que la vie a mis sur mon chemin. J'ai joué au Petit Poucet à l'envers : les cailloux étaient devant moi et je les ai tous ramassés (ce n'est pas fini).

# 15

Mars 1966, je retrouve Webern complètement par hasard. On me proposait de faire quelque chose sur la *Suite lyrique* de Berg à l'Opéra de Paris, ou plutôt pour des danseurs de l'Opéra qui le donneraient ailleurs, Bonnefous et Jacqueline Rayet. Je ne me souviens plus du tout de cette *Suite* et je passe l'acheter à la Maison Bleue, le disquaire du coin. Je l'écoute attentivement rue du Pont de la Carpe et aucun déclic n'a lieu. Non, vraiment, ce n'est pas ça. Je me lève pour aller faire du thé et je mets machinalement l'autre face du disque. Dès les premières mesures, je m'arrête et je m'étends de nouveau sur le sol : c'était un quatuor de Webern.

J'avais prévu d'aller faire des courses, je n'avais plus de dentifrice, plus de lames de rasoir, mais je suis resté à écouter la musique jusqu'après la fermeture des magasins. L'appartement était au cinquième étage et la pièce principale vitrée du haut en bas. Allongé par terre, je pouvais m'appuyer à la vitre et regarder le carrefour. Le tourne-disques jouait la musique de Webern et j'observais les quelques passants, les voitures qui redémarraient au feu vert : il se produisait sans cesse des points de synchronisme entre les mouvements des gens en bas et les mouvements de la musique. C'était un des meilleurs ballets que j'aie vu, réglé par le hasard!

Le lendemain je portai le disque à Léo, l'ingénieur du son du théâtre, pour qu'il le copie sur bande magnétique et qu'on puisse commencer tout de suite à répéter.

Donn dansa ce ballet : *Opus 5* de Webern, avec Marie-Claire Carrié. C'était un pas de deux. A un moment, j'ai voulu évoquer Venise. La musique tout à coup m'avait transporté là-bas. Saisissant une jambe de la danseuse et se penchant vers elle comme un gondolier sur sa gondole, Donn ressuscitait Venise par un mélange de barbarie et de tendresse. Webern m'avait crié *Reposugi!* et je venais de répondre : *D'amour extrême!*

Jacqueline Rayet, qui dansa l'*Opus 5* de son côté avec Bonnefous fut tout simplement admirable : avec son corps, elle expliquait le sens du mot « âme ».

*Opus 5* était une œuvre d'émotion; je travaillai ensuite sur les deux *Cantates* de Webern, qu'il compare dans une lettre à une *Missa brevis*. Mon travail aboutit à une chorégraphie du genre de celles que je qualifie, pour aller vite dans les interviews, de « volontairement dépouillées », en parlant aussi (ça fait tilt) de « raréfaction de l'atmosphère musicale » ou de « brièveté, économie, rigueur ». J'éprouve souvent le besoin de m'astreindre à des chorégraphies mathématiques, où chaque pas est justifié par une note dans la musique, ou bien par des plans savants que j'ai fait avant le travail en studio. C'est quelque chose qui ne vient pas facilement, et j'aime creuser en moi et mettre à vif un besoin de fermeté, de justesse, de purisme.

En reprenant les *Pièces pour orchestre* additionnées à l'*Opus 5* et aux *Cantates*, je pus annoncer une soirée d'hommage à Webern — comme nous l'avions déjà fait pour Stravinski. Et tourner le dos à tout ça pour me plonger dans le romantisme, dans *Roméo et Juliette*, dans la vie et la musique de Berlioz. Donn serait Roméo.

Berlioz est un des rares musiciens français qui m'excitent vraiment.

Wagner avait assisté à la première de *Roméo et Juliette* à Paris en 1839. Il commenta : « Nous devons honorer Berlioz comme le véritable rédempteur de notre monde musical. » Cher Berlioz qui composait son *Roméo*, symphonie avec chœurs et solos de chant, en s'accrochant au souvenir de la jeune actrice anglaise qu'il avait épousée dix ans plus tôt et qui était devenue une grosse dame alcoolique mère de leur petit garçon!

La construction de *Roméo et Juliette* m'intéressait beaucoup : c'était une rêverie sur le drame de Shakespeare, par grands pans successifs. J'allais rêver à mon tour sur cette musique, sur les tableaux qu'elle proposait, un découpage plutôt en séquences cinématographiques : Fête chez les Capulets, Scène d'amour, Convoi funèbre de Juliette, etc.

La compagnie était grande, j'avais plusieurs interprètes pour chacun des deux rôles du titre. C'était compliqué car il fallait travailler pour des corps et des esprits dissemblables, et naviguer le plus adroitement possible dans les eaux de la jalousie...

Paolo Bortoluzzi et Laura Proença m'apportaient une technique irréprochable et une exécution parfaitement aboutie si on s'en tenait à des notions de *danse* et de *spectacle*. Mais Jorge Donn et une petite Japonaise, Hitomi Asakawa, moins roués, moins sûrs d'eux, moins « compas dans la main du géomètre », travaillaient avec une fraîcheur et une émotion faite de mille peurs qui les rapprochaient de ce qu'il faut bien parfois appeler la psychologie des personnages.

Je lançai Donn là-dedans comme on lâche dans une maison un jeune animal qu'on vient d'y introduire. Il ne parcourait pas la scène avec des points de repère : il découvrait le monde. Il était de toute façon un acteur-né. Très jeune déjà, à Buenos Aires, il avait fait du théâtre. Il n'en parle pas volontiers (Donn est un harpagon de la confidence!) mais j'appris un jour comment il fut le Puck du *Songe d'une nuit d'été* donné dans un théâtre en plein air, projeté sur scène en Tarzan au bout d'une liane. A la première, il s'électrocuta : la liane le dépose sur un fil électrique à nu et il continue de jouer sans se rendre compte de rien; il ne s'évanouira qu'à la fin de la scène, en coulisses, terriblement déçu parce que son père était dans la salle! Et trois jours d'hôpital...

Depuis, Donn évidemment avait fait des progrès. *Des* progrès? Mille progrès! Je lui avais confié des petits rôles ni longs ni difficiles au début, mais que je l'obligeais à retourner dans tous les sens. Il est indispensable qu'un interprète aime son rôle à cause du rôle et non à cause de l'importance du rôle relativement à l'œuvre. Les meilleurs figurants sont aussi les plus grands acteurs : imaginez Callas ne faisant qu'une apparition de cinq minutes dans tel opéra, en soubrette. On n'aurait vu qu'elle.

Donn fit ses armes dans le pas de cinq de *Divertimento*, mêlé à quatre autres danseurs plus chevronnés qui l'entraînèrent. Ensuite il partit travailler à Cannes avec Rosella Hightower, admirable professeur qui rajouta un signe « plus » devant les bras et les jambes d'un danseur qui y aspirait. Je crois qu'elle lui apprit aussi la valeur de la discipline pure et simple, celle du travail, des horaires et de la concentration simultanée du corps et de l'esprit.

Un jour, lisant dans son coin un livre de poésie, Donn se leva et me montra du doigt cette ligne : « Discipline, comme tu saignes! »

Bref, Donn travailla et travailla. Rien de grand ne se fait en dehors de là. Il le savait de mieux en mieux. Il le savait avec son être entier. Le travail nourrissait en lui une inspiration très émouvante qui, elle, vient je me demande encore d'où! Il peaufine ses rôles sur scène, soir après soir, avec un instinct qui repose sans doute sur son enfance mystérieuse dont il ne parle jamais. A peine ai-je pu apprendre qu'il aidait parfois sa mère à tenir un petit commerce de mercerie, mais pendant combien de temps, quand? Mystère...

En lui confiant *Roméo*, je ne « lançais » pas un inconnu : j'étais fier de collaborer avec un futur grand danseur.

Patrick Belda interpréta Mercutio : il incarnait l'amitié. La sainteté de Patrick était peut-être ce sens de l'amitié qu'il avait. L'amitié était sa vraie monnaie, il ne payait qu'en amitié. J'avais besoin de ce genre d'idées pour travailler. Je me disais : « Patrick, c'est l'amitié », et les pas venaient. Les premiers pas (ceux qui coûtent le plus!) : le reste suit — quand tout va bien!

Justement, ça n'allait pas bien. La veille de la première, il y a la générale : tout est censé être fin prêt, on vérifie. Et ce long ballet m'ennuie. Ce n'était pas raté, mais c'était pire : c'était banal.

Les interprètes étaient justes. Germinal campait un Tybalt fielleux et furibond. Laura était une Juliette dont Berlioz aurait pu s'éprendre. Les costumes du bal auraient rendu Diaghilev jaloux. Mais le ballet m'ennuyait. Nous avions à peine vingt-quatre heures pour y remédier.

D'abord je demandai à Maurice Huisman de pouvoir me passer de l'orchestre et des chœurs qui me gênaient pour restructurer en vitesse. Je coupai dans la musique. J'ajoutai un prologue où toute la compagnie est en costume de répétition : ce sont des danseurs, ils ne savent pas encore ce qu'ils vont devenir. Un maître de ballet intervient (moi) et cherche parmi eux un Roméo, une Juliette. Le tumulte s'apaise : le drame commence. Je rajoute aussi une fin, je prends des bruits de mitrailleuses, des cris, j'enregistre une voix qui hurle : « Faites l'amour, pas la guerre! » : les mêmes garçons et filles qui tout à l'heure allaient à un bal de la Renaissance redeviennent des filles et des garçons d'aujourd'hui, frères et sœurs du public. La chorégraphie reste inchangée : je n'ai chamboulé que la construction, et j'ai élargi le sens de l'œuvre. C'est-à-dire que j'ai enfin l'impression, une heure avant que le public n'envahisse le Cirque royal, d'avoir travaillé à une œuvre (bonne ou mauvaise, là n'est pas la question) et non à un ballet de plus dans le répertoire.

J'ai revécu la même aventure plus tard avec *Bhakti* au festival d'Avignon. J'avais fait deux voyages en Inde, voyages qui avaient changé la moitié de mes idées et raffermi l'autre moitié. *Bhakti* était la trace concrète de ces voyages. Musique hindoue, dieux hindous, chorégraphie classique occidentale ouverte à des gestes hindous : je regarde tout ça, et de nouveau la banalité me saute aux yeux, un côté « Exploration du monde », récit accompagné de diapositives. Au dernier moment, j'ai mêlé aux danseurs savemment maquillés en Krishna ou Shiva, des adorateurs occidentaux, des garçons en jeans : le contraste des deux fit tenir le ballet debout.

Il n'y a que ça qui sauve : le contraste, ou si on veut, le choc. On a toujours tendance à s'assoupir, mais parfois, grâce à des chocs, on entrevoit la vérité. On ne se développe soi-même et on n'a accès au sens de la vie que par des chocs successifs. On grandit par des chocs. On devient intelligent ou bête par des chocs.

*Roméo* fut créé le 17 novembre 1966. Quelle date de naissance est-ce? La naissance de quoi? De qui? Du chorégraphe que j'avais voulu devenir et à qui j'allais devoir maintenant échapper?

Mais comment dater, ou même apprécier ces choses? Personne ne saura jamais s'il est le Robinson Crusoé ou au contraire le Christophe Colomb de sa propre vie. Les deux, sans doute. Nous avons tous une île à aménager, un Nouveau Monde à découvrir, un Vendredi à rencontrer.

Enfoncé jusqu'au cou dans une vie qui devenait de plus en plus la mienne, je n'avais qu'à continuer. Dans des illustrés pour enfants, on voit parfois une série de points désignés par des numéros : il faut prendre un crayon et relier les points entre eux en suivant l'ordre des numéros. Une figure alors apparaît. Les journaux ne conseillent jamais de suivre un autre ordre et de faire venir une autre figure, sûrement plus biscornue, mais peut-être plus attrayante. Peu importe. Ce qui compte, c'est de relier les points. Il y aura *toujours* une figure. Quelle qu'elle soit, elle nous attend.

Je regarde mes ballets comme des fragments, comme des points qu'il faut que je relie les uns aux autres : je les relie avec mes voyages, mes rencontres, mes émotions — ou plus simplement avec d'autres ballets. Il y a des ballets que je refais quatre ou cinq fois, qui portent des titres différents mais qui traitent de la même chose : le premier est très naïf, le second est plus abouti mais glacé, le troisième sera émouvant mais techniquement bâclé. Le tout fait apparaître la figure (un écrivain parlait de l'image qu'il faut distinguer dans le tapis). Tout se passe comme si j'écrivais un journal intime dont chaque ballet serait une page brillante ou insipide, pathétique ou inintéressante.

J'ai eu plusieurs fois l'envie d'arrêter. Tout laisser tomber. Partir. Qu'on m'oublie.

A Avignon, en 1968, j'étais assez découragé. La fièvre m'empêchait de quitter la chambre. Aurais-je pu sortir, ça n'aurait pas été mieux. Dans la rue, ce n'était pas l'imagination mais la médiocrité et l'aigreur qui avaient pris le pouvoir. On me poussait à interrompre la série de nos spectacles. On m'aurait donné un diplôme pour avoir fait ça, un diplôme de soixante-huitard, non merci. (Je ne nie pas l'extrême sincérité ni la générosité de beaucoup de jeunes êtres dans les imbroglios de mai 68 : je dis que le monde du spectacle français y a baissé son masque sinon son froc, et on a vu à quel degré de décomposition il était arrivé.) Il fallait danser à Avignon 68, j'en étais persuadé. Mais en même temps, à titre personnel, je me demandais ce que je faisais dans ce métier : je regrettais de ne pas être resté en Inde.

Si j'ai continué, c'est vraisemblablement à cause d'un besoin de contact inapaisé, J'ai toujours eu une envie colossale de communiquer avec les gens, de les influencer, de les toucher, mentalement et physiquement. De les rendre joyeux ou tristes, furieux ou pensifs.

Ces découragements, qui m'assaillent une fois tous les trois ou quatre ans, doivent faire partie d'une économie qui m'échappe.

Bon. Passons!

Jean-Louis Barrault me demande de faire quelque chose avec sa troupe, avec lui. J'avais vu *Les Paravents* dont j'avais pratiquement tout admiré : le travail de mise en scène de Roger Blin, le travail de Maria Casarès, le travail de Jean Genet. (Genet : encore un saint. J'ai lu *Notre-Dame des Fleurs* comme un livre dc prières.)

Travaillcr avec Barrault ne se refuse pas. Il mérite qu'on redise pour lui les éloges de Wagner à Berlioz : véritable rédempteur de notre monde théâtral.

Il fallait trouver un texte. Je n'allais pas monter la énième version du *Cid*! En feuilletant un livre de généralités sur le XIX$^{e}$ siècle, je trouve une référence à *La Tentation de saint Antoine* de Flaubert. Voilà encore une fois comment les choses arrivent : complètement par hasard et complètement programmées. Ce livre de Flaubert avait été l'une des bibles de mon adolescence. Je l'avais sorti de la bibliothèque de mon père et j'en déclamais à mi-voix des pages entières le soir dans ma chambre. Je cherche fébrilement parmi mes livres d'aujourd'hui : je ne possède plus *La Tentation.*

Je sors faire deux ou trois librairies dans Bruxelles et je rentre avec le texte. Première réplique : c'est du Beckett avant la lettre. Saint Antoine dit : « Encore un jour! un jour de passé! » et j'entends la voix de Madeleine Renaud sur le disque que Donn écoute religieusement une fois par mois : « Oh le beau jour encore que ça aura été. »

Dernière réplique : c'est la mort d'Isolde dans le texte de Wagner! Teilhard de Chardin annoté par Sartre! Saint Antoine dit : « Tordre mon corps, me diviser partout, être en tout, m'émaner avec les odeurs, me développer comme les plantes, couler comme l'eau, vibrer comme le son, briller comme la lumière, me blottir sur toutes les formes, pénétrer chaque atome, descendre jusqu'au fond de la matière, être la matière! »

Entre les deux, Flaubert déroulait une tapisserie somptueuse, un texte retors, acide, fuyant. Une pièce qui me faisait penser à cet article que Cocteau privilégiait dans le catalogue des farces et attrapes : *objet difficile à ramasser.*

Pour interpréter la reine de Saba, une des tentations chocs de saint Antoine, je retrouvai Michèle Seigneuret. Elle avait quitté la danse depuis longtemps, elle s'était mariée, avait eu deux enfants. Mais en lisant les phrases sarcastiques, mélange d'impudeur et de mépris, que Flaubert donnait à son allumeuse de reine, je pensai à Michou, à la voix de Michou, à ses pirouettes. La reine à saint Antoine : « Ah! quand tu seras mon mari, je t'habillerai, je te parfumerai, je t'épilerai », et plus loin : « Mais si tu savais ce que j'ai dans ma petite boîte! Retourne-la, tâche de l'ouvrir! Personne n'y parviendrait; embrasse-moi; je te le dirai ».

Je disposais de quelques mois pour préparer le spectacle. Pas plusieurs mois de répétition, bien sûr, mais plusieurs mois pour y penser, pour m'imbiber du scepticisme triomphal de Flaubert, de cet espèce de désenchantement tonique qui n'appartient qu'à lui. Je retrouvais des amis communs : Apollonios de Tyane (aux mânes de qui Artaud dédia son *Héliogabale*), le Bouddha et d'autres personnages de même grandeur qui viennent troubler Antoine après avoir troublé Flaubert et avant de me troubler moi!

*La Tentation* sera créée au printemps prochain. D'ici là, il y a vingt ou trente spectacles à assurer. On ira en Allemagne de l'Est, on ira en Pologne où nous sommes dans le même hôtel qu'une équipe de cinéma anglo-saxonne qui tourne *La Nuit des généraux* : accueil toujours émouvant des publics des pays de l'Est. Ils ne sont dopés ni par la publicité ni par tout ce ramassis culturello-bêta qui est le nôtre. Ils me surprendront toujours, parce que leur seul reproche sera toujours celui de ne pas trouver assez audacieux certains ballets.

Je rapporte des disques de Varsovie : beaucoup de Chopin dans de fragiles pochettes jaunes et un disque de musique polonaise contemporaine, que j'avais acheté à cause du nom de Penderecki. Le morceau de Penderecki m'ennuie, mais je découvre sur la plage suivante six chants pour soprano et orchestre : *Erotica* d'un certain Tadeusz Baird. La voix de la chanteuse, l'orchestration, tout m'émeut. J'en ferai un pas de deux pour Laura Proença et moi : Laura voulait travailler en dehors des heures de répétition certains points faibles qu'elle avait, l'équilibre surtout. Elle me demanda de l'aider. Au lieu de travailler sur rien et pour rien, j'apportai le disque polonais et nous dressâmes une espèce de catalogue, catalogue de poses et de rapports entre un danseur et une danseuse. Avec au départ un souci technique et presque pédagogique, nous aboutissions à un univers psychologique — d'autant plus facilement que nous travaillions ensemble depuis tant d'années! Je me suis toujours servi des complicités multiples, de tous les liens d'affection, de hargne, de résignation, etc., qui se créent entre les membres d'une même troupe au fil des saisons.

Je ne déteste pas le côté « famille » de la compagnie. Parfois cette famille m'étouffe. On croit que j'en suis le père parce que j'y ai des responsabilités. Or j'en suis le fils. Je me révolte souvent contre ma compagnie, je la déteste même en certaines circonstances. Mais que serais-je sans elle?

En février 1967, Patrick Belda mourut. En pleine nuit, dans un accident de voiture : depuis quelques semaines, il faisait sans cesse Paris-Bruxelles et travaillait dans les deux villes. Il se fatiguait. Il avait voulu rentrer cette nuit-là. Il était avec Laura. Laura a échappé à la mort par miracle. Patrick n'avait pas de ceinture de sécurité. Il n'avait pas l'âge de mourir : il n'avait pas d'âge du tout. La mort n'a pas d'âge non plus. Patrick est mort.

Il y avait spectacle le soir au T.R.M. Tout le monde voulut danser. La radio belge annonça la mort de Patrick. Les gens arrivèrent les uns après les autres. Nous nous regardions, nous ne parlions pas. Donn et Hitomi dansèrent la scène d'amour de *Roméo*. Tous les amis de Patrick étaient en coulisses : Micha, Maurice Huisman, Beatriz, Bari, Dolorès Laga, Lydie Brackelaer, Lalo, François, les machinistes, les électriciens. Roméo disait au revoir à Mercutio. Toute une famille voulait protéger son frère aîné qui n'en avait plus besoin. A quoi servait la danse, qui ne pouvait ressusciter personne?

# 16

Je me retrouvai à Paris dans un petit appartement que j'avais loué pour trois mois, rue Madame, non loin du théâtre de l'Odéon où commençait le travail sur Flaubert et sa *Tentation.*

L'été prochain nous ramènerait au festival d'Avignon. Les contrats prévoyaient une création. Qu'est-ce que j'allais bien pouvoir faire? La mort de Patrick me poursuivait. Le choc avait été tel que j'avais mis plusieurs semaines à m'en rendre compte. Je lisais des textes sacrés de l'Inde. L'après-midi je me battais avec les dieux caricaturaux et hypocrites de Flaubert. Le soir, je me ressourçais en me faisant tout petit devant le message immense de la Bhagavad-gîtâ :

« L'Impérissable est le Brahman suprême; on appelle âme individuelle la nature propre de chacun; le devenir des êtres résulte de cette offrande créatrice qui s'appelle l'acte rituel. »

Ces mots : *acte rituel*, me donnèrent l'orientation de ce que je ferais pour Avignon.

J'intitulai le futur spectacle : *Messe pour le temps présent.* On m'objecta que c'était un titre ringard : j'étais scandalisé et sûr du contraire. J'avais senti un grand besoin de méditation, de recueillement, d'austérité : je ne pouvais pas être seul à ressentir une telle soif. Il s'agissait de tout autre chose que de quelques idées « dans l'air ». Les idées dans l'air sont comme des ballons : une épingle a vite fait de les réduire à un peu de caoutchouc.

Être à Paris m'agaçait. Je ne me suis jamais senti très à l'aise à Paris. Il y a quelque chose de vraiment mort dans cette ville, et de mesquin. J'aimerais pourtant passer un mois d'août à Paris, y traîner, regarder les façades, rêvasser dans le gardin du musée Rodin, revoir les statuettes égyptiennes que j'aime tant au musée du Louvre : mais en août je travaille, d'habitude. Les vacances du Ballet tombent en juillet et je préfère la Méditerranée à Paris.

La première de *La Tentation* eut lieu. C'était un spectacle que j'aimais regarder, et c'est finalement mon seul critère : il faut que ce que je fais me plaise d'abord à moi. Tant mieux si d'autres se passionnent aussi. J'étais heureux d'assister à cette parade de dieux, déesses, tentateurs et tentatrices. Heureux de regarder bouger les jeunes comédiens que je lançais dans les pattes des dieux. Heureux de voir Jean-Louis Barrault se démener comme un beau diable (ce qui, pour un ermite, est un comble). Heureux de voir se développer au fur et à mesure des scènes la structure métallique conçue par Wogenski. Heureux du tentateur en chef, diable froid en pull-over noir qui agitait son micro comme un tisonnier. Heureux d'être excité par tous : Apollonius, Ennoia et ces deux putes de Mort et de Luxure qui jouaient ensemble sur un rock de Pierre Henry très night-club dans le vent. Madeleine Renaud, Isis superbement attifée par Germinal Casado qui avait fait tous les costumes, était, si j'ose dire, plus déesse que nature : son apparition tranquille faisait beaucoup d'effet et j'adorais écouter sa voix où un vieux fonds de politesse luttait avec les blasphèmes sournois du texte.

***

Je préparai la *Messe pour le temps présent* à Bruxelles. Il faisait très chaud. Je rencontrai des difficultés inattendues. Je travaillais dans un domaine inconnu. Je prenais des risques, je m'aventurais. J'avais peur d'être mangé par mon propre projet. C'était d'une ambition folle : je faisais appel au Zarathoustra de Nietzsche, au Cantique des Cantiques, aux plus anciennes techniques de respiration hindoues, à la musique japonaise. Je mélangeais tout ce que j'aimais parce que je le connaissais déjà à tout ce que j'aimais parce que je le devinais. J'avais ramené à Bruxelles quelques comédiens de chez Barrault : Yan Brian, Michel Bringuier, Marie-Christine Barrault, Paule Annen. Je leur donnais des textes à dire et je tenais à ce qu'ils bougent. Je réglais de la danse sur ces textes qui n'étaient pas dits sur les mêmes rythmes : j'ajoutai alors de la percussion japonaise. Je demandai à Pierre Henry de me composer d'autres musiques de rock, des jerks plus fous que celui de *La Tentation.* On répétait du matin au soir, la première était le 3 août : le mois de juillet passa vite.

Je dédiai la *Messe* à la mémoire de Patrick.

Mon fil d'Ariane avait été la phrase de Nietzsche : « Je ne pourrais croire qu'à un Dieu qui saurait danser. »

Au début du spectacle, le public qui arrivait trouvait déjà les danseurs en scène, regroupés autour d'un musicien hindou qui jouait de la vîna, un instrument à cordes consacré à Sarasvatî, la déesse de la sagesse. Une légende rapporte que les deux calebasses servant de résonateurs représentent les seins de la déesse.

Les danseurs sont en jeans — comme le public. Le musicien décide du temps qu'ils resteront là. La salle est pleine. La musique déborde l'heure du début du spectacle : il n'y a pas de début, ça ne « commence » pas — comme ça ne « finira » pas. La *Messe* s'achève par une séquence que j'appelle l'Attente : nous sommes tous figés sur scène, en compagnie de ces lampes clignotantes oranges qui servent à signaler un accident, à baliser un terrain d'atterrissage de fortune. Nous attendons. Le public peut attendre avec nous, s'en aller : il n'y a rien à applaudir, il n'y a pas à être content d'artistes et de performances.

Entre les sons de la vîna hindoue et les lumières clignotantes, j'ai parlé de la solitude dans la nuit et de la même nuit où les couples cherchent l'unité. J'ai fait danser Paolo Bortoluzzi tout seul, approfondissant le slogan : « un dieu de la danse », et j'ai entraîné toute la compagnie dans les jerks de Pierre Henry (qui deviendront un « tube » à la radio cet été-là, et une des meilleures ventes de disques pendant longtemps).

J'avais aussi donné un rôle à M^me^ Paulet. M^me^ Paulet est la pianiste du Ballet depuis toujours. Elle ressemble la plupart du temps à un dessin de Copi et de temps en temps à un dessin de Steinberg. Elle nous accompagne en tournée comme une parente qui vient chaperonner sa ribambelle de neveux et nièces. Je lui demandai, pour la *Messe*, d'entrer sur scène en trottinette. Elle ne savait pas si c'était du lard ou du cochon. Elle accepta : « Si vous me le demandez, Monsieur... »

Elle arrêtait sa trottinette au milieu du plateau et récitait, imperturbable sous son grand chapeau noir à fruits et à fleurs, une comptine :

*En sortant du cinéma*
*Je rencontre un petit Chinois*
*Je le mets dans mon chapeau*
*Il me dit qu'il fait trop chaud*
*Je le mets dans mon mouchoir*
*Il me dit qu'il fait trop noir*
*Je le mets dans ma culotte*
*Il y fait trois petites crottes*

Donn dansait sur le poème de Nietzsche, seul texte de notre Occident que j'avais jugé capable de rivaliser avec les textes hindous et bibliques utilisés dans les tableaux précédents. Nietzsche parlait d'une *fontaine jaillissante*. Ces mots, Donn les comprenait avec ses muscles. Je crois que la compréhension de n'importe quoi est toujours plus profonde quand elle passe par le corps. Le corps d'abord. Le cerveau agira ensuite. Il faut que la chair (celle du danseur et celle du spectateur) soit atteinte d'emblée.

J'étais déjà venu l'année précédente à Avignon. On avait donné deux spectacles différents, le *Boléro* avec un orchestre marseillais pas vraiment au point. Et *Prospective*, une soirée « expérimentale » (cet adjectif est énervant, c'est une étoile jaune qu'on met sur ce que le commerce rejette, ou quoi?), où *L'Art de la barre* avait séduit Vilar. *L'Art de la barre* est un hommage à la barre, cette vieille compagne à qui je devais bien ça. Un, puis deux, puis cinq, puis dix danseurs et danseuses font à la barre les exercices quotidiens, au son du métronome : quelques interprètes aux prises avec le langage propre à leur espèce, à la fois des insectes et des Martiens. Caché dans le noir au milieu du public, je les regardais comme un entomologiste. Dans la chaleur des soirs d'été provençaux, avec le métronome réverbéré par le mur gothique du Palais des papes, ces danseurs attachés à leur barre m'effrayaient davantage que les personnages de *Huis clos*, m'émouvaient aussi : m'émouvaient comme émeuvent des sourds-muets dont ils avaient le surcroît d'affection, cette affection qu'exigent ceux qui estiment ne pas en recevoir assez. Arrivait à la fin une musique de Bach, comme une guérison, comme un baiser reçu la nuit au lit par les enfants qui n'arrivent pas à s'endormir.

La même année, Jean-Luc Godard présentait avec Anne Wiazemsky son nouveau film, *La Chinoise*, sur un écran tendu tant bien que mal dans la cour d'honneur du Palais. Le vent tordait l'écran et torturait ce film simple et calme (film pourtant plein de verdeur et d'insolences). J'avais déjeuné avec Godard — cette année-là ou l'année d'avant, je ne sais plus. J'avais eu envie de travailler avec son interprète Jean-Pierre Léaud, le Léaud de Truffaut. J'avais même pensé à un scénario, j'avais trouvé le titre : *Pachinko*, le lieu : le Japon, et c'était l'histoire de deux copains, un non-danseur (Léaud) et un danseur (le danseur devait être Donn) qui rencontrent là-bas une Japonaise (Hitomi Asakawa, ma Juliette). Le pachinko est un billard électrique qui m'avait fasciné à Tokyo, et qui fascine des centaines de milliers de Japonais. Des billes de métal bougent devant vous sans qu'il y ait à intervenir : en fin de parcours, on a gagné ou on a perdu. Il n'y a qu'à regarder la bille qui se moque de vous. Donn, bien sûr, gagnait tout le temps. Donn était un aficionado du pachinko! Le film ne s'est jamais fait. J'avais un peu travaillé sur le scénario avec Jean-Claude Carrière qui me racontait plein d'histoires à propos de Buñuel dont il commençait d'être le scénariste attitré.

Avec Godard, qui triturait sa salade niçoise en y cherchant des faux raccords, on n'avait pas beaucoup parlé parce que sa timidité était inversement proportionnelle à l'impertinence de son cinéma. J'aime les gens timides : je peux enfin me permettre de l'être moi-même sans complexes! Godard :

— Il y a quelques années, je croyais que tout avait été fait. Je me disais : qu'est-ce qui reste à faire maintenant? Il y a eu Eisenstein et Rossellini, *Tabou* et les films d'Haroun Tazieff. On nous dit qu'il faut faire des films sur la foule, mais King Vidor a déjà tourné *La Foule*, alors? J'étais décontenancé. Mais depuis quelque temps, je pense le contraire. C'est merveilleux : il faut tout dire, tout montrer, tout filmer. Tout reste vraiment à faire. Ce n'est pas simple. Je suis un ethnologue qui voudrait peindre un tableau en n'ayant à sa disposition que des instruments de musique.

Je pensai : « Moi aussi. » Je ne répondis que :

— Ah oui?

Et nous remîmes tous les deux le nez dans nos assiettes. Anne Wiazemsky observait malicieusement notre silence. Elle jouait avec ses cheveux roux et passait les plats en les heurtant contre les verres pour faire du bruit : elle meublait notre conversation... Je l'ai retrouvée plus tard au festival de Cannes à la projection du film que m'avaient demandé la S.F.P. et Antenne 2 : *Je suis né à Venise*. Ensuite elle vint souvent nous rejoindre à Bruxelles après avoir été une des partenaires de Donn dans le film de François Weyergans, *Couleur chair*.

Un merveilleux souvenir d'Avignon, c'est le buffet de la gare. J'y allais pour échapper aux coups de téléphone dans ma chambre d'hôtel. A la gare, les gens se moquaient de la danse. Ils avaient des trains à prendre, et c'est tout. J'avais la paix. Je prenais un sandwich et, par la porte vitrée, je regardais les rails, je voyais les trains partir pour Marseille.

Après le festival d'Avignon, je passai à plusieurs reprises les vacances dans une petite maison du Var. En réalité, il y avait deux maisons l'une à côté de l'autre et toutes les deux à côté d'un village : Saint-Antonin-du-Var où un bar-tabac servait de Prisunic. On y achetait du riz, des cahiers lignés, des lampes de poche. Un juke-box braillait les succès du moment et couvrait les exclamations des joueurs de pétanque. J'avais à ce moment-là une Méhari rouge que Donn conduisait sans permis (il allait prendre des leçons dans une auto-école mais les vacances n'étaient jamais assez longues pour qu'il arrive à l'examen).

Cette Méhari fut ma dernière voiture. Après, j'en ai tout à coup eu assez d'acheter des voitures : on ne sait pas qu'en faire la plupart du temps. Les taxis à Bruxelles, et sinon les avions, suffisaient. J'aurai eu trois voitures dans ma vie : d'abord une Daf avec changement de vitesse automatique, achetée après le *Sacre du Printemps*. Ensuite une des première DS 19 décapotables : j'allais souvent à Ostende par l'auroroute, pour regarder la mer. On se mettait à six ou sept dans la voiture, on décapotait et on mangeait quelque chose à Bruges avant de rentrer. J'avais acheté la DS de l'argent reçu de l'Opéra de Paris. Je l'ai donnée plus tard à un de mes danseurs : j'ai d'ailleurs eu des ennuis avec le fisc, parce que le contrôleur refusait de croire que j'aie pu *donner* une voiture...

A Saint-Antonin, une des deux maisons était pleine de livres et de disques : c'est là que je lus la vie d'Apollonius de Tyane dans un volume de la Pléiade. Mais il y avait surtout la piscine et le paysage. Le paysage semblait peint par un élève de Vinci, et certains soirs par Vinci lui-même. Quant à la piscine, peut-on parler de piscine? « Piscine », ça fait un peu trop hollywoodien pour ce qui n'était somme toute qu'une baignoire agrandie et bétonnée. Je la remplissais le premier soir en arrivant. Toute la nuit, un bruit de cascade qui ressemblait aussi à un bruit de chasse d'eau qui fuit m'empêchait de dormir. Le lendemain, l'eau était encore froide et je m'occupais d'enlever les feuilles mortes et de sauver de la noyade une série de scarabées. Le soir, en regardant les rayons du soleil se prendre pour des pinceaux de petit maître italien du Quattrocento, j'installais au bord de la piscine enfin remplie un électrophone à piles et je faisais entendre aux quelques amis venus avec moi occuper les chambres que je n'aurais pas supporté de laisser vides une cantate de Bach ou un *raga* joué par Ravi Shankar (un raga du soir, bien sûr : j'aurais été choqué si quelqu'un avait mis à la nuit tombante un raga du matin).

Je ne supporte pas de passer des vacances tout seul. Il faut être deux, louer un bateau et faire le tour des îles grecques, ou se retrouver à plusieurs dans une maison que chacun fait vivre à sa guise. Je prenais des notes pour les ballets de la rentrée en m'asseyant par terre contre un tronc d'arbre pendant que Donn, Micha, Mathé et François jouaient au scrabble pendant des heures.

Un inconnu m'avait envoyé, pour me remercier de la joie res sentie à un spectacle, une copie manuscrite d'un texte alors introuvable de Jean Genet : *Le Funambule*. Je le lisais à haute voix aux autres. Genet s'adresse à un funambule et lui parle du maquillage, des paillettes et du fil. Dans ce fil nous reconnûmes la barre des danseurs. Genet conclut : « Il s'agissait de t'enflammer, non de t'enseigner. » Il dit aussi ce texte secret que tous les danseurs devraient connaître (et que chacun recopie pour un autre afin que la force du texte agisse).

« Ton fil de fer, charge-le de la plus belle expression, non de toi mais de lui. Tes bonds, tes sauts, tes danses — en argots d'acrobate tes flic-flac, courbette, sauts périlleux, roues, etc. —, tu les réussiras, non pour que tu brilles mais afin qu'un fil d'acier qui était mort et sans voix enfin chante. Comme il t'en saura gré si tu es parfait dans tes attitudes non pour ta gloire mais la sienne. Que le public émerveillé l'applaudisse : « Quel fil étonnant! Comme il soutient son danseur et comme il l'aime! »

J'aime la lecture à haute voix. Nous organisions des séances de lecture très XVIIIe siècle. François Weyergans avait loué une chambre à l'étage du bar-tabac de Saint-Antonin : s'il était resté à la maison avec nous, il se serait laissé distraire sans arrêt. Il travaillait la nuit à un roman qu'il intitulait alors « Les nouvelles aventures de Salomé » et qui deviendra son roman *Le Pitre*. Il s'enfermait avec une machine à écrire, un petit dictionnaire Littré et le stock des cahiers d'écolier qu'il avait racheté à la dame du bar-tabac. Donn et Krystyna allaient le chercher pour le dîner avec la Méhari. Il faisait encore jour. Nous nous installions sous un arbre et, en rallumant ses cigarettes à chaque changement de paragraphe, François nous lisait les pages écrites pendant la nuit précédente.

Nous étions de plus en plus bronzés et son front à lui devenait de plus en plus pâle. Dans ce chien-et-loup où les cigales se taisent avant que n'interviennent les grillons, le texte de François nous transportait dans des chambres d'hôtels à Londres et à Venise. Il souriait en concluant : « Vous avez un écrivain comme les maîtresses de maison viennoises avaient Schubert à leur piano ! »

Je leur lisais à mon tour des chapitres de *Pays de neige*, roman d'un de mes auteurs préférés, le japonais Kawabata. On inventait ensuite des charades aux solutions introuvables, on jouait au portrait chinois.

Je venais aussi de tourner un film pour la télévision. J'y racontais la journée d'un danseur, d'où le titre *Le Danseur*. Donn était ce danseur. On avait commencé le tournage à Avignon. Ghislain Cloquet faisait la photo (j'avais beaucoup aimé son travail pour Bresson et Arthur Penn). J'avais filmé, caméra à la main, la solitude de Donn dans les rues d'Avignon, et son réveil dans une petite chambre de l'*Hôtel d'Europe*, des fragments de la *Messe* et une rencontre à Cannes avec Rosella Hightower. J'ai toujours été très ému de filmer de la danse : ce qui, par essence, n'a lieu qu'une fois va pouvoir être répété indéfiniment grâce aux machines que fournit le cinéma et à cet œil de vache, comme dit Bresson, à moins que ce ne soit Cocteau, cet œil de vache de la caméra.

Mais je confonds tout : l'année du film, je n'étais pas à Saint-Antonin ; on a filmé dans un studio à Marseille, je suis même allé revoir la Cité Radieuse de Le Corbusier et son toit où j'avais dansé quinze ans avant. On habitait dans un hôtel sur la Corniche, le *Ruhl*, où Anne Béranger, la productrice, nous tenait éveillés jusqu'au milieu de la nuit en nous chantant des berceuses russes. Puis j'avais passé la fin des vacances à Cannes : je me souviens d'un festival international de feux d'artifice qu'on regardait depuis la terrasse du Montfleury, et la mère d'une de mes danseuses, Maïna Gielgud, nous invitait à faire tourner les tables chez elle (les tables tournaient). Saint-Antonin, ce fut l'année d'après, mais quelle importance, vraiment ! C'est à Cannes aussi que nous apprîmes que les Russes venaient de refaire à Prague le mauvais coup de « l'ordre règne à Varsovie ».

# 17

En mai 68, j'étais à Lisbonne avec la compagnie. Nous venions donner *Roméo et Juliette*. Nous devions danser dans un très grand théâtre. Nous sommes arrivés un soir. Le lendemain matin, je quitte l'hôtel pour aller à la première répétition des éclairages quand je suis attiré par un remue-ménage dans la rue. Les gens s'agglutinent autour d'un kiosque à journaux. Je m'approche. De grandes manchettes annoncent l'assassinat de Robert Kennedy. Bien que je n'aie jamais éprouvé aucune admiration particulière pour la politique de l'un ou de l'autre des frères Kennedy, cette nouvelle me traumatise.

La première de *Roméo* a lieu le soir même. La salle est comble, il y a beaucoup de jeunes. Ils recevront le final du ballet comme un coup de poing dans l'estomac : les bruits de bombardements, les sifflements de mitrailleuses, les cris de *Faites l'amour, pas la guerre* ne sont pas accueillis à Lisbonne comme à Bruxelles. Le Portugal était en guerre en Angola, Salazar régnait, et le puritanisme aussi. L'ambiance devient très électrique. Le spectacle se termine : c'est une ovation. Finalement, on est très porté par les ambiances : je viens saluer et sans avoir rien prémédité, je m'entends dire quelque chose à quoi j'avais pensé toute la journée et que les applaudissements font sortir de moi. Je fais un signe. La salle se calme. Je dis : « Je demande maintenant une minute de silence pour la mort de Robert Kennedy », je marque une pause et j'ajoute dans le silence qui venait d'apparaître : « qui est tombé victime du fascisme international ».

Toute la salle se tait.

Nous rentrons dans les loges. J'entends des chants : ils viennent de la salle qui se vide lentement. On me dit qu'il s'agit d'un hymne révolutionnaire interdit.

Après le spectacle, nous étions invités à une réception à l'ambassade de Belgique. J'y trouve une ambiance bizarre, un peu angoissante, le contraire de la chaleur que dégageait la salle à la fin du spectacle. On m'évite plus ou moins. Des officiels portugais resteront deux minutes.

Le lendemain, je n'y pense plus et je sors de Lisbonne pour aller me baigner dans l'Atlantique. Je rentre à l'hôtel vers quatre heures et je suis aussitôt entouré et maintenu par deux hommes en civil :

— Ne faites pas un mouvement, ne bougez pas, ne parlez pas, suivez-nous, on va monter sagement tous les trois dans votre chambre.

Je refuse net. Je leur propose d'aller s'installer au bar de l'hôtel.

Eux :

— Pas de scandale, surtout! Il faut monter dans votre chambre. Tout se passera bien. Où est votre passeport?

Je mens, je dis qu'il est dans les mains de M^me^ Anita Lotsy, l'administratrice du Ballet. J'espère qu'ils iront la chercher et qu'Anita me sauvera de ce mauvais pas.

Ils ne bougent pas et continuent de me serrer les deux bras tout en gardant le sourire. Je suis très loin d'être rassuré. Toutes sortes de souvenirs sur le comportement des polices politiques me reviennent en mémoire.

Nous sommes toujours dans le hall. Heureusement, un des danseurs quitte l'ascenseur et m'aperçoit. Je l'appelle : « Fais venir tout le monde ici. » Je n'ose pas faire une phrase plus longue. Les deux types ont l'air contrarié. Ils rabâchent : « Suivez-nous dans votre chambre. » Je me visse au sol.

Quelques danseurs arrivent, puis d'autres, puis presque toute la compagnie. Ils m'entourent. Ils apostrophent les deux flics : « Laissez-le, qu'est-ce que vous voulez? »

Les mains relâchent leur étreinte sur mes bras. Les flics se radoucissent et finissent par proposer de m'emmener à la police centrale.

Puisqu'il y a eu beaucoup de témoins et un début de scandale, je ne redoute plus un mauvais coup. J'accepte de les suivre. Je sais aussi que Mme Lotsy a entre-temps alerté deux ambassades.

On me fait poireauter deux heures dans un bureau sinistre. Ensuite, interrogatoire puéril : où étais-je le mois dernier, où irai-je le mois prochain? Où est mon passeport? Etc. On m'enferme à clé dans un autre bureau vide. Il fait noir. Je n'avais pas remis ma montre après ma baignade de l'après-midi. Je ne sais pas s'il est dix heures du soir ou minuit. Je ne sais pas ce qui se passe au théâtre : dansent-ils *Roméo*, ne dansent-ils pas?

Ils refuseront de danser : « Votre police retient Béjart, nous ne danserons pas sans lui, le spectacle ne pourra pas avoir lieu sans lui. » Ce sera considéré comme une rupture de contrat.

Je reprends peur dans ma pièce vide. J'apprendrai plus tard que Mme Lotsy a alerté l'ambassade de France, qui s'est défilée en prétextant que j'étais venu avec une compagnie officielle belge.

Tout à coup, on vient me chercher sans ménagements et on me pousse à coups de pieds dans un fourgon cellulaire. On me passe les menottes. Deux nouveaux flics, toujours en civil, viennent s'asseoir à côté de moi et le fourgon démarre à toute allure, quitte Lisbonne et fonce dans la nuit. A la montre d'un des flics, je vois qu'il est une heure du matin.

Le type conduit comme une brute. Il freine, fait demi-tour en quittant la route, repart dans l'autre sens, tourne à angle droit. J'ai l'impression d'être dans un véhicule fou, sans conducteur. En réalité, une voiture nous suivait. C'était la voiture d'un chargé d'affaires à l'ambassade de Belgique, Bob Lebacq, qui avait attendu devant les locaux de la police, avait assisté au départ du fourgon et avait décidé de nous suivre. Je me demande ce qui serait arrivé si Lebacq ne nous avait pas suivi, ou si les flics avaient réussi à le semer. Car ils cherchaient manifestement à le semer, me dira-t-il quand il m'aura rejoint.

Au bout de quelques heures de cette auto-tamponneuse d'un nouveau genre, on arrive en pleine nuit à un minuscule poste-frontière espagnol. Mes gardiens, qui avaient entre-temps récupéré mon passeport à l'hôtel, et sur lequel ils avaient apposé un gros cachet : « Expulsé. Indésirable », allaient me remettre dans les mains de trois douaniers espagnols à un poste-frontière ignoré, je l'aurais parié, de la Direction des douanes elle-même.

Le fourgon s'immobilise enfin. Les douaniers espagnols s'approchent et contemplent non sans intérêt ce spectacle inattendu : policiers portugais enlevant les menottes à un prisonnier. On me rend mon passeport vers lequel les Espagnols tendent déjà les mains quand arrive la voiture de Lebacq. Il freine à côté de moi, ouvre la portière : « Ça va? » Entre-temps, le fourgon a disparu.

La voiture de Lebacq est immatriculée « corps diplomatique ». Les douaniers ne comprennent plus rien. Bob Lebacq explique en long et en large qui il est, *lui*, et se tait prudemment sur mon propre compte. L'immunité diplomatique joue : les douaniers laissent passer la voiture et ses deux occupants.

Avec une affabilité dont je lui serai toujours reconnaissant, Lebacq me conduisit jusqu'à Madrid où nous arrivâmes en début de matinée. Il me prêta une veste et de l'argent. Je pus prendre le premier avion pour Bruxelles. Que serais-je devenu sans lui, d'abord aux mains des gorilles du fourgon, ensuite, s'il ne s'était rien passé dans le fourgon, en compagnie des douaniers espagnols aux yeux de qui je n'aurais pas pu ne pas être le personnage le plus louche de la péninsule?

J'avais écouté beaucoup de musique hindoue à Saint-Antonin-du-Var. Je n'en avais pas fini avec elle. Mais aucune idée précise n'arrivait. J'avais deux créations à faire en décembre. Rentré à Bruxelles, je replonge un soir dans les mémoires de Richard Wagner, je relis les pages qui concernent sa découverte du bouddhisme.

Wagner avait eu un projet d'opéra adapté d'un récit hindou : l'amour d'Ananda et Savitri. Il en donne le titre, dont je m'emparai : *Les Vainqueurs*. Wagner ne travailla jamais aux *Vainqueurs*, sans doute à cause de *Tristan* : il est difficile de mener de front deux grandes œuvres. L'une finit toujours par dévorer l'autre. La nuit de *Tristan* a absorbé la lumière des *Vainqueurs*. Eh bien, je ferais *Les Vainqueurs :* je mêlerais Tristan et Savitri, Anada et Isolde, l'acte II scène II de l'opéra *Tristan und Isolde* et les ragas hindous.

Voilà comment les choses arrivent : elles vous tombent dessus. A Saint-Antonin, je ne m'inquiétais pas de ne pas trouver. Je savais que ça viendrait au moment voulu. En cas de panne sèche j'aurais eu recours aux hexagrammes du *Yi-King*. Mais il m'avait suffi d'emporter un soir pour le lire au lit un des trois volumes de la vie de Wagner (volume choisi au hasard) et de tomber sur les pages où il mentionne *Les Vainqueurs*. Soit dit en passant, il est curieux de constater le peu d'importance que les divers commentateurs ont accordé au rôle joué par le bouddhisme dans la vie et l'œuvre de Wagner à partir de 1855. Il est indispensable d'en tenir compte si on veut comprendre pleinement *Tristan* et *Parsifal*, pas seulement sur le plan des idées mais sur le plan strictement musical : la théorie du *Leitmotiv* est un reflet de la conception psychologique des états de conscience du bouddhisme et de leurs perpétuelles fluctuations. Il y a aussi les points de contact si troublants entre les mythes celtes et les récits indo-tibétains.

Je n'ai jamais repris *Les Vainqueurs* depuis sa création. D'abord, il y avait des fautes : j'aurais pu corriger les fautes, mais parfois on corrige une faute et ça bousille le réussi qui dépendait des fautes sans qu'on le sache! Et le ballet appartient trop à mon souvenir, au souvenir que j'ai gardé de ses deux interprètes : Donn et Bari. Ils ne pourront plus jamais être ce qu'ils furent alors. Ce n'est pas une question de talent. C'est une question de dates. Ce serait malhonnête de remonter ce ballet. Je ne sais plus qui disait : « L'honnêteté est une question de dates. »

Création des *Vainqueurs* : 10 décembre 1969. Ce soir-là, je surveillai le spectacle debout sur une des trois marches de l'escalier qui donne accès aux fauteuils d'orchestre du T.R.M. Pendant le premier quart d'heure, quinze garçons dansent autour de Donn qui est assis en position du lotus. Donn, à la générale, s'était évanoui au moment où il devait se relever et je redoutais de le voir recommencer. Je retenais mon souffle. Je me disais : « S'il tombe en syncope, le ballet est foutu, c'est mauvais signe », mais il se leva avec aisance et commença sa variation. Nous étions sauvés. Je savais que le ballet serait bon. Dans la salle, une salle de gala, le public était indifférent à tout ce qui était en jeu sur scène : il venait manger « du Béjart » comme on goûte un beaujolais nouveau. Je suis habitué à être applaudi, ou mes interprètes, pour d'autres raisons que celles qui nous poussent, nous, à créer et à danser.

Dans *Les Vainqueurs*, j'avais mis toute ma dévotion pour le bouddhisme, depuis les conversations de jadis où mon père, retour du Japon, m'en parlait, jusqu'à mon premier voyage au Japon et mon émotion devant les temples *in situ* en passant par les longues heures où je lisais et relisais ses livres de Suzuki sur le zen — et les autres heures, innombrables elles aussi, passées à écouter la musique de Wagner, étendu par terre près d'un tourne-disques, les yeux clos, me laissant prendre par la musique comme dans l'amour.

Deux semaines plus tard, je créais *Actus tragicus* sur deux cantates de Bach. Méditation chrétienne sur la mort, c'était ma façon à moi d'appartenir à la même civilisation que Bossuet! Comment, à quinze jours d'intervalle, monter deux ballets aussi différents et passer du Bouddha au Christ? Je ne crois pas que la différence soit si grande. Sans doute y a-t-il, dans la vie civile de ces religions, des cultes différents. Mais tout se rejoint à un certain niveau. Et s'il n'y a pas de différence à mes yeux, c'est qu'il s'agit d'abord de deux ballets, et du même chorégraphe. J'aime que la danse me permette de parler de tout.

# 18

Maintenant je vais tordre le cou à la chronologie. J'en suis saturé. Tire-toi, chronologie, tu m'encombres!

J'habite chez Louis II de Bavière. Il m'a prêté son château de Linderhof. J'écris ces lignes dans le pavillon mauresque du rez-de-chaussée, assis sur un trône aux coussins de soie multicolore et surmonté de trois paons de métal qui font la roue comme l'oiseau artificiel de Fellini dans la neige d'*Amarcord*. J'entends des cris. Des cris de paons? Non, ça ressemble plutôt aux cris de la prostituée blonde d'*Amarcord* qui grimace le long de la mer en appelant Fu Manchu!

Vais-je voir apparaître Fu Manchu? Il aura enfin trouvé les messages que nous lui laissions à la caisse du cinéma Apollo? Le cinéma Apollo, dans une petite rue de Bruxelles, fut jusqu'à sa disparition en 1967 la résidence secondaire de Donn : il m'y invitait souvent. L'Apollo ne jouait que des films d'horreur. A part moi, les autres invités de Donn n'étaient que des Wurdalaks et autres Stryges. Passaient parfois, après le dîner, Christopher Lee ou Barbara Steele. L'Apollo détruit serait-il reconstruit dans la grotte de Linderhof? Une dernière attention de Louis avant qu'il n'aille se suicider? Cher Louis! Il savait combien j'aime et j'ai besoin du cinéma! Notre dernière conversation avait porté sur les Marx Brothers. Louis s'était déguisé en Groucho et m'avait prêté une harpe et une perruque à la Harpo : avec Chico, nous étions parti semer la merde à l'Opéra de Paris. Andy Warhol nous avait donné un coup de main en peignant un peu partout des bouteilles de Coca-Cola et en mettant la tête de Marilyn à tous les personnages du plafond de Chagall. J'avais joué un arrangement du *Marteau sans maître* sur ma harpe, et Louis II, qui avait appris en secret pour m'en faire la surprise ma chorégraphie de *Sérénade*, entra sur scène en promenant Georges Auric dans une brouette : ils interprétèrent très bien mon pas de deux. Chico soulevait les jupes de toutes les dames dans la salle : dans la presse du lendemain, les critiques lui reprochèrent un érotisme exacerbé. N'empêche qu'on nous proposa aussitôt de prendre la direction de l'Opéra à nous trois. Chico refusa : il avait déjà signé avec le Ballet du XX^e^ siècle. Louis II se récusait : il fallait absolument qu'il rentre au château de Berg pour se suicider, il avait pris suffisamment de retard comme ça. Moi, j'hésitais. Si on m'avait sous-loué la rotonde Zambelli pour que je puisse y habiter, je n'aurais pas dit non. C'était mon endroit préféré dans tout l'Opéra, cette rotonde : un peu en hauteur, il y avait des fenêtres et on pouvait donc y respirer. Mais je ne voulais pas vexer Louis : il m'avait prêté Linderhof, il fallait que j'y reste un minimum de temps.

Sur le chemin du retour, nous faillîmes nous disputer. Louis m'expliquait qu'il avait refusé de se marier avec la princesse Elisabeth parce qu'il voulait se garder pour Margaret Dumont, l'actrice de tous les films des Marx Brothers, l'égérie de Groucho. Eh bien, moi aussi! Nous étions rivaux! Nous arrivâmes à un compromis : lui la prendrait dans *Duck Soup* et moi dans *Animal Crackers*.

Je passai deux mois de mieux à Linderhof. J'y retrouvai Mme Petitjean que Louis avait fait venir de Bruxelles. Elle disparut un matin en me laissant ce mot :

« Monsieur,

J'ai cassé Dieu en passant l'aspirateur. Excusez-moi. Merci.

*Mme Petitjean.* »

Je la rattrapai à temps pour l'envoyer, en guise de pénitence, m'acheter un peu de *pashmak* à Yazd où brûle le feu éternel. Yazd est la ville sacrée des Zoroastriens en Iran : il lui fallait un voile.

Je déchirai en deux un T-shirt qu'elle venait de repasser, celui où il y a Beethoven dessus. « Tous les hommes sont frères » serait le mot de passe. Je lui recommandai de passer par Londres d'abord et Venise ensuite :

— N'oubliez pas, insistai-je. Si la Tamise est tard, le canal est tôt.

Je lui expliquai en clair l'allusion au peintre vénitien Canaletto : je ne voulais rien laisser au hasard, je voulais absolument manger encore une fois dans ma vie du *pashmak*. Comment décrire le *pashmak*? Le décrire n'est rien, c'est l'avoir dans la bouche qui compte! C'est à mi-chemin entre le pollen des fleurs et la « barbe à papa ».

Resté seul, j'allais enfin travailler à mon prochain ballet quand j'entendis les pneus d'une voiture crisser dans la cour. A travers les vitres étoilées rouge-bleu-jaune du salon mauresque, j'aperçus une Rolls et deux types dedans.

Me livrait-on une Rolls? La seule voiture que j'aimerais posséder? Je la laisserais devant chez moi et j'y donnerais tous mes rendez-vous.

André Malraux sortit le premier. Il servait de chauffeur à Nietzsche.

Nietzsche resta dans la voiture. André Malraux klaxonna et j'ouvris la fenêtre :

— Attendez, j'arrive!

S'étaient-ils égarés, cherchaient-ils leur chemin ou venaient-ils pour me voir?

Malraux s'était avancé de quelques pas et s'interposait entre moi et la Rolls :

— Écoutez, Béjart, il faudrait que vous vous occupiez de l'Opéra de Paris.

Aïe! Encore cet Opéra! Je conseillai à Malraux de faire avec l'Opéra ce que son employeur Nietzsche conseillait de faire avec le Vatican : le brûler et élever des serpents dans les ruines. Il m'objectait que l'administration de son ministère ne le suivrait jamais. C'était râpé. J'étais très heureux de rencontrer Malraux, qui resterait toujours à mes yeux celui qui avait volé des statues au temple d'Angkor et qui était parti à la recherche de la capitale de la reine de Saba dans le fin fond de l'Abyssinie alors que Jean-Louis Barrault aurait pu lui éviter tout ce tintouin : Jean-Louis savait déjà, grâce à Flaubert, que la reine de Saba se cachait au Ballet-Théâtre de Maurice Béjart sous le nom d'emprunt de Michou. Tout ça, je ne l'ai pas dit à Malraux : ça ne servait à rien de lui faire de la peine si longtemps après. Quand je le revis plus tard à Paris dans son bureau de ministre, il ajoutait à lui tout seul un nouveau volume à son *Musée imaginaire*. Il n'avait plus de temps à perdre avec l'optimisme ou le pessimisme. Il vivait dans tous les siècles à la fois et plus souvent avant Jésus-Christ qu'après. Je crois que l'Opéra de Paris, pour lui, relevait plus de la note de service que du rêve.

Mais vu du château de Linderhof, l'Opéra de Paris n'avait pas plus d'importance qu'un Wimpy ou un MacDonald de Broadway (et plutôt moins). Et puis, Nietzsche était toujours dans la voiture. « Vous voulez que je vous prépare du thé? proposai-je. Ma femme de ménage est partie faire des courses, mais je peux quand même... »

— Non, coupa Nietzsche sans lever la tête. Il lisait une partition de Gustav Mahler. A la dernière page, il me tendit le paquet de feuilles :

— Tenez, votre prochain ballet. Les paroles sont de moi. Le titre est de lui : « Ce que l'amour me dit. »

Nietzsche siffla entre ses dents :

— André, dépêchons-nous. Il faut être à Sils-Maria ce soir.

J'aurais voulu les retenir à dîner. J'aurais voulu danser pour Nietzsche. J'aurais improvisé sur du Vivaldi. Je le lui dis. Il fit la moue. J'insistai :

— Il est de bon ton de faire la fine bouche devant Vivaldi. Mais pour moi, il est de meilleur ton de cracher sur le bon ton. Quoi qu'il en soit, Vivaldi est un des plus grands... mon musicien préféré, aujourd'hui en tout cas.

Nietzsche :

— Laisse tomber, mec! Je préfère Peter Gast. Et toi tu devrais avoir honte d'être infidèle à Pierre Henry! Quand viendras-tu me montrer *Symphonie pour un homme seul*?

Là-dessus, de la musique se fit entendre depuis le château. C'était Nino Rota qui jouait un de ses disques : la musique du harem de *Huit et demi*! Nino qui venait d'arriver : nous devions travailler ensemble sur le prochain spectacle, mais je pensais que nous avions rendez-vous à Capri. Nietzsche exultait : « Viva l'Italia! »

Il fallait que j'aille travailler. Nietzsche d'ailleurs parut se rembrunir. Il engueula Malraux qui n'avait pas encore mis le contact : « André, il faut à tout prix trouver une cabine téléphonique : je veux joindre cette actrice française, la petite Sanda, et la supplier de ne pas jouer dans ce film sur moi... Et vous, Béjart, pourquoi ne vous êtes-vous jamais occupé de Lou Andréas-Salomé? »

Il ne me laissa pas le temps de lui répondre. Malraux démarra sur les chapeaux de roues. J'aurais voulu demander des nouvelles de Cosima Wagner.

Je rentrai et tombai dans les bras de Nino qui improvisa tout de suite treize thèmes à la douzaine sur le piano de Louis II, piano surveillé par l'accordeur personnel de Chopin. Puis Nino s'endormit, roulé dans un vieux manteau gris, cadeau qu'a dû lui faire saint François d'Assise.

J'avais connu Nino Rota à Bruxelles. Il était venu diriger à la Monnaie son opéra-bouffe, *Le Chapeau de paille de Florence*. J'étais alors en tournée à Pampelune ou sur la lune. Mais ma cousine Joëlle, toujours là quand il faut, ne se contenta pas de faire avec Roger Bernard (le compagnon de Joëlle, embarqué dans tous nos coups, un peintre narquois, ironique, goguenard, *efficace*) les décors de l'opéra de Nino, ils l'invitèrent à dîner chez eux. Quand je rentrai, il n'y en avait que pour Nino : « Maurice, tu dois le rencontrer, il est délicieux, merveilleux, etc. »

Je rencontrai donc Nino, un petit monsieur plein de malice et très distingué. Il portait son manteau franciscain sur des costumes faits sur mesure et coupés dans ces tissus légers qu'on ne trouve qu'en Italie. Se promener avec lui dans la rue, c'était accompagner un enfant. Il s'intéressait à tout, s'arrêtait à tout bout de champ.

Nous étions un jour à Venise et on alla déjeûner dans l'île de

Burano. Je voulais rentrer vite parce que j'attendais un appel téléphonique à l'hôtel. Mais entre le restaurant et le bateau, Nino aperçut un magasin de dentelles. Il s'approcha. Deux dames le harponnèrent. On déplia pour lui trois ou quatre nappes. Il hochait la tête, touchait, comparait les broderies. Les dames le poussèrent à l'intérieur du magasin. Je regardais ma montre, la vitrine, les gens qui passaient et je vis soudain apparaître Nino souriant à la fenêtre du premier étage : il était monté à la « réserve ». Je le rejoignis : il disparaissait dans les rideaux, les nappes, les napperons, les mouchoirs. Les dames volubiles avaient appelé deux autres commères à la rescousse et Nino était aux anges. Je ne sais plus avec combien de nappes il repartit, qu'il fit soigneusement emballer. Il m'en aurait fait presque acheter à moi aussi, qui ne possède même pas de table!

Revenons à Linderhof. Le téléphone sonne. Je vais vite décrocher pour que Nino ne se réveille pas. C'est Sonia, la secrétaire du directeur artistique du Ballet du XX$^{e}$ siècle, autant dire mon ange gardien. Elle tape à la machine les lettres que je n'ose pas écrire à la main. Elle est l'infirmière de tous les danseurs, reçoit plus de confidences que je ne reçois de courrier, sépare le bon grain de l'ivraie, me donne chaque matin la feuille de température du ballet, ce patient têtu qui se moque parfois de mes ordonnances! Une tournée sans Sonia est inimaginable, d'abord parce que, sans elle, la moitié des danseurs seraient refoulés aux aéroports à cause de passeports qu'ils auraient oublié de faire viser. J'essaie souvent de refiler à Sonia toutes sortes de démarches qui me pèsent, annuler au dernier moment des rendez-vous que j'ai acceptés par inattention et qui me font peur au moment d'y aller, mais — fine mouche — elle me tient de grands discours : « Écoutez, prenez vos responsabilités! » Je ris en pensant à Sonia et moi comme à un vieux curé de campagne et sa sœur réfugiés dans un presbytère : « Écoute, tu as dit que tu confesserais l'épicière, eh bien va à l'église, je parie qu'elle y est déjà! »

Sonia maugrée au téléphone :

— Ce n'est pas sérieux, il faut rentrer à Bruxelles, les

répétitions du *Baudelaire* commencent demain. Maurice!

— Quoi?

— Vous m'entendez?

— Mais oui. Sonia, je... je ne comprends plus rien. Le *Baudelaire*, c'est fini. Je l'ai fait il y a longtemps, souvenez-vous.

Je la vois d'ici, dans le cagibi vitré qu'elle occupe à Mudra, coincée entre sa machine à écrire électrique et un danseur qui vient se plaindre de ne pas avoir assez de rôles. Je suis sûr qu'elle fait sa grimace n$^{o}$ 3, celle qui veut dire : « Ça y est, le patron débloque encore! » Pour l'adoucir, je lui réponds : « Vous savez, Sonia, je porte le pull en cachemire que vous m'aviez donné à mon anniversaire, vous voyez? Le bleu. Je... », mais ça ne prend pas. Sonia :

— Mais Maurice! La création de *Baudelaire* est dans six semaines. Je vous ai réservé une place sur un avion Munich-Bruxelles demain, il faut être à l'aéroport à quinze heures. Le billet vous y attend au bureau de la Sabena.

J'aurais juré que j'avais déjà fait ce *Baudelaire*, pourtant. D'ailleurs, si Nino est là, c'est pour travailler au *Molière imaginaire* qu'on donnera à la Comédie-Française dans six mois, on a largement le temps, et il faut aussi que j'aille danser la *Symphonie pour un homme seul* avec Dominique Sanda pour Nietzsche.

— Sonia!

— Oui?

— Il faut contacter Dominique Sanda. Trouvez le nom de son agent et voyez si elle peut venir à Bruxelles.

— Ah! Vous la voulez pour le *Baudelaire*?

— Non! C'est pour danser avec elle *Symphonie*.

— Mais elle ne danse pas! Maurice...

— C'est Nietzsche qui me l'a demandé.

Là, évidemment, je sens que Sonia craque. Bon, d'accord, je vais rentrer et je ferai le *Baudelaire*.

Je laisse un mot à Nino : « Cher Nino, nous nous sommes trompés. Nous n'avons rendez-vous que dans huit ans. Si vous trouvez les morceaux de Dieu dans la salle à manger, ne les jetez pas à la poubelle : recollez-les. Merci. »

On voudrait me replonger dans la chronologie? Me déposer sur les rails du temps comme Heurtebise, dans le film de Cocteau, remet Orphée et Eurydice dans leur eau sale?

C'est ce qu'on va voir! Je reprends le prochain train pour le XIXe siècle. J'ai rendez-vous à Honfleur avec la mère de Baudelaire. Elle me montre une lettre qu'elle vient de recevoir. « C'est Charles, me dit-elle, c'est Charles. Je ne sais plus comment lui répondre. » Elle me tend la lettre et je lis :

« Je suis seul, sans amis, sans maîtresse, sans chien et sans chat, à qui me plaindre? Je n'ai que le portrait de mon père, qui est toujours muet. »

Je pense au père de Baudelaire. Personne ne pense plus au père de Baudelaire — sauf lui, sauf Charles. Bien que sa mère m'y exhorte, je n'ose pas aller à Paris, je n'ose pas rencontrer Charles Baudelaire. Je préfère le rencontrer dans ma tête. Le rencontrer par ballet interposé.

Je relus tout ce qui fut imprimé de lui. Mais il n'y a jamais de *relecture* avec Baudelaire : à chaque fois, c'est comme si c'était la première. Il a écrit à peu près cent soixante poèmes : je suis sûr de les avoir tous lus, mais les relirais-je à l'instant, j'y découvrirais des vers, des strophes, voire des poèmes entiers, comme s'ils avaient été subrepticement introduits dans mon exemplaire des *Fleurs du mal* depuis la dernière fois. Je n'ai rencontré cette impression-là chez aucun autre écrivain : il y a des choses que j'oublie dans les livres, mais à un moment ou à un autre, pendant que je relis, je me souviens en effet d'avoir déjà lu ceci ou cela. Baudelaire, lui, se remet à neuf : c'est ce que les fabricants de papier carbone appellent l'« autoréencrage ».

Baudelaire m'accompagne depuis toujours. Comme les écoliers français, j'ai reçu une double dose de catholicisme et de Baudelaire (curieux, d'ailleurs, qu'on n'arrive pas à évoquer l'un sans l'autre). Les professeurs nous commentaient *L'Invitation au voyage*, mais nous feuilletions le recueil et nous préférions *Les Litanies de Satan*, litanies que je ferai scander par tous mes danseurs :

*Ô Satan, prends pitié de ma longue misère!*

J'attachai une photo de Baudelaire avec du papier collant transparent sur le miroir de ma salle de bains. Nous nous disions bonjour et bonsoir. Il me fixait froidement, l'air de dire : « Ne faites pas l'imbécile, offrez-moi un ballet digne de mon honorabilité spirituelle! »

Pour être sûr d'être à la hauteur, je décidai que sept danseurs incarneraient, tour à tour ou tous ensemble, le poète. L'un réciterait un texte en prose, l'autre serait pétrifié par le haschisch, un troisième danserait sur de la musique de Wagner (Baudelaire presque mourant implorait : « Où pourrais-je entendre ce soir de la musique de Wagner? »).

Je réalisai un montage sonore très intuitif : je découvris une guitare hawaïenne qui enchaînait parfaitement avec une clarinette de Wagner, je mis un bout de *We Love You* que les Rolling Stones venaient d'enregistrer, je choisis enfin le poème *Le Jet d'eau* mis en musique par Claude Debussy et je proposai ainsi une biographie onirique de Baudelaire à travers quelques visions nées de ma lecture; j'illustrai l'amour de Baudelaire pour la femme, pour la drogue, pour le rêve, son amour pour l'amour et sa haine de la médiocrité de nos petites vies mesquines.

Je découvris un texte bouleversant, un texte où Baudelaire justifie l'existence du mot *lucidité*, un texte que voici :

« Le monde va finir. La seule raison pour laquelle il pourrait durer, c'est qu'il existe. Que cette raison est faible, comparée à toutes celles qui annoncent le contraire, particulièrement à celle-ci : qu'est-ce que le monde a désormais à faire sous le ciel? »

Je n'ose pas tout copier. Le texte se trouve dans les journaux intimes de Baudelaire, dans les fragments recueillis sous le titre *Fusées*. Mais je copierai encore ceci :

« La mécanique nous aura tellement américanisés, le progrès aura si bien atrophié en nous toute la partie spirituelle, que rien parmi les rêveries sanguinaires, sacrilèges ou antinaturelles des utopistes ne pourra être comparé à ses résultats positifs. Je demande à tout homme qui pense de me montrer ce qui subsiste de la vie. »

Et un peu plus loin :

« Mais ce n'est pas particulièrement par des institutions politiques que se manifestera la ruine universelle, ou le progrès universel; car peu m'importe le nom. Ce sera par l'avilissement des cœurs. Ai-je besoin de dire que le peu qui restera de politique se débattra péniblement dans les étreintes de l'animalité générale, et que les gouvernants seront forcés, pour se maintenir et pour créer un fantôme d'ordre, de recourir à des moyens qui feraient frissonner notre humanité actuelle, pourtant si endurcie? »

Écrites il y a plus d'un siècle, qui ne voit que ces lignes (j'en ai cité un sixième) peuvent être imprimées chaque jour encore à la une de nos quotidiens ?

# 19

Il est neuf heures du matin. Il fait beau. Je suis à Bruxelles. Hier soir je me suis endormi en écoutant *Oooo!*

*Oooo!* est un disque Capitol Stéréo SW-905. C'est un des disques auxquels je tiens le plus. Je l'ai depuis toujours, ainsi que deux ou trois autres signés par le même monsieur : Jackie Gleason. Jackie Gleason est le maître de la *Mellow Mood Music*. Dans *Oooo!* il a mélangé un piano et une guitare à un chœur de femmes qui, bouches fermées, musent sur les deux faces du 30 cm la seule syllabe du titre : Oooo.

Écouter *Oooo!* est le meilleur tranquillisant que puisse vous prescrire le Dr Béjart. Prenez-en deux cuillers à soupe le soir avant le coucher, et vous m'en remercierez. Vous pouvez aussi écrire directement au laboratoire pharmaceutique du Dr Gleason, c/o Capitol Records, Los Angeles, Californie (je ne crois pas que Gleason soit mort, c'est à vérifier; il est vrai que j'ai été un peu refroidi quand j'ai appris qu'il était le musicien préféré du regrettable président Johnson. Bah! Wagner lui-même n'a pas eu que des admirateurs irréprochables).

*Oooo!* est resté sur l'électrophone. Je le range dans sa pochette et je cherche quoi mettre d'autre ce matin.

Le choix d'une musique du matin n'est pas simple. D'abord je suis obligé d'éliminer tous les disques sur lesquels j'ai déjà travaillé : ils me rappellent des émotions anciennes que je n'ai pas envie de rameuter.

Voilà : je vais mettre un disque de Miranda Martino. Je l'ai acheté à Naples : ça s'appelle *Napoli.* L'orchestre est dirigé par Ennio Morricone. Avec la voix de Miranda, pas besoin d'aller tirer les rideaux pour voir s'il y a du soleil dehors : il fait soleil tout de suite, et comme je n'ai pas de rideaux à toutes les fenêtres, je sais déjà qu'il va pleuvoir.

Je verse un peu d'eau dans la bouilloire, de quoi remplir un bol que je sors de l'armoire. J'hésite entre cinq boîtes de thé : le thé à la framboise est écœurant le matin, je prendrai du thé fumé. J'en mets dans le fond d'une passoire que je pose sur le bol et je retourne écouter Miranda en attendant que la bouilloire me siffle.

Je ferme les yeux. Je suis à Capri. Je suis allé en vacances à Capri une, deux, trois, quatre, au moins cinq fois. Je louais une immense maison qui appartenait à la fille d'un chirurgien romain. Un chemin de chèvre à pic conduisait jusqu'à la mer. C'est là que Carmine attendait sa cargaison, c'est-à-dire la bande d'amis qui remplissait les lieux. Carmine est l'heureux propriétaire d'une barque à moteur. On y tient facilement à six ou sept. Il nous faisait faire le tour de l'île et nous arrêtait en pleine mer où il débouchait une dame-jeanne de vin blanc, de *son* vin blanc, le vin blanc de l'île, plus léger que de l'eau de source. On devenait très vite saouls, on n'osait plus nager.

Débarquer à Capri n'est pas rien. J'y arrivai d'abord par train. J'avais pris le train à Rome : Rome-Naples. A Naples on prend le métro sous la gare, on descend à la station Mergellina et cent mètres plus bas c'est la baie de Naples où on a le choix entre le vieux bateau presque tout en bois et cette espèce de sous-marin hypocrite ou boîte à sardines volante qui s'appelle Aliscafo. C'est le vieux bateau qu'il faut prendre : ça dure une heure ou deux, et on voit l'île apparaître peu à peu, littéralement sortir de l'eau et se dessiner.

Pour moi, Capri est un lieu sacré. Un microcosme. Rien à voir avec les misérables histoires de zizis qui ont fait parler de Capri en faisant parler d'eux. Qu'on se rappelle l'odieux accueil qui fut fait à Oscar Wilde, arrivant à Capri après son procès et son emprisonnement; ange déchu, Silène au ventre proéminent, Wilde pousse la porte de la salle à manger de l'hôtel Quisisana pleine de dîneurs à cette heure tardive : tout le monde le reconnaît ou en tout cas son identité est divulguée, avec les commentaires qu'on devine, de table en table, et la salle entière se vide aussitôt. Mœurs du début du siècle...

Il y a une montagne à Capri et une forêt dans cette montagne. Quand on est dans la forêt, on se croit transporté au Japon : c'est la forêt des samouraïs de *Rashomon*. En haut, on retrouve le rocher brutal, brutal comme on n'ose pas dire qu'on aime que l'amour le soit.

Il y a un terrain vague à Capri, avec des genêts fanés et des roses ouvertes. Il y a aussi des acacias qui ont l'air de vieilles robes d'un autre siècle, dont la soie est froissée parce qu'on a beaucoup dansé.

Ah! La bouilloire siffle! Je vais verser l'eau sur le thé. Tout à l'heure au studio, je répéterai quoi? *Nijinski*? Le *Nijinski* qu'on reprend pour New York?

J'étais parti en Italie pour préparer le spectacle sur Nijinski. C'était au mois de mai : la création devait avoir lieu en octobre. J'étais allé à Ravello, près d'Amalfi. On domine le golfe de Salerne : j'habitais l'hôtel Caruso Belvédère où je travaillais tous les matins à mon découpage avant de descendre à la mer. J'avais demandé à Mylène de m'accompagner. Mylène est un des êtres les plus secrets que j'aie rencontrés. Je l'ai d'abord connue mariée avec François : pendant deux ans je n'entendis même pas le son de sa voix! Elle semblait sortir d'un tableau de primitif flamand. Je suis sûr qu'elle jugeait tout à la manière des chats : avec ses regards. Ensuite elle habita seule et travailla chez elle, mais elle n'a jamais voulu dire à quoi. Peut-être prépare-t-elle un ouvrage posthume! Elle devint l'assistante de Robert Bresson et je lui demandai de m'assister quand je fis mon premier film, celui sur *Le Sacre du Printemps*.

A Ravello nous nous retrouvions en fin de matinée et nous descendions ensemble à la plage. Le chemin passait entre les citronniers dont l'odeur était suffocante. Je racontais mes idées du jour à Mylène et j'ajustais le tir selon ses réactions.

L'hôtel servait au petit déjeuner une confiture d'oranges dont je cachais les pots dans un tiroir, comme cet enfant dont parle Chamfort, qui réclamait de la confiture à sa mère : « Donne-m'en trop! »

En absorbant cette confiture faite avec les oranges cueillies dans le jardin de l'hôtel, je mangeais un peu de ce jardin, je communiais à ce morceau d'Italie, à cette terre qui nourrissait le parc voisin de la Villa Ruffolo — parc où Wagner eut l'idée de l'orchestration d'un passage de son *Parsifal.* Il écrivit dans le livre d'or de l'hôtel de Ravello : « J'ai enfin trouvé le jardin enchanté de Klingsor. »

Je mangeais la même confiture que Wagner. Me pardonnera-t-il de l'avoir fait en écoutant du Tchaïkovski?

Tchaïkovski était là à cause de Suzanne Farrell. J'avais rencontré Suzanne huit mois plus tôt à New York. Elle était l'étoile de Balanchine et du New York City Ballet. Pour des raisons à elle, elle voulait s'éloigner de ce ballet et de New York.

En la regardant, je voulais lui faire danser tous les rôles féminins que j'avais créés jusque-là. Oui, les lui donner tous. Et en inventer mille autres pour elle. J'avais été conquis en un rien de temps. Je me rendais compte une fois de plus à quel point je dépends complètement de mes interprètes. Seul dans mon coin, je peux avoir des idées de thème à traiter : des idées de scénariste, tout compte fait. Mais le chorégraphe n'est éveillé que par des corps. Devant Suzanne Farrell, je me sentais comme Botticelli quand il a rencontré la fille qui allait poser pour *Le Printemps.* Avant de la rencontrer, il avait envie de faire un tableau. Devant elle, il a su quelles couleurs utiliser, quel format, quelle pose.

Je quittai New York : elle avait vaguement dit qu'elle nous rejoindrait à Bruxelles. J'étais à Montréal dans un hôtel dont le propriétaire n'a pas lésiné en le baptisant *Ritz-Carlton Hotel.* Je pensais à Suzanne et je mélangeais tout : elle était Salomé et elle devenait Juliette, elle était Donna Anna déguisée en Dulcinée et ressemblant trop à Ophélie; j'avais rencontré Béatrice mais voilà qu'elle prétendait s'appeler Mathilde Wesendonck alors que son passeport déclarait Cléopâtre. Comment lui dire qu'à Bruxelles la place de Brouckère vaut bien Times Square?

J'inventais des histoires avant de m'endormir mais je n'aurais pas osé les téléphoner à Suzanne : j'aurais eu l'air de quoi?

J'inventais : étant enfant... lorsque mon père l'Empereur me conduisait dans son carrosse d'or et m'abandonnait dans la forêt de Brocéliande en compagnie d'Alice, je rencontrais parfois une petite fille habillée tout en rouge qui cueillait des gueules de loup. Elle me donna une galette au blé complet et un pot de tahin. Depuis, j'ai souvent mal au foie et cela me donna du talent pour la chorégraphie (dit-on).

Je suis retourné l'autre jour dans cette forêt. Personne ne sait où elle est. Or, elle se trouve à Central Park entre le petit zoo où les gibbons sont si drôles et le lac où l'eau est si sale et j'y ai rencontré Terpsichore : elle m'a abonné à *Dance Magazine!*

L'embêtant, c'est qu'elle aime Tchaïkovski! Au fond, c'est peut-être elle qui a raison!

La première chose que je réglai pour elle fut du Jean-Sébastien Bach, mais quand je préparai le *Nijinski* et qu'il fallut traduire musicalement cet itinéraire qui va de la déchirure à la réconciliation, je me souvins de Tchaïkovski et pris la *Symphonie pathétique* que j'opposai à une nouvelle œuvre de Pierre Henry : *Mouvement-Rythme-Étude.*

L'œuvre de Pierre Henry avait beaucoup à voir avec notre amitié : il avait composé, sans m'en parler, une espèce de portrait de moi à sa façon. Pas un portrait comme en peinture, bien sûr. Mais une succession de mouvements musicaux qui prenaient leur source dans l'expérience que Pierre avait eue de la danse pendant les créations et les tournées de jadis. Il envoya son fils à Bruxelles, porteur d'une bande magnétique dont le titre était écrit sur la boîte. Je ne l'écoutai pas tout de suite. Son fils reprit le train dans la journée.

Beaucoup plus tard, je plaçai la bande sur un magnétophone et je découvris au mieux de mon attention ce pas de géant que venait de faire la musique de Pierre Henry. J'imaginai aussitôt Donn et Suzanne encerclés par cette musique très raffinée, très « calée ». Elle leur tomberait dessus comme des pétales de roses, parfois comme des grêlons. Elle les dévoilerait : ils seraient beaucoup plus nus que nus.

Donn dans *Nijinski*, je veux le dire parce que je sais de quoi il retourne, abattit un travail colossal. Il tenait le ballet non pas sur ses épaules, ce qui ne relève que de la performance, mais sur un rayonnement et une concentration de chaque seconde. Qu'il flanche, et tout se ramassait.

Dans *Nijinski*, je racontai l'histoire du génial chorégraphe et danseur, sa folie, le dernier récital qu'il donna et Diaghilev près de lui comme un Dieu le Père ou un impitoyable directeur de cirque qui pousse son trapéziste à travailler de plus en plus dangereusement. Comme dans tous mes ballets, je ne souhaitais pas que le public découvre *mon* histoire, mais je m'efforçais de fournir des éléments qui permettent à chacun de construire *son* histoire. Après une représentation de *Nijinski* au Palais des Sports de Paris, des francs-maçons vinrent me trouver : « Nous avons tout compris. Vous êtes avec nous, n'est-ce pas? » Je faisais des gestes évasifs. Eux : « Oui, oui, nous avons reconnu les symboles. » Je n'y avais jamais pensé puisque je n'étais pas au courant des symboles dont ils usent. Mais pourquoi pas?

J'avais eu l'idée du *Nijinski* en prenant un soir un livre qu'on venait de m'offrir dans une collection « club » : *Le Colosse de Maroussi* d'Henry Miller. Miller est dans une île grecque et il parle des quelques livres dont il ne peut pas se passer; il énumère, et tac! dans sa courte liste : le *Journal* de Nijinski. Rien qu'à voir le nom propre du danseur accolé à la notion de journal intime, tout un ballet se mit à grouiller en une seconde devant moi pour se retirer aussi vite. Comme d'habitude : une vision, ou plutôt un mirage. Ensuite on repart à zéro. Le travail de création n'est que la poursuite d'un mirage, la volonté de le retrouver et de le fixer.

Je divisai le ballet en deux parties dans le plan que j'établis si difficilement à Ravello : Nijinski-des-Ballets-russes et Nijinski-de-Dieu. Dans la première partie, Nijinski connaissait le Paradis terrestre sous la forme des Ballets russes et de l'aventure (mieux : l'épopée) que ce fut. Il rencontrait aussi *la* Femme, qui devenait *sa* femme. Puis la Chute (ah! j'avais relu la Bible, j'avais découvert les textes religieux de Tolstoï) : la tentation pendant l'absence du Dieu-Diaghilev, le mariage rapide en Amérique du Sud, la colère de Diaghilev qui est contre ce mariage et va exclure Nijinski de la troupe des Ballets russes. Le paradis terrestre s'évanouit. Nous sommes en 1914 : c'est la fin d'une époque. Les poilus envahissent la scène.

Dans la deuxième partie, Nijinski cherche le vrai Dieu, autre chose que cet ersatz de Diaghilev. Sa recherche le conduit à la journée très émouvante pour moi du 19 janvier 1919 qu'il appellera « son mariage avec Dieu ». C'est la date du dernier récital de Nijinski qui mimera, dans une suite d'improvisations, la folie et le grotesque de son époque, l'amour de Dieu et le renoncement à tout le reste.

Joëlle et Bernard avaient reconstitué les costumes des Ballets russes d'après des cartons de Bakst et j'avais cité dans la chorégraphie une série de pas ou de poses tels que nous les ont légués les photographies de l'époque. Il y avait un aspect « collage » dans Nijinski, vite balayé par l'interprétation de Donn, sincère au premier degré : il se démenait sur scène comme un steward dans un avion en flammes et il arrivait à faire atterrir tous les passagers sains et saufs!

# 20

Je me suis rendormi près du tourne-disque. Le thé est froid. Il faut en refaire. Mais j'ai le temps, ça va. Je dois être à Mudra vers onze heures. Mudra est depuis quelques années le véritable endroit où j'habite. Ici je dors, je lis, mais j'habite à Mudra parce que j'y travaille.

Mudra est une école. Ce n'est pas « mon » école parce que je n'essaie pas d'y contraindre des jeunes à penser, à agir et à réagir comme moi : j'essaie au contraire de les faire agir et réagir comme eux. Et pour ça, il faut qu'ils apprennent. Ce qu'ils sont, eux, et ce que c'est que ce monde du spectacle qu'ils veulent épouser.

La base de l'enseignement, c'est la danse. Mais l'idée était d'ouvrir l'école au chant, à la percussion, au yoga, au flamenco, à l'art dramatique. Cette recherche rejoint une théoric très ancienne : dans la tragédie grecque, dans le théâtre japonais, l'acteur joue chante, danse. A Mudra, nous voulons retrouver l'acteur total, celui qui a les possibilités de s'exprimer par la voix, le mouvement, le corps entier. Mudra fut créé en 1970. On a d'abord fait un essai pendant quelques mois, et puis il fallait le temps de contacter les ambassades parce que je tenais absolument à ce que les élèves soient de toutes sortes de nationalités. Dans une école, il n'y a pas que les cours : il y a les échanges personnels, les discussions à la cantine ou dans la rue.

Je sentais de plus en plus le besoin d'avoir affaire à des danseurs qui soient plus que des danseurs. Je ne supporte pas le danseur-danseur, le « danseur pur » : c'est comme les expériences de chimie, c'est artificiel, ça n'existe que dans des éprouvettes. J'ai toujours été entouré de personnalités. Je veux qu'on n'oublie pas le visage de mes danseurs, leurs yeux, leurs sourires, leurs tristesses.

J'avais parlé de tout cela avec des gens comme Julian Beck et Judith Malina du Living Theatre, avec Grotowski, avec Vilar ou Boulez.

Bref, l'école existe; elle est ouverte aux jeunes de quinze à vingt et un ans, elle est gratuite et soutenue par l'Unesco et surtout par le gouvernement belge. Une deuxième école a été ouverte à Dakar : Mudra-Afrique. On me posait un jour la question : « Ces écoles, ça dépasse la danse? » Je l'espère. Un art qui ne se dépasse pas, qu'est-ce que c'est?

Le Ballet du XXe siècle partage les mêmes locaux que les élèves de Mudra. Il y a un mélange constant. Nous mangeons tous à la même cantine. Aucun visage n'est inconnu. Tout le monde connaît tout le monde. Entre deux cours, les élèves de Mudra assistent aux répétitions du Ballet. Ils apprennent *aussi* sur le tas, et c'est capital.

Mudra-Afrique fut créé grâce à l'appui total de Léopold Sédar Senghor. Le président Senghor était très lié avec mon père, et à la fois par amitié et par déférence envers le philosophe Gaston Berger, il donna le nom de mon père à l'université de Saint-Louis-du-Sénégal, ville natale de Gaston Berger.

Senghor s'intéresse beaucoup à mon travail. J'ai fait, avec les élèves de Mudra-Bruxelles, deux spectacles d'hommage à la poésie de Senghor, et, à travers lui, à l'Afrique : *Le Poète* que nous sommes allés danser à Dakar, et *Princesse, retiens ce message* qui fut créé à Nairobi.

Senghor m'invita jadis à Dakar au premier Festival des arts nègres qu'il patronnait. Je logeais au Palais et je n'arrivais pas à me défaire d'un chauffeur et d'une limousine qu'il avait gentiment mis à ma disposition. Je préférais errer au hasard et à pied dans la ville africaine. Mais le chauffeur avait reçu l'ordre de me véhiculer et dès que je m'échappais par une petite porte au lieu d'apparaître à la grille de l'entrée officielle, il me repérait, mettait le contact et me rejoignait.

J'aime retrouver dans la poésie de Senghor des rythmes qui n'appartiennent pas à la littérature française et auxquels il plie notre syntaxe. J'aime surtout les images qu'il superpose et qui surgissent à chaque vers ou verset comme des oiseaux moqueurs dans le vert uniforme de la langue française : Senghor bariole celle-ci avec une maîtrise, un humour et une émotion que les élèves de Mudra et moi nous efforçâmes de traduire en muscles.

Quelques-uns de mes meilleurs danseurs sont passés par Mudra : Shonach Mirk ou Yann Le Gac, par exemple. Ils sont épatants. Malins, vifs, réagissant du tac au tac, n'obéissant à aucun ukase académique et en même temps très soumis à la discipline quotidienne de la barre.

Yann Le Gac soutint dans *Héliogabale* un rôle écrasant, où d'autres que lui se seraient laissés laminer, écrabouiller. Avec trois années de Mudra derrière lui, il avait le bec et les griffes nécessaires pour se cramponner à son personnage.

*Héliogabale*, c'est l'éblouissement. C'est un texte qui éblouit. C'est péremptoire, c'est une voiture de course dans cette littérature de voitures de tourisme qu'est la littérature française d'entre les deux guerres. Bref, c'est Artaud.

Et c'est le soleil. Héliogabale, le personnage historique et la vision qu'en a eue Artaud, est apparenté aux figures divines solaires. Le soleil, qui est devenu un lieu commun, qu'on a voulu étriquer comme on le fait avec tout, le soleil qu'on a rabaissé au niveau d'un symbole de grandes vacances et de congés payés, était jadis le fécondateur. Le culte du Soleil, en Égypte ou au Pérou, a donné naissance à des figures divines, à des héros violents. Le Soleil, c'est le créateur.

Je suis méditerranéen. J'ai besoin du soleil. D'ailleurs, je regarde le soleil en face, mes yeux peuvent soutenir son éclat. En Iran, j'ai marché des heures et des heures dans le désert et j'ai eu connaissance de la lumière, qui est une lumière absolue, la manifestation du soleil. En Europe, le soleil enjolive ce qu'il touche : il compose.

Et ça donne des choses émouvantes, ça donne l'Ombrie, ça donne la Grèce. Mais il faut aller dans le désert, où le soleil règne absolument. Il mange tout, mille fois mieux qu'un vampire dont il est l'exact contraire !

Je pourrais pleurer de rage et d'impuissance quand je suis enfermé dans un théâtre, en train de régler les éclairages d'un spectacle, et que je me souviens du soleil dans le désert.

Une chose est de lire des essais sur les religions antiques, de visiter des ruines, des murs avec les rayons du soleil figurés en bas-relief, autre chose est d'être pris à la gorge par le soleil, quand on se trouve tout seul à midi dans un désert d'Asie.

Avec Artaud, je pouvais mélanger diverses sources d'inspiration : le texte d'abord, texte très sauvage et très sophistiqué, qui court le plus vite possible de sa première à sa dernière phrase, toutes les deux sublimes... Le désir de retrouver quelque chose en moi (quitte à fouiller très profond) de la mentalité primitive, du culte pour le dieu solaire, et la brutalité. Une brutalité sans arrondis. Et puis le théâtre moderne, tout ce que Artaud a contribué à libérer.

J'ai d'abord pensé à une mise en scène très baroque, dans un lieu immense, un Palais des Sports ou quelque chose de plus grand, quelque chose de démesuré, à l'image d'Héliogabale. Je voulais monter le spectacle avec Maria Callas et Noureev. Callas aurait chanté les pages les plus effrayantes de Verdi, des bouts de *La Tosca* aussi. Je voulais avoir une musique contemporaine, écrite exprès pour le spectacle. Et puis ça ne s'est pas fait, je ne me sentais pas prêt, j'avais peur de perdre Héliogabale dans une espèce de Châtelet, je ne voulais pas accoucher d'un Héliogabale Super-Star !

Là-dessus, j'ai fait d'autres choses mais je ne cessais pas d'écouter sur disque les musiques de Verdi que j'avais déjà sélectionnées et bien sûr je relisais des pages d'Artaud qui m'excitaient de plus en plus.

La genèse d'une œuvre est toujours faite d'une accumulation d'événements souvent minuscules, mais insistants. L'œuvre frappe à la porte et ne se décourage pas.

Sans que nous nous en rendions compte, un puzzle se termine à l'intérieur de nous. D'où viennent les pièces? Qui les place? Sans doute mille rencontres auxquelles on ne prête pas attention, mais un jour le puzzle est prêt.

Je venais d'engager dans la compagnie de nouveaux danseurs, jeunes, combattifs, formés à Mudra : j'avais réglé, peu de temps avant, en collaboration avec tous les « mudristes » (notamment Alain Louafi, sombre et âpre), un spectacle d'après *Les Tarahumaras* ; nous avions choisi ensemble de travailler sur Artaud. C'était Artaud qu'ils voulaient, et pas Beckett ou Shakespeare. Je m'étais occupé d'un « Hommage à Artaud » à la demande de Jean-Louis Barrault. Barrault avait dit sur scène un passage des mêmes *Tarahumaras*, et des danseurs avaient improvisé sur le texte récité. Le puzzle avançait.

En tout cas, je devais faire *Héliogabale* avec les miens, avec la compagnie. On est toujours plus authentique et plus décontracté en famille, tous comptes faits!

Il y avait aussi Pierre Clementi qui était venu habiter à Bruxelles, il avait un petit orchestre et il jouait du rock'n roll le soir dans un café près de la Grand-Place. Il était devenu copain avec les danseurs, il assistait aux répétitions avec une caméra et il filmait. Il s'est intégré à *Héliogabale*, puisqu'il était là.

Et on a commencé.

Entre-temps, j'avais découvert des musiques africaines qui me provoquaient, qui m'obligeaient à prendre des risques, à chercher des poses et des pas nouveaux.

Il y avait aussi l'androgynie, l'homosexualité dans quoi baigne toute l'histoire. J'avais choisi quelques interprètes hommes, quelques interprètes femmes, et je décidai que tout le monde serait tour à tour homme ou femme jusqu'à ce qu'on finisse par confondre tout.

Ce ne fut pas facile. Il y a eu plusieurs versions, ou plusieurs « états » comme disent les peintres, de ce ballet. Il n'est pas terminé, ne le sera jamais. C'est le cas typique d'un « work in progress ». Tous les rôles sont comme des animaux de laboratoire. Chaque fois qu'on remontait le spectacle ici ou là, nous tentions de nouvelles expériences sur nos animaux.

Il y a un pas de deux interprété par un couple de danseurs qui sont parmi les meilleurs de mes danseurs. Au moment où on l'a fait, une histoire d'amour commençait entre eux. C'était compliqué, enfin, comme d'habitude : ils devaient secouer leur passé. Ma chorégraphie devenait comme une machine très sensible qui traduisait cet amour, comme une sorte de tracé d'électrocardiogramme. Évidemment, on se sert toujours un peu de ces situations quand il s'agit d'enhardir les interprètes.

Je ne sais pas ce que Artaud aurait pensé du spectacle, il aurait peut-être détesté ça, mais c'est une question qui ne se pose même pas. J'ai pris le relais, comme j'ai pu : c'était mon tour. Héliogabale, né à Antioche en l'an 204 pendant le règne de Caracalla, a été signalé à la Scala de Milan et au Théâtre de la Ville de Paris...

*Héliogabale* comporte deux parties : la première, très travaillée, est conçue comme un rituel. C'est une notion à laquelle je suis très attaché. Il est nécessaire de retrouver des rituels. Cette époque crève de ne pas en avoir, et elle s'en invente, qu'il s'agisse d'ersatz comme les boîtes « disco », ou de grands rassemblements populaires comme Woodstock. Toujours liés à la musique et à la danse. Le rituel veut le corps. Toutes les religions parlent du corps et parlent au corps. Le corps! C'est la découverte primordiale de ce siècle. Le XX<sup>e</sup> siècle, c'est quand même le siècle où on s'est décidé à montrer son corps. Même le maillot de bain... Après 1900, les femmes ont abandonné leurs corsets, et le sport a fait irruption dans la vie quotidienne : c'est important.

Nous avons besoin de rites. Impossible de s'en passer. La preuve : tout le monde en observe, même si ce sont des rites très dégradés, de pâles images qui ressemblent plutôt à des manies, comme les gens qui font chaque jour tel geste et pas tel autre en préparant leur petit déjeuner.

La deuxième partie d'*Héliogabale*, après un entracte où un funambule en costume de clown récite des passages des lettres écrites par Artaud de la maison de santé où on l'a interné, est jouée cartes sur table. C'est une mise à mort et aussi le spectacle d'une autodestruction. Artaud écrit : « La troupe essaie de faire passer le corps d'Héliogabale dans la première bouche d'égout rencontrée. » J'ai installé un W.-C. sur scène et j'y plonge la tête d'Héliogabale. Je n'aime pas beaucoup travailler dans la dérision, mais là il le fallait. Mettre sur pieds ce ballet fut très éprouvant. On travaillait en plein mois d'août à Bruxelles. Je restais confiné dans le studio.

Je préparais la première version d'*Héliogabale* (la version sans W.-C.), que nous devions créer pour un festival en Iran une quinzaine de jours plus tard. Je retrouvai Niklas Ek, costaud et lymphatique, affectueux Viking dont la musique avait adouci les mœurs. Ce n'est pas seulement à cause de ses cheveux plus blonds que l'or que je lui confiai le rôle du Soleil, mais parce qu'il irradiait. J'avais d'abord songé à Donn mais Donn tournait cet été-là le rôle d'un clown en chômage dans *Couleur chair*, entre autres avec Laurent Terzieff, Bianca Jagger et Veruschka. Toute l'équipe de ce film, réalisé par François Weyergans, vint voir le filage d'*Héliogabale* pendant l'une des dernières répétitions. De mon côté, j'avais assisté à leur tournage : nous nous rendions des visites de bons voisins!

Je regardai Veruschka entrer dans le studio comme une princesse égyptienne du Moyen-Empire : je n'avais pas oublié les frémissements et les soubresauts de son corps dans *Blow Up*. Danseuse, elle aurait eu sa place parmi les Julia Domna et les Julia Moesa, toutes ces Julies qu'Antonin Artaud nous décrit belles et prêtes pour leur double métier d'impératrices et de catins. J'aurais pu la travestir et lui faire jouer, à elle aussi, le personnage d'Héliogabale.

Je me souviens avec un grand bonheur de ces répétitions d'*Héliogabale* où je m'efforçais de ne plus savoir qui était qui. Je voulais vivre dans la sueur, dans la chaleur, dans cet univers magique et repoussant, dans le parricide, la circulation du sperme autour d'un berceau et les grues et les cochers enculés qui surgissent des paragraphes d'Artaud.

A la fin, une musique de Pierre Henry évoque une ambiance de fin du monde, de cataclysme, d'horreur : comme une grosse gomme qu'on passe sur tout.

Il y a aussi des petits détails que j'aime pour des raisons à moi, en espérant que ça sera remarqué par le public, c'est un peu l'équivalent des apparitions que fait Hitchcock dans ses films : par exemple, la voix de Callas qui crie « Assassino! ». J'adore écouter ça. Parfois je mets le disque sur mon électrophone et je cherche ce seul petit passage, c'est facile à trouver parce que mon disque est devenu complètement rayé avant et après! Et j'écoute dix fois de suite « Assassino! ». J'ai construit une bande sonore avec des détails comme ça.

*Héliogabale* n'est pas une leçon d'histoire sur un empereur complètement timbré. Je laisse la plus grande liberté aux spectateurs, je les laisse rêver, je les laisse construire leur propre histoire, j'essaie de rêver en même temps qu'eux, d'être ému ou d'être choqué en même temps qu'eux. Mais attention, ce n'est pas l'auberge espagnole. Je suis préoccupé par des thèmes ou des impressions, et j'en fais part. *Héliogabale*, c'était soulever le couvercle pour voir ce qui bout. Et même au point de vue historique, Rome, dont nous n'avons pas fini de nous détacher, ce fut aussi cela, ces Césars... Nous ne sommes pas des héritiers innocents.

# 21

J'ai fait des ballets. Je continuerai d'en faire. Je me suis vu devenir chorégraphe. Chacune de mes œuvres est une gare où s'arrête le train dans lequel on m'a mis. De temps en temps passe un contrôleur à qui je demande à quelle heure on arrive : il n'en sait rien. Le voyage est très long. Dans le compartiment, mes compagnons changent. Je passe beaucoup de temps dans le couloir, le front contre la vitre. Je m'imprègne de paysages, d'arbres, de gens. Il a fallu aussi changer de train quelques fois. Il y a eu des arrêts prolongés. Des feux rouges. De tout. Une vie, quoi!

Ce voyage bizarre s'est parfois déguisé en voyages vrais. Quand j'avais quarante-deux ans, je suis allé à New York pour la première fois : c'est là que j'aurais dû aller à dix-sept ans, au lieu de me laisser décevoir par ce Paris trop Napoléon III où j'ai appris que les rêves ne sont pas cotés à la même Bourse que la réalité.

A New York, tout était vivant parce que tout était excessif et dangereux. J'ai regardé les gratte-ciel comme les paysans du Moyen Age regardaient les tours des cathédrales. J'ai aimé la dureté de New York toujours démentie par une tendresse inattendue et débordante. C'est une ville-enfant comme on dit une femme-enfant. C'est une cité baroque au sens du XVII^e^ siècle, génialement démodée. C'est une ville qui ressemble à ce que je voudrais que mes ballets soient : un ordre composé de désordres successifs, une folie contrôlée, une rigoureuse absence de mesure.

J'ai rencontré à New York un public qui m'a aimé. Quelqu'un cherche-t-il autre chose? J'apporte de l'amour et on m'en donne : c'est le seul marché qui m'intéresse. On devrait redéfinir l'Amérique en partant de l'amour. Ils le travestissent en argent. Enlevons ce masque : un grand besoin d'amour s'y cache.

Le tout-puissant critique du *New York Times* m'a détesté. Avec un acharnement incompréhensible, il a descendu chaque spectacle de notre première tournée là-bas. Il n'a pas pu empêcher le public de venir chaque jour plus nombreux : un public qui ne se fie qu'à lui-même et n'a plus besoin d'être conseillé par ces nurses d'une autre époque que sont devenus les critiques. Je me souviens de ces jeunes qui grimpaient sur la scène après les applaudissements en criant « Love! ».

Cela dit, dans toute œuvre il y a quelque chose à brûler. Un fond de vérité existe certainement dans le plus hostile des comptes rendus critiques. Mais je m'efforce d'être moi-même mon plus méchant critique; j'y réussis surtout quand j'oublie carrément ce que j'ai fait.

Je me suis nourri de voyages. Je pourrais les raconter comme des gourmets se rappellent le menu des bons repas qu'ils ont fait. Ce serait trahir l'essentiel : les voyages m'ont moins nourri provisoirement qu'ils ne m'ont découvert à moi-même.

Je suis allé plusieurs fois en Inde. Comment avoir le front de faire des phrases sur l'Inde? La première fois, j'étais à Calcutta. J'ai écourté mon séjour. J'ai repris l'avion pour Bruxelles. Donn est venu me chercher à l'aéroport. Je pleurais. Je n'avais pas supporté l'immense révélation de la misère et de la vie si étroitement mariées.

J'y suis retourné ensuite avec Donn et Bari et une équipe de cinéma : je voulais filmer sur place quelques séquences d'un film que je faisais d'après mon ballet d'inspiration hindoue, *Bhakti*. Je découvris Bénarès, qui prolongeait Venise. Les villes sont comme les dieux : beaucoup de noms, une seule personne.

Il y avait tant à regarder et à vivre que je rentrais sans cesse à l'hôtel pour dormir et « encaisser ».

Je vis de nombreux films indiens, peut-être les plus beaux films du monde même si notre psychologie trop dressée à l'occidentale se rebiffe. Il y a dans le cinéma indien des audaces de construction à faire pâlir l'avant-garde new-yorkaise. Le public parle, approuve, désapprouve, boit du thé, crache, entre, sort, fait vivre le film.

L'important n'était pourtant pas là, ni qu'un maharadjah m'ait prêté ses éléphants pour une promenade. L'important est ce que je n'ai pas su et qui s'est déposé en moi et me pousse à continuer à vivre. Je viens d'utiliser plusieurs fois le verbe « vivre » : c'est la grande leçon de l'Inde.

Je rencontrai un des maîtres les plus authentiques du yoga. Je lui expliquai mon désir de faire du yoga sans tomber dans la caricature à la mode. Il me répondit : « Yoga veut dire *union.* La danse aussi est union. Puisque vous dansez, que votre danse soit votre yoga. Shiva, le Seigneur du monde, le grand yogi, est appelé aussi Nataraja : le roi de la danse. »

Il se tut et regarda avec moi des arbres dont je n'avais pas besoin de connaître le nom pour comprendre qu'ils s'égalaient tout à coup à l'univers entier en se soumettant à un vent soudain qui les respectait et les métamorphosait.

En prenant congé, le maître me fixa longuement dans les yeux, et comme s'il me chargeait d'une mission : « Ah! Si tous les Occidentaux pouvaient retrouver la danse et réapprendre à danser... »

Je suis allé aussi à Moscou, à Tokyo, à Cuba. Je ne vais pas faire un Guide Michelin revu et corrigé! Chacun de ces voyages a correspondu à une expérience spirituelle. Un approfondissement. Chacun donna lieu à des rencontres qui me modifièrent. Je suis influençable et je tiens à l'être.

Quand j'arrive dans des villes dont j'ai beaucoup rêvé, j'aime être déconcerté et que les idées que je m'étais faites d'après des photos ou des récits soient contredites brutalement.

Tokyo, ville sale et plus occidentale que n'importe quelle ville d'Occident, me livra un Japon *réel.* Ce qui décevait les touristes en mal de pittoresque était le plus enivrant. Cette déception était dans la plus pure tradition zen, celle qui réside dans ce dialogue exemplaire :

— Qu'est-ce que le Bouddha?

— Un bâton merdeux.

J'assistai à des spectacles de théâtre Nô. Ils commencent le matin très tôt. Il n'y a pas d'éclairages particuliers. Quand il fait trop sombre, on allume, voilà tout.

Je ne recevais que des leçons : la précision, le « professionnalisme » du Nô et du Kabuki m'éblouirent. La concentration aussi : ces acteurs se préparaient au milieu d'un raffut invraisemblable. Toutes sortes de gens vont et viennent en coulisses, et eux, sans broncher, ne pensent qu'à un détail de maquillage ou bien contemplent leur masque. Rien ne les énerve. Nous qui nous plaignons de ne pas pouvoir nous concentrer si quelqu'un rit trop fort dans la loge d'à côté!

Après le Japon, je rencontrai à Paris quelqu'un dont je n'ai pas fini de mesurer l'importance : maître Taisen Deshimaru. Maître Deshimaru est un moine zen que son monastère a délégué en Europe non pas pour y « prêcher », bien sûr, mais pour y être. Il dit lui-même : « Selon l'exemple bien connu, on ne peut connaître une pomme en la regardant peinte sur une toile ou posée sur une table. Il faut la croquer. J'apporte une pomme. Elle est dans mon cœur. Elle est le sens de la liberté totale. Je viens dire ce qu'est la vraie paix du cœur. C'est le but de ma vie. Mon maître — Kodo Sawaki — héritier de la vraie tradition zen, voulait avant sa mort que le zen puisse se répandre en Occident. C'est pourquoi je suis venu en Europe. »

Quand on se sert des mots « moine zen », un Européen imagine toutes sortes de choses idiotes. Le mot « moine », déjà... Voilà un bel exemple de trahison par les mots, les mots des autres, les mots fatigués et usés. Maître Deshimaru ne ressemble pas à un moine, et c'est pour cette raison qu'il en est un. Je l'ai revu récemment après de longs mois, et il a aussitôt envoyé quelqu'un acheter du champagne. Lui-même raconte que son maître, quand il lui demanda d'être son disciple, lui répondit : « Vous n'avez pas besoin de ressembler à un moine; l'attitude de " moine de carrière " n'est pas bonne. »

Maître Deshimaru pratique le *za zen.* « Za » veut dire être assis, et « zen » méditer : c'est donc la pratique de la méditation dans la position assise. *Za zen* n'est ni un raisonnement ni une théorie. Ce n'est pas une philosophie, c'est uniquement une pratique. C'est aussi la transmission du véritable esprit du maître au disciple : transmission directe, immédiate, d'une âme à une autre âme, d'un être à un autre être.

Le *za zen* me donnait tout ce que je cherchais dans la danse. Et puisqu'on ne devient pas « moine de carrière », je devins moine-chorégraphe.

Je pratiquai le régime macrobiotique zen, je mangeai des céréales et renonçai au sucre, etc. Ma vie changea. Je me rendis un peu malade, aussi! Un tel régime affaiblit et n'est pas prévu pour une vie comme la mienne, ou même pour n'importe quelle vie trop agitée. Je pleurais sans raison, mais puis-je dire que c'était sans raison? N'était-ce pas un adieu à beaucoup d'illusions, adieu qui n'allait pas sans déchirements?

J'ai médité en compagnie de Maître Deshimaru. Il faut s'asseoir sur un coussin et être face à un mur, en croisant les jambes d'une certaine façon, en observant pour la colonne vertébrale, les mains, la bouche, la langue, le regard, des positions très précises. Il ne faut surtout pas vouloir atteindre quoi que ce soit, illumination ou genre illumination. La façon de respirer est importante.

A quoi ça sert? Précisément, ça ne sert pas. Trop de choses servent!

L'essentiel est l'intensité.

Pour faire revenir cette intensité qui s'en va sans arrêt, Maître Deshimaru utilise, selon la tradition, un bâton. Ce bâton s'appelle *Kyosaku,* bâton d'admonestation. Ce bâton n'est pas seulement un bâton, c'est l'esprit du moine zen, m'expliqua-t-il, après m'en avoir asséné de très violents coups sur l'épaule pendant que je ne méditais pas assez intensément.

Un autre jour, Maître Deshimaru m'invita à une cérémonie du

thé. Je m'attendais à une très impressionnante démonstration. J'avais même dans le temps acheté chez un antiquaire le matériel nécessaire à la cérémonie du thé : j'étais imbattable sur la théorie. C'est ce qu'avait dû prévoir Deshimaru : il fit chauffer l'eau du thé dans une vulgaire bouilloire en fer-blanc, encore plus minable que celle que j'ai chez moi. Je ne disais rien. Ensuite il sortit avec mille précautions d'un sac en soie un bol en céramique : « XVI^e siècle japonais », annonça-t-il en souriant. Je m'apprêtais à boire dans ce bol avec toute la conviction du néophyte lorsqu'il alla chercher dans la pièce voisine un bol de série en porcelaine de Limoges : il délaya un peu de thé vert en poudre et ce fut la cérémonie du thé! Pas d'eau bouillie sur du charbon de bois *made in Kyoto*. Pas d'eau puisée à une source aux abords du Fuji-Yama. L'eau du robinet, une bouilloire de marché aux puces, un bol de Prisunic! Et quand même la cérémonie du thé. J'en appris plus sur le zen ce jour-là qu'en relisant vingt fois les *Essais sur le bouddhisme zen* de Suzuki.

Parler indéfiniment du zen ne mène à rien. Notre vie est souffrances. Pourquoi? A cause des illusions. Bon. Le savoir n'est déjà pas si mal.

L'éternité est la succession des « un jour ».

Que m'enseigna encore Maître Deshimaru? Le dire ici serait n'avoir rien compris. Je ne dis pas que j'ai compris beaucoup; j'ai retenu cette phrase : « Si nous saisissons une chose, nous perdons les autres. »

Plus tard, le hasard des tournées décidées au gré des engagements (le Ballet du XX^e siècle est la compagnie officielle d'un théâtre devenu entre-temps Opéra national de Belgique, et financé comme tel) me conduisit en Iran.

Je rencontrai le désert. Le soleil dans le désert. Dieu dans le soleil.

Je fus aspiré. Dieu crée les âmes de son souffle, et cette création est continue.

Je me convertis à l'islam chiite. C'était une urgence sur laquelle je n'ai ni à m'expliquer ni à revenir. Peut-être était-ce la façon la plus zen d'observer le zen.

Weyergans a un jour eu cette boutade : « Tu agis avec les religions comme Don Juan avec les femmes! »

Peut-être n'ai-je qu'une religion : la danse. Mais la danse est déboussolée. Si Dieu n'intervient pas, je ne serai qu'un fabricant de ballets, un grossiste, un artiste au sens étroit des musées et de leurs catalogues.

Le même ami, expert en donjuanisme, me disait : « C'est quand même curieux que l'Occident se soit mis à perdre la foi au moment où il inventait les tranquillisants! N'était-ce que chou vert et vert chou? »

Dieu n'est pas un tranquillisant. Dieu m'inquiète, Dieu m'empêche de dormir, Dieu me donne rendez-vous tous les jours au studio. Il me tue de travail!

# 22

Je ne veux pas enfermer ma vie dans un de ces petits cercueils à quoi ressemblent les livres. Au mieux, les livres sont des herbiers : il reste des formes, les couleurs s'en vont. Tout s'aplatit.

Ma vie ne se laissera pas faire. Elle n'a pas une vocation de morte-vivante. C'est pour la même raison que je ne veux pas qu'on monte mes ballets après ma mort. Quel sens ça aurait? Je fais des ballets pour rester en vie. Ils ne me ressusciteront pas. Ils deviendront comme ces monuments aux morts à l'entrée des villages, qu'on fleurit d'abord un peu et devant lesquels on installe finalement une station-service. Les chiens seuls y trouvent intérêt en venant y lever la patte. A force de répéter que le passé ne m'intéresse pas (façon commode d'abréger les interviews) j'ai voulu essayer de me souvenir. Je me suis découvert un tas de souvenirs! Ils étaient tous là, à m'attendre. La seule chose que j'aime, c'est d'avoir souvent dit ces mots-là précisément : « J'aime. » C'est vrai : j'ai détesté très peu de choses. J'ai fait de mon mieux pour chasser les marchands du temple. Je pourrais résumer ma vie par une liste de ce que j'ai aimé : les lieux, les gens, tout. La musique. Le cinéma. La mer. La fatigue. Le rire.

J'ai aimé cette mosquée à Dakar où me conduisait le chauffeur qu'on avait mis à ma disposition au palais présidentiel. J'ai aimé l'hôtel *Metropol* à Moscou, cette chambre plus luxueuse que n'importe où ailleurs sur la planète (les tsars n'ont pas quitté la

Russie!) où je repensais au musée Tolstoï installé dans la maison de l'écrivain laissée telle qu'au dernier jour : les cahiers des enfants ouverts à une page, les chaussures dépareillées, les bottes que Tolstoï fabriquait lui-même comme mon père découpait dans du bois les petits soldats de mon enfance.

J'ai aimé la mer à Capri et la plage des Faraglioni où je retrouvai Stockhausen au milieu de sa ribambelle d'enfants réclamant des tartines à leurs mères respectives : après les avoir tous couchés, Stockhausen nous rejoignait le soir et nous racontait des histoires drôles jusqu'à trois heures du matin. Habillé de son éternelle chemise blanche mexicaine (il en change tous les jours : il en possède au moins vingt!), appuyé contre le mur blanc de la villa, il disparaissait dans le blanc sauf son rire et ses cheveux qui riaient encore plus que sa bouche.

J'ai aimé ensuite me plonger dans la musique de Stockhausen, de Karlheinz, de « Charlie » : me plonger dans *Stimmung* d'où je rapportais des perles auxquelles ma chorégraphie servit de vitrine.

J'ai aimé les bijoux, tous les bijoux que j'ai pu voir, les rares que j'ai pu offrir. J'ai aimé les bracelets en forme de serpents que je courais admirer à Venise chez le joaillier Codognato chaque fois que mon travail me rendait Venise comme on vous rend à l'école le livre confisqué que vous lisiez en classe.

J'ai aimé le cinéma à la folie, c'est-à-dire jusqu'à avoir la folie d'en faire moi-même. J'ai aimé, dans la salle de montage, ne pas savoir comment coller à la suite du gros plan d'un visage le gros plan d'un autre visage : ne pas savoir et tout à coup savoir grâce à quelques secondes de musique qui allaient unir les deux.

J'ai aimé les quatre derniers Lieder composés par Richard Strauss aux portes de la mort, Strauss qui avait voulu qu'on chante à son incinération les pages finales du *Chevalier à la rose*. La musique des Lieder m'a tant apporté, soir après soir quand je l'écoutais au lieu d'aller dormir, que je lui ai offert un de mes ballets que je préfère.

J'ai aimé l'Italie comme dans les chansons et j'ai aimé Barbara qui la chantait. J'ai filmé Barbara : j'ai regardé Barbara. J'ai écouté Barbara. Elle m'a donné son amitié et c'est avec des amitiés comme la sienne que je vis et que je continue à vivre. C'est toujours vide chez moi : on s'étonne, on se demande où sont mes meubles. Mais les gens sont donc aveugles? Ils ne voient pas que chez moi c'est plein : l'appartement est rempli, déborde de l'amitié de mes amis. Dans un des grands restaurants de Venise, Barbara scandalisait le sommelier en demandant un vin trop populaire pour l'endroit : du lambrusco, qu'elle s'appliquait ensuite à noyer dans de l'eau gazeuse. Elle me racontait ses débuts de chanteuse dans des boîtes à entraîneuses avec qui la clientèle avait trop tendance à la confondre : c'était dans le quartier chaud de la porte de Namur à Bruxelles; Barbara enchaînait avec un rire amer sur le récit de ses aventures à Abidjan où elle chantait dans une autre boîte, protégée par une des têtes pensantes du « milieu » local. Jo Attia menaçait : « Si quelqu'un empêche cette femme de chanter... » Barbara se rappelait sa vie : « J'ai l'impression que c'est la vie d'une autre — ou une autre vie. » Elle faisait prestement disparaître son rire pour observer deux chats apparus entre les tables.

J'ai aimé les musiques et la voix d'Oum Kaltsoum, la plus grande chanteuse de tous les temps : celle qui chanta le plus, et le plus longtemps, devant le plus de monde. Les succès d'Elvis Presley ou de Callas sont de petites choses à côté des siens. Sa musique me nourrit. Oum Kaltsoum est profondément maternelle, maternelle comme les déesses du monde antique. Elle est présente dans l'ensemble du monde arabe : elle lui parle et elle parle de lui. Elle est la voix de millions d'êtres sans voix. Je voudrais qu'elle soit ma voix. Je veux avoir la force de monter un jour un long ballet avec ses disques, toujours à côté de mon électrophone, rarement rangés dans leur pochette.

J'ai aimé la poésie de René Char. René Char sait ce que je ne sais pas. Je l'interroge souvent. J'ai travaillé plusieurs fois sur ses textes, depuis mes lointaines improvisations sur sa *Lettera amorosa* dans le petit film de François (René Char regarda le film et m'envoya un de ses livres imprimé sur beau papier avec cette dédicace :

« Merci pour *Lettera amorosa* ») jusqu'au spectacle réglé avec les élèves de Mudra sur les aphorismes du *Nu perdu*. René Char est une boussole qui met les quatre points cardinaux à leur place, c'est-à-dire nulle part, et nous lance à l'aventure vers un cinquième qui les annule et qui s'appelle avec hauteur et simplicité *Poésie*.

J'ai tellement aimé Baudelaire que, voyant à la vitrine d'un marchand d'autographes une lettre de lui présentée à côté d'une lettre de George Sand qu'il détesta, je ne pus supporter cet affront qu'on lui faisait et je suis entré dans le magasin pour acheter la lettre que je relis le matin à l'heure du courrier.

J'ai aimé et j'aimerai les suppositoires d'Optalidon : je suis un vrai drogué à l'Optalidon! J'ai des angoisses incroyables si je n'ai pas une ou deux boîtes d'Optalidon dans mon réfrigérateur. Une des catastrophes historiques de ces dernières années pour moi a eu lieu lorsque la vente de l'Optalidon a été interdite sans ordonnance, en France, puis en Belgique. Restait l'Italie : j'étais prêt à accepter n'importe quelle figuration à la Scala. J'offre deux invitations permanentes à tous mes spectacles au médecin qui m'enverra le premier de chaque mois une ordonnance d'Optalidon. Je suis le Minotaure des Optalidons. Ce n'est pas que j'en consomme beaucoup : les posséder me suffit, mais il m'en faut des frais.

J'ai aimé Federico Fellini qui a fait le voyage de Bruxelles pour voir le ballet que je lui ai dédié : *Amour de poète*. Il est le plus grand de nous tous, de tous ceux qui racontent leur vie pour que chacun y retrouve la sienne. Ses films sont généreux et cruels comme la vie. Dans le ballet, un personnage représente Pégase et porte deux grandes ailes de plume. Après le spectacle, Fellini monta sur scène et voulut absolument voir de près ces ailes. Nous étions comme deux enfants : je lui montrais mes jouets et il appréciait en connaisseur. Je suis sûr que, comme tous les enfants, il aurait aimé emporter ces ailes chez lui.

J'ai aimé la Discopolina à Capri, maison d'un autre siècle qu'un groupe immobilier voulait raser pour y mettre un hôtel et que je n'avais pas assez d'argent pour racheter et sauver, maison où Rilke vécut et travailla, maison où j'aurais aimé préparer un ballet sur Rilke que je n'aurais pu préparer que là et que je ne ferai donc pas.

J'ai aimé une petite fille à Capri : je l'ai regardée pendant plus d'une heure jouer avec un chat et une orange sur les escaliers du Monte Tibero : elle chantait une plus jolie chanson que Miranda Martino et elle avait des yeux *vraiment* violets.

J'ai aimé Molière comme on aime un frère. J'ai fait un pèlerinage dans sa vie. Il m'a présenté à Louis XIV et j'ai fait danser Louis XIV par Jorge Donn qui dansa comme a dansé Louis XIV. Sait-on assez cela, que les cours d'histoire nous cachent : Louis XIV dansait en personne dans les ballets des pièces de Molière?

J'ai aimé la Comédie-Française où fut donné mon spectacle sur Molière. Le soir de la première, j'étais très excité, je me pinçais : j'étais là! J'y étais! Là! A la Comédie-Française! Le petit danseur marseillais qui rampait sur la scène de Vichy était à la Comédie-Française! Chez Molière tout simplement. J'aurais voulu pouvoir y inviter ma mère : elle aurait eu la plus belle loge. J'aurais fait remplir cette loge de fleurs. J'aurais attendu ma mère à l'entrée, je lui aurais donné le bras pour la conduire jusqu'à sa loge. Les gens se seraient arrêtés sur place dans le hall :

— Qui est ce quinquagénaire avec cette femme merveilleuse?

— Je crois que c'est l'auteur du spectacle.

— Et elle?

— On dit que c'est sa mère.

— Mais elle est mille fois trop jeune pour lui! Ce n'est pas possible.

— Si, si : c'est la mère de Maurice Béjart.

— Il aurait pu s'habiller un peu mieux, lui.

Là j'interromps le dialogue : je me serais habillé de la plus belle façon possible pour aller attendre ma mère à l'entrée du théâtre. J'aurais aussi demandé à Nino Rota d'écrire un air exprès pour elle. On aurait trouvé un quatuor que j'aurais installé quelque part dans l'entrée.

Le taxi arrive, s'immobilise : je fais un signe aux musiciens, Nino est avec eux, c'est lui qui joue la partie de piano. Voilà. Ils ont commencé. J'ouvre la portière du taxi et j'embrasse ma mère. Je vois qu'elle me trouve un peu fatigué mais elle ne dit rien. Elle sourit et elle me regarde dans les yeux. On a souvent parlé, même dans des journaux, de mes yeux bleus. On a dit que j'avais un très beau regard de fauve et des conneries comme ça. Mais ce soir je suis fier de mes yeux parce que ma mère les regarde.

En passant devant les musiciens, Nino me fait un sourire. Je voudrais le présenter à ma mère mais ce n'est pas le moment.

Elle ne veut pas quitter son manteau tout de suite. Nous arrivons à la loge. Je lui laisse choisir un des deux fauteuils. Elle me dit qu'il y a beaucoup trop de fleurs, que je n'aurais pas dû faire ça. Mais quand même : je vois qu'elle est heureuse. Je sais qu'elle aime les fleurs. Je lui ai acheté un programme. Puisqu'elle est arrivée, on peut commencer : je fais signe à mon assistant qui est dans la salle. Il disparaît; il va en coulisses donner le signal : « Ça y est, la mère de Maurice est là. »

Ma mère me regarde encore. Elle me dit que je n'ai pas tellement changé. Je lui fais *chut* d'un doigt. Je lui dis : « Tu as vu le programme? Tu sais, c'est Joëlle qui a fait les costumes! »

Elle me demande si j'ai invité mon père. Je suis obligé de lui mentir et de lui dire qu'il avait trop de travail ce soir. Je lui serre le bras et je lui fais des commentaires sans arrêt.

— Regarde, maman : elle, c'est Shonach Mirk, je l'aime beaucoup. Elle est américaine. Tu ne trouves pas qu'elle est très belle? Très sérieuse et très fragile? Je l'ai filmée à Venise. A Venise aussi, je l'ai regardée manger des cerises. Elle est à la fois très pompadour et très hippie, tu ne trouves pas?

Je l'oblige à m'interrompre :

— Mais Maurice! Laisse-moi regarder.

J'ai peur qu'elle n'aime pas ça, ni ça. Si je lui parle tout le temps, elle verra moins mes fautes.

Patrice arrive sur scène en marquis. Il danse et lance avec une voix de fausset une réplique que j'adore et qui se termine par :

— Tarte à la crème!

Ma mère rit. Je suis heureux. Elle regarde les danseurs avec une intensité qui m'effraie. Elle veut sans doute vérifier qui sont les amis de son fils, quel genre de gens il voit.

Elle me prend la main et me caresse. Une bague à mon doigt l'intrigue : elle élève ma main pour la mettre dans la lumière : c'est son alliance à elle que je porte.

— Mais enfin, Maurice! Où tu as pris ça? Je l'ai cherchée tout l'après-midi. Rends-la moi, veux-tu!

Je ferme les yeux. Elle reprend sa bague. Je nage. La loge ressemble à la mer loin de Capri où m'amenait la barque à moteur de Carmine. Quand je nageais là-bas, le contact de l'eau et l'oubli de ce ridicule petit « moi » me révélaient l'Autre.

Je m'engourdis.

Des applaudissements me réveillent. C'est l'entracte. La salle se rallume : mes amis sont là. Ils se retournent, tendent le cou : ils veulent voir ma mère. Je leur ai tant parlé d'elle! Je suis sûr que sa jeunesse les impressionne beaucoup. Je vois Pierre Henry et sa femme Isabelle : ils parlent entre eux, ils ont l'air heureux de m'avoir vu heureux. A côté d'eux, il y a M. Huisman et Ida Huisman, sa femme. M. Huisman baisse les yeux. Il ne veut pas avoir l'air de m'avoir vu. Il est troublé. Il est très timide, je le sais. Il a rentré ses deux mains dans les poches de sa veste et il voudrait avoir ma taille pour disparaître plus facilement. Ida me fait un grand sourire pour eux deux. Je les montre du doigt à ma mère.

Il y a aussi François Weyergans, Danièle et leur petite fille qui n'a pas encore fini d'applaudir. Parce qu'il savait que ma mère est là, François pour une fois s'est bien coiffé et convenablement rasé. La mère et la sœur de Boulez sont là aussi : elles me font de tout petits signes et me donneront tout à l'heure un message de Pierre qui a dû repartir en catastrophe pour Londres. Il y a Michèle Seigneuret et ses deux filles : elles sont grandes maintenant, elles dépassent leur mère. Je vois mon demi-frère Alain qui prend des photos de cette mère qui n'est pas la sienne. Je vois Bari avec ses cheveux tirés : secrète comme toujours, elle est venue mais elle ne se montrera pas. Je vois aussi Flore et M^me^ Petitjean qui se sont réconciliées et partagent le même strapontin. Je vois Maître Deshimaru droit comme un i : il parle avec Vassiliev et Maïa Plissetskaïa, mes deux danseurs soviétiques. Je voudrais raconter à ma mère le travail avec Vassiliev, ce paquet d'émotions ficelées en forme d'homme. Il y a encore Laura Proença, qui est venue avec Patrick. Patrick me regarde en me faisant des clins d'yeux et un sourire qui en dit long sur je ne sais pas quoi et sans doute sur tout.

L'entracte est terminé. Je demande à maman :

— Après, tu préfères qu'on aille au restaurant ou qu'on rentre à la maison?

— Oh non! Sortons! J'adore sortir!

Je n'y avais pas pensé. J'avais fait des courses ce matin : des huîtres, du caviar, du vin blanc. On verra tout à l'heure. Je ne suis pas au courant des restaurants parisiens. Je connais Lipp, la Coupole, mais sinon?

Nous voici à la deuxième partie du spectacle. Tous les membres de la famille Béjart arrivent sur scène : la vraie famille Béjart, l'historique, celle qu'a connue Molière. Les mots « mademoiselle Béjart! » sont mentionnés dans une réplique. Le public rit. Ma mère ne comprend pas. Elle ne sait pas que j'ai choisi ce pseudonyme, elle ne sait pas que moi aussi je m'appelle Béjart.

— Pourquoi rient-ils?

— Je ne sais pas. Je me posais la même question.

Je regarde ma mère : elle est tellement belle! Le spectacle ne m'intéresse plus. D'ailleurs, je le connais. Je ne m'appelle plus Béjart. Je m'appelle Maurice.

La salle applaudit à la fin. Tous mes danseurs saluent. On réclame Béjart. Je vois Jorge Donn partir en coulisses et réapparaître en compagnie d'un zombie : un type râblé, pas très grand, barbu avec des yeux bleus, de type méditerranéen. Il est en pull noir à col roulé. Ma mère l'applaudit. Elle est heureuse de sa soirée. Elle me dit :

— Qui est-ce, ce Béjart? Je n'avais jamais entendu parler de lui. Il a du talent, tu ne trouves pas?

Je ne veux pas quitter cette loge. Je sais que si nous quittons cette loge, tout ira mal.

Et mes danseurs, mes merveilleux danseurs... Mes danseurs, là-bas... Mes danseurs qui passent... Ils ont compris. Ils ont compris que j'étais prisonnier. La salle est vide. Tous mes amis sont partis. Les danseurs relèvent le rideau. Ils m'appellent. Il faut que j'y aille. Ma mère me secoue :

— Maurice, vas-y! Ils t'appellent!

Je les rejoins. J'y vais en courant. J'enlève mes chaussures de chevreau, ma veste en tweed. On commence à répéter. Je place les danseurs. Ici il y aura Donn, là Shonach. Plus loin Boubou et Catherine Verneuil. Devant, Yann Le Gac, Jan Nuyts et Bertrand Pie.

— Yann, tu réciteras le poème de Baudelaire, tu sais, celui que je disais dans *Amour de poète*. C'est tellement beau, on ne va pas s'en priver :

*J'ai vu parfois, au fond d'un théâtre banal*
*Qu'enflammait l'orchestre sonore,*
*Une fée allumer dans un ciel infernal*
*Une miraculeuse aurore;*
*J'ai vu parfois au fond d'un théâtre banal*
*Un être, qui n'était que lumière, or et gaze,*
*Terrasser l'énorme Satan;*
*Mais mon cœur, que jamais ne visite l'extase*
*Est un théâtre où l'on attend*
*Toujours, toujours en vain, l'Être aux ailes de gaz!*

J'ai récité le poème en me tournant vers la loge d'où ma mère, radieuse, m'envoie un rapide baiser. Mon père vient de la rejoindre. Il s'appuie légèrement sur elle. Ils parlent peut-être de moi. Ou bien il lui raconte sa séance de travail de ce soir. Est-ce que nous irons quand même au restaurant?

Entre-temps, Nino s'est assis au piano et interprète une valse. Je me place au milieu de la scène et j'improvise. Mes parents m'observent. Je suis bien. Je ferme les yeux. Au passage, j'ai vu dans les coulisses Webern qui serrait la main à Stravinski, et juste derrière eux Hoffmann embrasse Stella à bouche-que-veux-tu.

Je voudrais que ça ne finisse jamais.

# 23

Mais le rêve se casse tout seul comme les murs se lézardent : ma mère est morte bien avant qu'aucun des danseurs avec qui je travaille aujourd'hui ne soit né. Nino Rota est mort la semaine dernière : j'ai appris sa mort par la radio, nous devions nous retrouver à Berlin le dimanche suivant. Toute la nuit, j'ai essayé de téléphoner à Rome pour savoir : impossible d'obtenir la communication. Je revoyais Nino à Venise, assis avec moi à une terrasse de la place Saint-Marc : les musiciens du petit orchestre du Florian, qui l'avaient reconnu, jouèrent, pour lui rendre hommage, le thème de la ronde finale de *Huit et demi.* Leur interprétation fut pour le moins déconcertante et la musique difficilement reconnaissable.

A la place de Nino, qui fut le plus génial arrangeur de son temps, j'aurais été honteux d'entendre ma musique massacrée de la sorte. Lui, il souriait aux anges (ce qui était normal, puisqu'il en était un lui-même). A la fin, il applaudit et se leva en me disant : « Il faut que j'aille les remercier. » De sa démarche inimitable, mi-nourrisson qui explore son parc, mi-automate de vitrine de grand magasin, il s'approcha du podium et serra chaleureusement la main tour à tour du violoniste, du pianiste, du contrebassiste, de l'accordéoniste.

Nino faisait partie de ma famille. Il va m'être difficile pour longtemps d'écouter ses musiques. Je réunirai, dans l'appartement que ma mémoire me loue, la grande photo retouchée de ma mère et les disques de Nino.

Moi-même aujourd'hui je meurs. Je viens de relire les pages qui précèdent. Je les ai lues comme si un autre que moi les avait rédigées, sinon vécues. Je voudrais conclure, je voudrais recopier les dernières phrases de Saint-Simon : « Me voici enfin parvenu au terme jusqu'auquel je m'étais proposé de conduire ces Mémoires. » Mais je ne m'étais rien proposé du tout, aucun terme. Pourquoi ce livre? On me l'a demandé, on m'y a poussé. J'ai dit oui parce que je dis toujours oui : je dis oui aux signes qui me sont faits. Ce livre aujourd'hui me sert à me débarrasser de mon passé puisque d'autres vont y penser pour moi, dorénavant. Je donne ce livre comme j'ai parfois donné les livres de ma bibliothèque : pour faire de la place. Tant mieux si, en prime, ça peut être utile à quelqu'un d'autre.

J'ai raconté ce dont je me souviens. Pas tout. J'ai raconté aussi des histoires dont je ne me souvenais plus et que des amis m'ont remises en mémoire. J'ai demandé autour de moi qu'on vérifie les dates. J'ai même ouvert mon passeport pour bien vérifier celle de ma naissance.

Et maintenant il faut que je meure. Que je meure à moi-même : j'ai envie de renaître! Je veux vivre. Je voudrais que ce chorégraphe dont je viens de beaucoup trop parler, M. Maurice Béjart, devienne mon père. Qu'il m'adopte. Je veux être mon propre fils. Un bâtard, bien sûr : ils se débrouillent mieux et ils sont fils de rois.

Je veux que mon passé me fasse naître. De la même façon que j'ai beaucoup puisé dans mon enfance d'abord puis dans ce que mon père m'a laissé (jetons le masque : j'ai exploité mon enfance et mon père jusqu'au trognon!), je veux maintenant me nourrir de ce personnage que j'ai construit pierre par pierre depuis plus de vingt ans. Je veux le déchirer, celui-là, et lui arracher les tripes. Le spectacle *Amour de poète* (reprenant le titre de Schumann : *Dichterliebe*) vient d'être sa dernière chance. Je lui ai laissé entasser là-dedans tout ce qu'il n'avait pas encore réussi à montrer ailleurs.

*Amour de poète* fut mon souk : j'ai tout déballé. Tout est à vendre. J'aurais voulu dire aux spectateurs la phrase ressassée dans les médinas : « Entrez seulement pour plaisir des yeux! Plaisir des yeux! » Dans le décor, c'est-à-dire dans les vitrines du fond, un nouveau collaborateur qui m'est très précieux, Alan Burrett, faisait passer des diapositives qui ressemblaient aux énumérations dont je suis friand quand j'écris (allez vérifier dans *L'Autre chant de la danse*!) : ce qui n'est pas présenté sur scène se trouve à l'intérieur! Alan régla aussi les lumières d'*Amour de poète* et de mes autres spectacles récents avec l'acuité et la sensibilité d'un timide qui se met tout à coup à dire ce qu'il pense.

Donn fut génial en clown parcourant maladroitement la scène avec les yeux bandés : il me renvoyait ma propre image, tâtonnant à l'aveuglette parmi mes ballets accumulés dans les programmes comme ces ballerines aux postérieurs gonflés et ces Pierrots aux manches trop longues que je dispersais autour du poète dérisoire de ce *Dichterliebe*.

Un ballet qui surnage et qui va relier le père auquel je renonce au fils que je deviens, c'est *Notre Faust*. La date de sa création, hiver 1975 à Bruxelles, n'a pas d'importance. Faust se moque des dates. Il m'attendait depuis toujours. Et je m'en doutais. Quand j'approchai des cinquante ans, il se frotta les mains : un nouveau client!

A la tête de cette organisation complexe qu'on a baptisée « Ballet du XX^e^ xiècle », je me faisais l'effet d'un vieux Faust et je relisais ce que Goethe avait écrit — je n'en doutais plus — à mon usage :

*Je suis trop vieux pour jouer encore*
*Je suis trop jeune pour être sans désirs.*

A une autre page, je trouvai la définition de cette énergie que les gens déclarent admirer chez moi. On me répète souvent : « Quelle force de travail vous avez! Comment faites-vous pour tenir tête à tout ça? » Je sais que ma force est une partie de cette force que me propose Méphisto : force qui tantôt *veut* le bien et tantôt *fait* le mal.

Je décidai d'interpréter Faust moi-même : c'était la moindre des choses. Je me règlerais des variations pas trop difficiles, et puis j'avais l'âge du rôle! Je voulais un Méphisto de notre temps, aussi élégant que le diable en pourpoint gravé au siècle dernier par Delacroix. Je le voulais jeune aussi : la jeunesse tenterait mon Faust mieux que la puissance, l'argent ou autres mirages catalogués par Goethe.

Je choisis Yann Le Gac, qui venait alors d'entrer dans la compagnie après ses études à Mudra. Je me laissai prendre à tous ses pièges. Il joua dans mon travail le rôle de l'élève Dargelos dans le roman de Cocteau : au lieu des boules en verre où il neige, il m'apportait des Donald Duck en plastique et une façon de jauger les choses en tombant abruptement dessus qui me désarçonnait et me relançait. Il appartenait à un autre monde que le mien et m'y introduisait mine de rien. J'aime que mes interprètes me prennent par la main pour me conduire dans leurs salles de jeux à eux.

Dans *Notre Faust* (« notre » parce que je le partageais avec ces jeunes qui travaillaient avec moi), je fus à la fois un vieux cabot et un figurant naïf, un homme berné et un rêveur qui pleure, un meneur de jeu et un grand sentimental à genoux.

Je mélangeai sans transitions les principaux mouvements de la *Messe en si* de Bach à des « milongas » et des tangos argentins que Donn m'avait rapportés d'un séjour qu'il venait de faire à Buenos Aires. Faust et Méphisto dansaient le tango, mais pour finir, Faust se rachetait sur l'*Agnus Dei* chanté par la voix de haute-contre d'Alfred Deller.

Et une autre voix martelait : « Continue, Faust, continue! » On veut arrêter l'instant qui passe : dérision. Un instant n'est là que pour féconder le temps, pour engendrer un autre instant. Moi aussi je ne suis qu'un instant. Je n'aurai été qu'un instant dans la vie d'autrui. Toute cette montagne d'efforts pour chaque ballet auxquels des spectateurs ne se décident à assister qu'en dernière minute, peut-être parce que leur télévision est en panne! Ce n'est pas mon problème. Il faut que je continue pour mourir et renaître — et il ne s'agit pas d'un cercle vicieux. Au contraire, c'est un parcours fléché.

Au bout d'un tel parcours, peut-être ne rencontrerai-je qu'un petit miroir où je découvrirai enfin que je ne ressemble pas à celui que, paraît-il, je suis.

J'envoie au lecteur (sur le même papier) un faire-part de deuil et un faire-part de naissance. Je viens de naître. Tout un travail intérieur est déjà fait en moi : la gestation est terminée. Qui serai-je? On sait que les bébés mettent du temps à se découvrir dans une glace : ils croient d'abord qu'il s'agit d'un autre.

J'ai monté un ballet en trois jours. Il s'appelle *Life*. J'étais à Paris et il me manquait quelque chose pour les programmes de New York où nous partions la semaine d'après. J'ai croisé par hasard Jean Babilée dans un studio. J'ai tout de suite eu envie de créer quelque chose pour lui. Je lui ai demandé son nouveau numéro de téléphone et je l'ai appelé le lendemain matin : « Tu es libre? Viens à Bruxelles, on travaillera ensemble, on n'a qu'un minimum de temps et tu partiras pour New York avec nous. » Jean est un danseur et un chorégraphe de ma génération, mais il a l'air d'avoir dix-sept ans. On a travaillé très vite, lui, moi et une fille étonnante qui est dans la compagnie depuis quelques années sans que je lui aie jamais rien fait faire de spécial : Cathy Dethy. J'ai utilisé du silence, quelques percussions et de brefs extraits d'une partita de Bach pour violon seul. Une structure en tubes de métal a joué le rôle d'un troisième personnage (abri, couloir, miroir et partenaire) tempérant de sa géométrie affable les meurtrissures et les espoirs d'un homme seul sans symphonie.

Babilée déchira l'espace de la scène comme d'autres vous déchirent le cœur.

Faire ce ballet si rapidement et avec aucuns moyens, après tant de spectacles « lourds », c'était une lune de miel succédant au service militaire. J'étais heureux comme tout. Je me rendais compte qu'il me suffisait de trois fois rien là où des gens comme Fellini ou Resnais attendent des années avant de pouvoir commencer à s'exprimer. Quand je dis trois fois rien, c'est tout le contraire : il me suffit d'avoir des interprètes qui veuillent bien me bouleverser en me dévoilant techniquement leur vie, leurs cicatrices et ces choses sur eux-mêmes qu'ils ne savent pas et que j'ignore autant qu'eux mais que la danse repère très vite, elle qui vous découpe quelqu'un mieux que tous les scalpels du monde.

*Life*, travaillé sans tambour ni trompette, cadeau immérité que ma vie me donne pour marquer quel renouveau occulte, est un ballet où je me sens à la fois très présent et complètement chassé. Responsable et exclu. C'est la même chose avec ma vie toute entière — et je tiens par-dessus tout à ce mot, le plus beau que je connaisse : *Vie*, *Life*. Je suis exclu de mon passé. Je suis responsable de mon avenir.

***

Je n'aurais jamais pu me résoudre à fouiller le passé pour écrire ma vie. C'est François qui m'y a décidé et qui a pris les devants.

Lorsque j'ai vu son film : « *Je t'aime, tu danses* » où je joue le rôle principal, j'avais l'impression en me voyant sur l'écran de le reconnaître, lui; lorsque j'ai créé le ballet *Mathilde*, il m'a dit qu'il aurait pu en être l'auteur, l'interprète, le voyageur qui ne tient à la terre qu'à un fil (celui du téléphone certainement).

« Un instant dans la vie d'autrui »... Dans cette biographie, quelle a été la nature de notre collaboration ? Nous le dirons peut-être un jour. Je ne ferai que répéter le mot de Montaigne au début du livre : « Parce que c'était lui, parce que c'était moi. »

LA COMPOSITION ET L'IMPRESSION DE CE LIVRE
ONT ÉTÉ EFFECTUÉES PAR FIRMIN-DIDOT S.A.
POUR LE COMPTE DE LA LIBRAIRIE ERNEST FLAMMARION
ACHEVÉ D'IMPRIMER LE 25 OCTOBRE 1979

*Imprimé en France*
Dépôt légal : 4e trimestre 1979
N° d'édition : 9141 — N° d'impression : 5422